高等继续教育财经类专业精品系列教材

ZUZHI XINGWEIXUE

组织行为学

崔 霞 主编

东北财经大学出版社
Dongbei University of Finance & Economics Press
大连

图书在版编目（CIP）数据

组织行为学 / 崔霞主编. —大连 ：东北财经大学出版社，2024.9. —（高等继续教育财经类专业精品系列教材）. —ISBN 978-7-5654-5339-7

Ⅰ.C936

中国国家版本馆CIP数据核字第2024RR0443号

东北财经大学出版社出版

（大连市黑石礁尖山街217号　邮政编码　116025）

网　址：http://www.dufep.cn

读者信箱：dufep@dufe.edu.cn

大连图腾彩色印刷有限公司印刷　东北财经大学出版社发行

幅面尺寸：185mm×260mm　字数：354千字　印张：15

2024年9月第1版　2024年9月第1次印刷

责任编辑：张晓鹏　孙晓梅　孔利利　王　斌　吴　焕　责任校对：一　心

封面设计：原　皓　版式设计：原　皓

定价：30.00元

教学支持　售后服务　联系电话：（0411）84710309

如有印装质量问题，请联系营销部：（0411）84710711

前言

以习近平同志为核心的党中央坚定不移地实施科教兴国战略和人才强国战略，党的二十大报告对“办好人民满意的教育”做出部署，为我们在新时代、新征程中推动继续教育改革发展提供了根本遵循。

为积极落实《教育部关于推进新时代普通高等学校学历继续教育改革的实施意见》，推动高等学历继续教育提质增效、内涵式发展，山东财经大学组织相关专家和一线教师，编写了这套高等继续教育财经类专业精品系列教材。

该系列教材的编写，依托学校雄厚的学科实力，紧密结合高等学历继续教育教学工作实际，突出优势，深入开展教学研究，不断凝练教育改革经验，及时进行内容更新，努力将教学成果固化到系列教材中，将处于学科前沿的新技术、新理论补充到教材中，将思政元素和创新元素融入教材中，较好地实现了教材系统性和科学性、创新性和实践性的有机结合。

该系列教材注重适应财经类专业教学改革和发展趋势，针对高等学历继续教育的特质，在内容上紧扣财经类专业课程设置和教学大纲，科学、系统地阐述财经类专业教学的基本内容，并以此为基础，建设完成了覆盖所有开设专业的线上课程，适用于经济、管理学科，尤其是经济学、会计学、金融学和工商管理等专业高等学历继续教育的教学，对指导和帮助学生获取专业基础知识和基本技能具有较强的针对性。该系列教材在提升高等学历继续教育财经类专业人才培养质量方面发挥着基础性作用，在使用范围和地域上，具有广泛的适应性。

为更好地培养人才，适应科学技术发展、数字化转型等带来的教育领域教学模式和学习方式的新变化，编者集30多年针对专科、本科、研究生、MBA各层次各类学生讲授“组织行为学”课程的经验，自行设计了适合初学者的“组织行为学”教学大纲，精选、汇辑多种资料编写了本教材。

本教材共分为四部分：第一部分为组织行为学基本理论（第一章）；第二部分为个体心理与行为（第二至第六章）；第三部分为群体心理与行为（第七至第十一章）；第四部分为组织心理与行为（第十二至第十四章）。后三部分与组织行为学研究对象的三个层次——个体行为、群体行为和组织行为密切对应。

考虑到本教材适用对象的特点，教材特别突出以下三点：

首先，党的二十大报告强调，“高质量发展是全面建设社会主义现代化国家的首要任务”，为适应和体现当代人才培养的目标，教材每一章的开头都设置了“知识目标”、“能力目标”和“素养目标”。“知识目标”是学生在学习过程中所要掌握的具体知识内容；“能力目标”是学生在学习过程中所要培养和发展的能力；“素养目标”是学生在学习过程中所要形成的良好品德和正确的价值观念。

其次，教材每一章，除上述目标外，都由“引导案例”“正文”“本章小结”“同步测试”组成。教材从“引导案例”出发，引发学生的思考；每一章的要求与总结、练习、实践前后呼应，符合学生的学习认知规律，便于学生巩固和应用已学过的组织行为学的知识点。教材的第十四章更是紧紧围绕真实企业建设企业文化的实例，理论联系实际，展开组织文化的知识、理论分析和应用。

最后，教材每一章的正文部分，一方面从概念到理论，清晰明了，易学易懂；另一方面以“新思想与××”“知识拓展”等形式，将新时代改革发展的新思想引入组织行为学的相关内容中，对组织行为学在实践中的应用做了进一步的拓展，使学生理论联系实际，广泛地了解组织行为学的知识，灵活地运用组织行为学的理论，进而提升其分析问题、解决问题的能力。

本教材由崔霞主编，同时特别感谢王云霞、徐茜、赵蒙恩、于洁、孙文斌、张少秋、边双洁、黄兰惠等人的支持与协助。

由于时间和学识有限，教材难以尽如人意，恳请读者批评指正。

编　者

2024年6月

目 录

第一部分

组织行为学基本理论

第一章

组织行为学导论

学习目标

知识目标：

1.掌握组织行为学（OB）的含义和组织行为学的三个层次。

2.熟悉组织行为学的研究对象、框架内容和学科特点。

3.了解组织行为学产生的理论基础。

4.熟悉组织行为学的产生和发展与心理学、管理心理学、行为科学、管理学的关系。

5.了解人性假设的含义，熟悉X理论、Y理论和超Y理论。

6.掌握雪恩的人性假设理论的主要内容。

能力目标：

1.能区分组织行为学与其他相近学科。

2.培养运用组织行为学理论分析和解决现实问题的思维能力。

素养目标：

培养学生关注“组织中的人的心理和行为”和“以人为中心”的职业精神。

引导案例

某公司财务处长L退休后，其职位由该公司所属最大的一家工厂的财务处长G继任。财务处在公司内部具有举足轻重的地位。原处长L资深能干、待人随和、善解人意。他要求下属互相协作，在没有严格监督的条件下做好各自的工作。一直以来，财务处的工作颇有效率。

G正年富力强，既有学历，又有工作经验，被认为是接替L的合适人选。G本人也满心希望领导好财务处一班人。就职两个多月来，G觉得财务处的工作效率下降了，不顺心的事接二连三。

一次，G急着要用最新的成本资料，两位女职员却屡屡拖延，G认为她们是故意的。还有一次，由于一位老职员失误，致使G在给总经理的一份报告中出现差错。为此，G很恼火，当着其他同事的面批评了这位老职员。第二天刚上班，处里一位年轻的女职员来请事假，说是要去火车站接人。G不准假，结果引发了一场激烈的争吵。如此等等，令G深感苦恼……

资料来源　作者根据企业和授课素材整理。

上述情境中可以让我们思考组织行为学中的哪些规律和问题？

第一节　什么是组织行为学

一、组织行为学的定义和核心概念

1.组织行为学的定义

什么是组织行为学？这是任何一位初学者都要面对的问题。随着组织行为学的发展和成熟，其内涵和外延都处在不断发展变化中，并且逐渐趋于成熟和完善。一般认为，组织行为学是综合运用心理学、社会学、人类学、经济学和政治学等理论和知识，研究一定组织中人的心理和行为的规律性，从而提高管理者预测、解释、控制和引导人的行为的能力，进而更有效地实现组织目标的一门学科。

组织行为学的定义涉及三层含义：

（1）组织行为学的研究对象：简单地说，是人的心理和行为的规律性。具体讲，组织行为学的研究对象就是组织中人的行为及其影响因素、组织中成员的行为和绩效如何影响组织的绩效。

（2）组织行为学的研究范围：一定组织中的人的心理与行为规律。

（3）组织行为学的研究目的：在掌握一定组织中人的心理和行为规律性的基础上，对组织中人的行为能够预测、解释、引导和控制，以实现组织的目标。

2.组织行为学的核心概念

（1）行为（心理和行为）。它是指人或动物表现的和生理、心理活动紧密相联的外显的运动、动作或活动。组织行为学既研究人的心理活动的规律性，又研究人的行为活动的规律性，是把这两者作为一个统一体来研究的。人的行为与心理密不可分，心理活动是行为的内在依据，行为是心理活动的外在表现，因此，必须把两者作为统一体进行研究。

（2）组织。它是由两个或两个以上的个人为了实现共同的目标结合而成的有机整体。组织是一群人的集合，组织成员必须按照一定的方式相互合作，形成整体的力量，共同努力去完成依靠单独个人力量的简单相加所不能完成的各项活动，实现不同于个人目标的组织总体目标。

组织行为学并不是研究所有人的心理和行为规律，而是只研究一定组织范围内的人的心理与行为的规律。这种组织的范围包括工厂、商店、学校、机关、军队、医院、农村等所有的组织。

（3）组织行为。它是指人们作为组织成员（不管是普通员工还是管理人员）时表现出的行为。人们在与各类组织打交道时的行为，如到商场购物、到工厂进货、到公园散步不是组织行为；组织成员下班后的业余活动，如娱乐、交友、健身、购物等也不是组织行为。因此，准确地说，组织行为是指各类组织的每位成员在工作过程中表现出的所有行为。

二、组织行为的三个水平及组织行为学的研究内容

1.组织行为的三个水平

由于组织活动的复杂性，对组织行为的分析和研究也有不同的角度，呈现出多层次的特点。第一个层次：个体心理和行为（简称个体行为），把组织看成为追求组织目标而工作的个人的集合。第二个层次：群体心理和行为（简称群体行为），把重点放在组织成员在小组、群体和车间工作时的相互影响上。第三个层次：组织心理和行为（简称组织行为），把组织视为一个整体来分析组织行为。

（1）个体行为。个体是构成组织的最基本细胞，是组织行为学研究的基础和出发点。从组织由人组成这个事实，可以联想到探讨组织行为的一个有效方法：就是从单个组织成员的角度出发。

（2）群体行为。要完成组织目标，组织成员就必须在工作中合作并协调彼此的行动。人们在一起工作的常规方式包括建立小组、部门、委员会这些组织机构。因此，在组织行为学中，可供选择的富有成效的方法是分析工作群体的结构、功能，群体的发展过程和内聚力。

（3）组织行为。组织行为学也把整个组织作为研究对象，而不仅是把重点放在组织中的个体和群体上。这种宏观方法是把重点放在社会学规律的理论和概念上。

图1-1展示了组织行为三个水平及其关系。随着我们从个体水平到组织系统水平讨论的深入，我们对组织行为的理解会越来越系统。同时，如果我们把个体行为、群体行为、组织行为看作自变量，那么因变量就是个体绩效、群体绩效和组织绩效，也就是不同层次上以及整个组织的生产率、缺勤率、流动率和工作满意度。

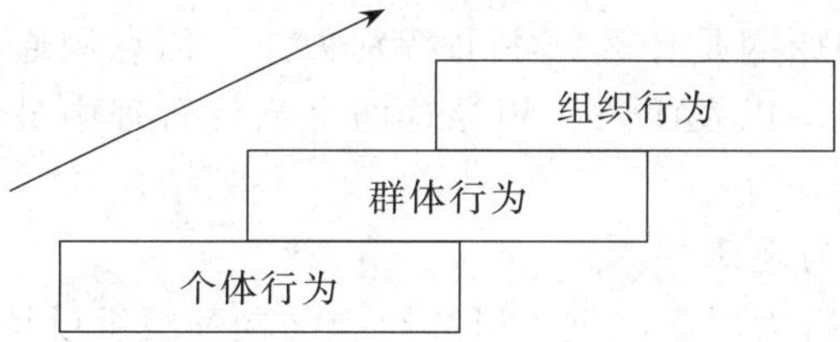

图1-1　组织行为的三个水平及其关系

2.组织行为学的研究内容

如图1-2所示，组织行为学的研究内容在人性假设（组织行为学理论基础）的基

础上分为三个部分：个体心理和行为规律、群体心理和行为规律、组织心理和行为规律。

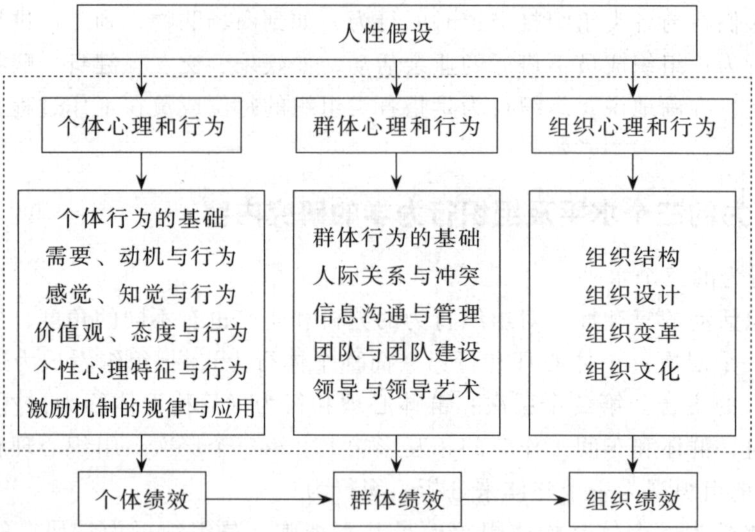

图1-2　组织行为学的研究内容

（1）个体心理和行为规律

组织行为学对个体心理与行为规律的研究重点放在心理学的发展理论和解释上，这些发展理论和解释是关于个体行为以及他们对不同的组织政策、实践和过程的反应。这部分以心理学为基础的有关人性、需要、动机和激励等方面的理论是用来说明单个组织成员的行为和绩效的。在分析个体行为模式的基础上，本书将这一部分归纳为个体工作行为的四大系统：动力系统——需要、动机与行为；认知系统——感觉、知觉与行为；态度系统——价值观、态度与行为；个性系统——个性心理特征与行为。在此基础上还总结出了激励机制的规律及其应用。

（2）群体心理与行为规律

心理学家库尔特·勒温（Kurt Lewin）在其场动力理论中提出了“群体动力”的概念，他指出，群体是一个整体，群体中每个成员之间都会交互影响，每个成员都具有交互依存的动力。组织行为学的群体心理和行为研究就是把社会心理学的知识和理论应用于组织中的群体。那么，在群体中人们是如何工作的？一个群体团结、富有成效或分散、一无所成的原因是什么？本书特别关注了信息沟通与管理、人际关系和冲突这样的群体行为规律，以及团队、领导这两个当代管理中最重要的群体的心理和行为规律。

（3）组织心理与行为规律

组织行为学的组织行为层面侧重于研究组织结构和组织设计如何影响组织效率和气氛、组织变革和发展的规律、从企业实例出发的组织文化的构建，从而尽可能提高组织管理的有效性和效率，改善组织气氛。

三、组织行为学的学科特点

1.综合性

组织行为学是一门多学科、多层次交叉渗透的综合性学科。其多学科交叉体现为组织行为学作为行为科学的直接分支，具有跨学科性。研究组织行为，需要同时应用多种学科理论，如心理学、社会学、社会心理学、人类学、经济学和政治学等（具体见本章第二节）。多层次体现为组织行为学研究涉及个体行为、群体行为、组织行为三个层次。

2.应用性（实用性）

相对于组织行为学的学科基础，如心理学、社会学、社会心理学、人类学、经济学和政治学等，组织行为学属于应用学科。组织行为学研究人的心理和行为规律的目的是提高管理的有效性和组织绩效。

3.权变性

组织行为学没有绝对的真理。也就是说，几乎没有简单的和万能的原理能够解释组织行为。这是因为人是很复杂的，彼此各不相同，很难用固定的规律去解释人的行为。同样情境中两个人的表现常常大不一样，同一个人在不同的情境下行为也会有所变化。人性是错综复杂的，所以，解释人的活动的理论也应该是复杂的。

当然，这并不意味着我们无法对员工的行为提出合理而准确的解释或做出有效的预测；相反，其意义在于组织行为学概念或理论必须反映情境或权变条件。我们可以说X导致Y，但只在Z（权变变量）所限定的条件下。组织行为学是通过把一般的概念和理论加以调整后再应用到特定的情境中而发展起来的。例如，组织行为学家会避免这样的说法：有效的领导在做决策之前应该征求下属的意见和看法。因为在有些情境下，参与式的风格确实有其优越性，但是，在其他情境下，专制的决策风格更有效。换言之，某种领导风格的有效性随实施这种风格的情境的不同而不同。

四、组织行为学的学科地位

关于企业中的资源，历来有各种各样的说法。最早关于企业资源的说法是“三分说”，之后发展为“四分说”“五分说”“六分说”“七分说”等。企业资源的“三分说”认为，为了提高生产力，必须有三种资源的投入，即劳力（Labor）、资金（Capital）及土地（Land）。企业资源的“四分说”认为，人类生产所需的资源应包括四种，即劳力、资金、土地和管理（Management），并认为管理是一种有效运用前三种资源的无形力量，不可忽视。简言之，企业资源的“三分说”或“四分说”都是以农业经济为导向的思想。

企业资源的“五分说”认为，一个企业可用来创造利润的资源有五种，即人力（Manpower）、金钱（Money）、原材料（Materials）、机器设备（Machines）、产销方法或技术（Methods）。“五分说”又称为资源“5M”说。企业资源的“六分说”认为，在“5M”之外，再加上时间（Time），这是适应现代科技知识传播快速及竞争激烈的社会所必需的。企业资源的“七分说”认为，除上述六种资源外，第七种资源是情报（Information），或称为信息。企业资源说从“三分说”发展至“七分说”无疑是一大进步，许多无形资源愈发受到重视。

不论哪种说法，“人力”永远是企业中的一个重要资源。因此，如心理学、社会学、政治学等许多学科都从不同角度来研究人，组织行为学同样是一门研究“人”的科学。它实际上是一门现代管理学科，是管理领域中行为学派的理论和方法的支柱，是管理领域中专门研究组织中的人的心理和行为规律的科学。

第二节　组织行为学的产生和发展

一、理论源泉——组织行为学的学科基础

组织行为学属于应用科学，是在多门行为科学的基础上建立起来的。图1-3展示了对组织行为学研究有贡献的主要学科。

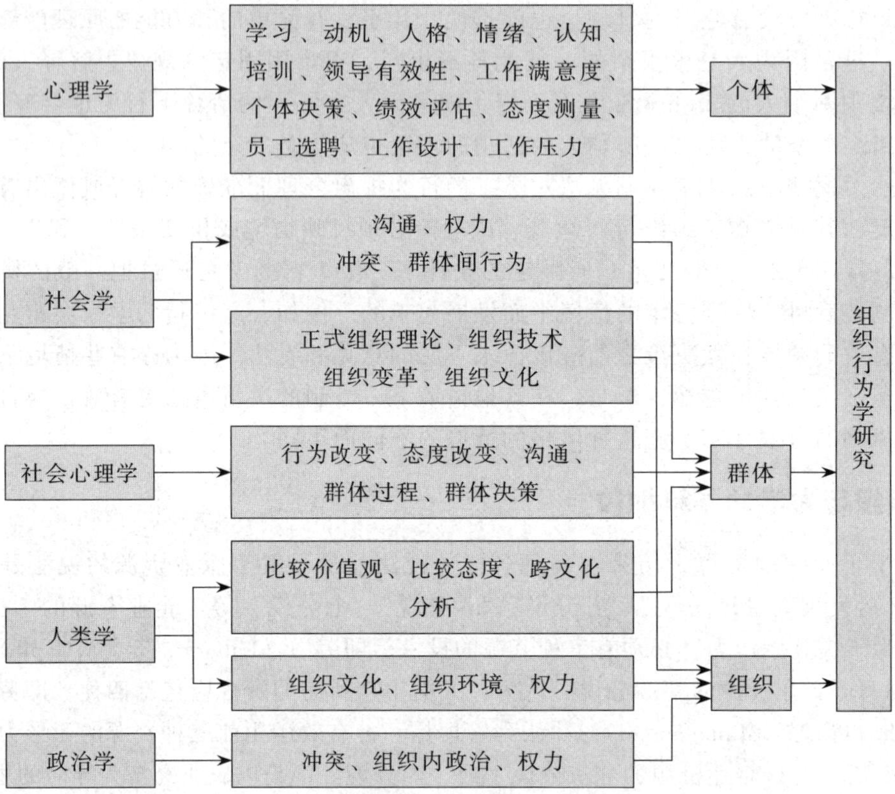

图1-3　对组织行为学有贡献的学科①

1.心理学

心理学是寻求测量、解释，有时是改变人和其他动物的行为的科学。心理学主要研究和理解个体的行为。心理学家中对组织行为学有贡献并将继续贡献知识的是学习理论

① 作者根据美国著名管理学教授斯蒂芬·P.罗宾斯所著的《组织行为学精要》的不同版本整理。

家、人格理论家、咨询心理学家，最重要的是工业和组织心理学家。

早期的工业和组织心理学家主要关心疲劳、厌倦和其他与工作条件有关的因素，这些因素会妨碍工作的有效性。近期的研究已经扩展到学习、知觉、动机、人格、情绪、培训、领导有效性、工作满意度、个体决策、绩效评估、态度测评、员工选聘、工作设计和工作压力等方面。

2.社会学

心理学关注的是个体，社会学主要研究社会系统。社会学对组织行为学的最大贡献是关于组织中群体行为的研究，特别是正式和复杂的组织。社会学家对组织行为提供价值的方面还包括沟通、权力、冲突和群体间行为，正式组织理论、组织技术、组织变革和组织文化等。

3.社会心理学

社会心理学属于心理学的范畴，但它是心理学和社会学相结合的产物。它关注人与人之间的相互影响。社会心理学家研究较多的一个领域是变革——怎样实施变革及如何减少变革的阻力。另外，社会心理学家对组织行为学的贡献还包括行为改变、态度改变、沟通、群体决策等。

4.人类学

人类学家研究社会是为了认识人及其活动。他们对文化和环境的研究使我们得以了解不同国家和不同组织内人们的基本价值观、态度和民族文化的差异等。

5.政治学

政治学家研究政治环境中个体和群体的行为，包括冲突、组织内政治、权力等，从而对组织行为学做出贡献。

因此，按照组织行为的三个不同层次，心理学的贡献主要在于个体和微观的分析水平上；其他四个学科的贡献在于帮助我们理解一些宏观的概念，如群体过程、冲突、组织等。

二、产生和发展——组织行为学与相关学科的关系

对心理和行为的研究，国内和国外很早就开始了。但是作为一门独立的专门研究人的心理和行为发展规律的科学，最早产生于20世纪60年代至70年代的美国。

在此，我们从心理学应用的新成果、管理心理学的新发展、管理学的新发展和行为科学的新发展这四个侧面，更具体地分析组织行为学的产生与发展过程。如图1–4所示，组织行为学是在集众多学科之大成的基础上产生和发展起来的。

1.从心理学到组织行为学的发展过程

从心理学到组织行为学的发展过程如图1–5所示。

普通心理学是以人的心理现象的规律性为研究对象的科学。所谓心理现象，就是指人的感觉、知觉、记忆、思维、情感（或称情绪）、意志，以及动机、兴趣、能力和性格等。这些都是我们日常最熟悉的心理现象，它们是错综复杂，而且不断变化的。

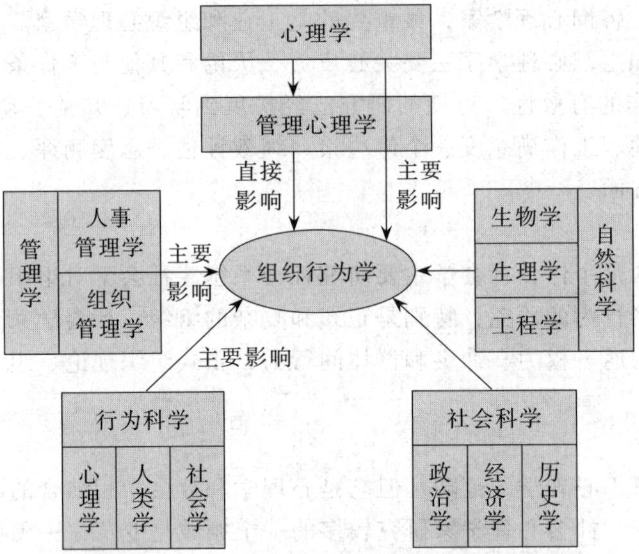

图1-4 组织行为学的产生与发展过程[①]

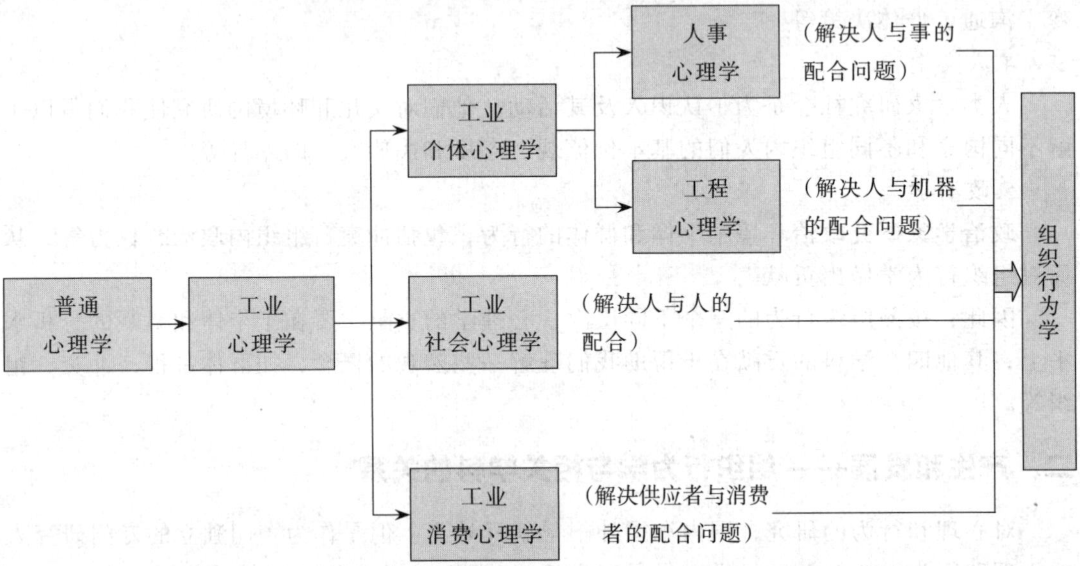

图1-5 从心理学到组织行为学的发展过程[②]

工业心理学是一门用心理学原理与方法来分析工业生产、分配、交换和消费等领域中人的心理和行为规律的科学。工业心理学的范围是十分宽广的，它包括人事心理学、工程心理学、组织心理学和消费心理学。人事心理学和工程心理学又统称为个体心理学。

组织行为学的早期发展是同西方工业心理学的兴起分不开的。“工业心理学之父”雨果·芒斯特伯格（Hugo Munsterberg）于1913年出版了《心理学与工业效率》一书。

① 孙彤. 组织行为学教程［M］. 北京：高等教育出版社，1990：25.
② 孙彤. 组织行为学教程［M］. 北京：高等教育出版社，1990：25.

芒斯特伯格认为，在工业社会，人们的注意力主要放在材料和设备问题上，也有人注意到了工人的心理状态，但都由一些门外汉来处理，他们对此很少有科学的见解。他的《心理学与工业效率》一书包括以下三个方面的内容：一是尽可能有最好的工人；二是尽可能有最好的工作；三是尽可能有最好的结果。这些研究成果被广泛地用于职业选择、劳动合理化、改进工作方法、创造最佳工作条件等方面。后来的霍桑实验为工业心理学提升了深度和广度，并开创了管理心理学，为组织行为学的诞生奠定了基础。

通过以上对普通心理学和工业心理学的分析，再与第一节中对组织行为学的概括进行对比，可以清楚地看到从心理学到组织行为学的发展历程。以人的心理和行为规律为研究对象的组织行为学，正是心理学原理应用的新成果。

2.从管理心理学到组织行为学的发展历程

国外管理心理学的研究历史可以追溯到20世纪20年代，管理心理学在当时称为"工业社会心理学"。"管理心理学"的名称20世纪50年代出现于美国，从时间来看先于"组织行为学"这一名称。

首次使用"管理心理学"名称的是美国管理学家莉莲·吉尔布雷斯（Lillian M.Gilbreth），她是泰勒研究科学管理的同行弗兰克·吉尔布雷斯（Frank B.Gilbreth）的妻子。20世纪初，泰勒和吉尔布雷斯集中力量通过对工人动作和时间的研究来提高其工作效率。而莉莲·吉尔布雷斯却认为不能单纯从工作的专业化、方法的标准化、操作的程序化方面来提高效率，还应该注意研究工人的心理。她发现，由于管理人员不关心工人而引发后者的不满情绪，也会影响工人的工作效率。莉莲·吉尔布雷斯在1914年出版了名为《管理心理学》（Psychology of Management）的著作。她力图把早期心理学的概念应用到科学管理的实践中去。但这本书在当时并没有引起人们的足够重视，管理心理学也未成为一门独立的学科。

第二次世界大战前，在美国，因心理学多用于工业，所以一直被称作"工业心理学"（Industrial Psychology）。当时，工业心理学主要是对工作中的个体差异进行测定，以个体为其研究对象。20世纪20年代，霍桑实验验证了工作群体的重要性，但建立在群体理论基础之上的社会心理学研究的真正起步，还是20世纪50年代的事情。那时候，人们清楚地认识到，以群体特别是小群体为研究对象的社会心理学，对员工工作绩效的影响变得越来越大了。斯坦福大学的莱维特教授于1958年正式用"管理心理学"（Managerial Psychology）这个名称代替原来的"工业心理学"名称，管理心理学逐渐成为一门独立的学科。

"组织心理学"（Organizational Psychology）这个名称首次出现在20世纪60年代初莱维特为《心理学年鉴》所写的一篇文章的标题中。这篇文章的目的也是强调社会心理学尤其是群体心理学在企业界日趋显著的作用。

不久，美国心理学协会第十四分会——工业心理学分会改名为工业和组织心理学分会，其目的是要承担比个体差异测定更广泛的组织问题的研究任务。随着这一学科的研究对象从个体到群体再到组织的演变，其研究和实验的机构也发生了变化，这门学科逐渐从各大学的心理系转入管理学院。这些学院从事这门学科的教学和科研的队伍也在不断扩大，吸引了社会心理学家、社会学家和人类学家参与。这批教学和科研队伍所列出的科研项目，开始取名为“组织行为学”。这进一步强调了“组织”这一概念，同时又明确了它不是单独哪一门学科的产物。之后，“组织行为学”这一名称就沿用至今。

3.从管理学到组织行为学的发展历程

尽管管理活动自古就有，但形成一门独立的学科，还是19世纪末20世纪初的事。1911年，弗雷德里克·泰勒（F.W.Taylor）《科学管理原理》一书的出版，是管理学成为一门独立学科的标志。组织行为学是在管理学特别是组织管理学和人事管理学的基础上产生和发展起来的，是管理学的新发展。

组织管理学的发展可分为若干阶段和学派：20世纪初到30年代，以韦伯和泰勒为代表的科学管理学派；20世纪30年代到60年代，以梅奥、麦格雷戈、巴纳德和塞尔兹尼克为代表的行为学派；20世纪60年代到70年代，以钱德勒、劳伦斯和洛希等为代表的管理科学学派；20世纪70年代到现在的现代管理学派。

在组织管理学的发展过程中，除了上述这种趋向综合的发展趋势之外，还有下列三种趋势：由以原来的基层管理为主发展到以高层管理为主，由以日常业务性管理为主发展到以经营战略管理为主，由原来以物为中心的管理发展到以人为中心的管理。组织行为学正是在这四种趋势的基础上产生和发展起来的。

传统的人事管理学只是通过福利、合理配备人员和选择合理的工资形式等一套老旧的办法，来实施对人的管理。一句话，还没有实现以人为中心的管理。而实现以人为中心的管理过程，正是由传统的人事管理发展到现代的人事管理的过程，而组织行为学正是这种传统人事管理的新发展。

4.从行为科学到组织行为学的发展历程

有人把霍桑实验称为研究组织内部人的行为的里程碑。虽然梅奥等人的霍桑实验开创了运用心理学和社会学知识来综合研究人的行为的新方向，但是，由于霍桑实验得到的结论带有一定的推测和联想，缺乏充分的客观依据，因而后来受到一些人的批评。20世纪40年代，系统论和控制论的提出和运用，进一步促使各学科的学者聚集在一起，共同探讨人的行为产生的因果关系。1949年，在美国芝加哥大学举行的一次跨学科的科学讨论会上，有人提出应运用现有的学科知识来研究人的行为的规律性，并提议把综合各学科的知识来系统研究人的行为的科学叫作行为科学（Behavioral Sciences）。1952年，美国福特基金会出资成立了“行为科学高级研究中心”；1953年，福特基金会邀请了一批著名学者，经慎重讨论后，最终把研究人的行为的学科定名为“行为科学”；1956年，《行为科学》月刊正式发行。

行为科学应用的范围极广，把行为科学应用到教育方面，就构成了教育行为学；把行为科学应用到医学领域，就构成了医疗行为学等；而组织行为学正是把行为科学的一般原理和知识应用到各种组织管理上的必然结果和产物。组织行为学是行为科学的新发展，因为组织行为学除了把一般行为学的原理和知识运用到组织管理上外，还会把心理学、管理学、生物学、生理学、政治学、经济学和人类学等的原理和知识运用到组织管理上。所以也有人把行为科学叫“大行为学”，把组织行为学叫“小行为学”。

第三节 组织行为学的理论基础——人性假设理论

组织行为学作为研究组织中人的心理和行为规律的科学，关注的是人，目的是通过提高人的绩效进而提高组织的绩效。因此，作为管理者，首先要对管理的对象——人有一个明确的认识，不同的人性假设（和认识），就会有不同的管理对策。

一、人性假设的含义

人性假设是指对人性本质及人性行为的假定。美国管理心理学家道格拉斯·麦格雷戈（Douglas M. McGregor）于1960年出版了《企业的人性方面》一书。麦格雷戈认为，在每一项管理决策或每一项管理措施的背后，都必然有某些关于人性本质及人性行为的假定。这说明，有关人的性质和人的行为的假设，对决定管理人员的工作方式、管理措施等是极为重要的。不同的管理人员以他们对人的性质的假设为依据，用不同的方式来组织、领导、控制、激励人们。接受不同人性假设的管理人员会用不同的方式来管理。例如，一位管理人员深信人不会自觉地去努力干活，那么有这种想法的管理人员必然会在组织内建立严格的控制手段，以保证员工们按时上班，员工们会受到严密的监控；另一位管理人员深信人会自觉地努力干活，因为他们对工作本身和工作结果有极大的兴趣与责任感，那么带有这种想法的管理人员必然重视在组织内贯彻民主与参与管理制度，鼓励员工自我约束、自我管理，而不是对他们进行严密的监控。

麦格雷戈有关人性假定的论述，概括起来包括以下三点：

（1）管理理论与管理者的观念是第一位的，而管理的政策与具体措施是第二位的。

（2）在管理中要着重开发人力资源，发掘人的“潜在力量”。

（3）管理人员采取哪种假定要看具体情况，但是所持理论的观点要鲜明。

二、人性假设的X理论与Y理论

X理论与Y理论是对一定历史时期管理政策、管理实务的高度概括。麦格雷戈在总结了大量的人性假定之后，建议将这套基本假定命名为“X理论”或“Y理论”。

（一）人性假设的X理论

1.X理论的基本观点

X理论是指领导和控制的传统观点，具体包括以下三点：

（1）一般人均对工作有天生的厌恶，故只要可能，便会逃避工作。

（2）由于人类具有不喜欢工作的本性，故对大多数人而言，必须对其进行强制、控制、督导，予以惩罚的威胁，才能使他们朝着达成组织目标的方向而努力。

（3）一般人大都宁愿受人监督，性喜规避责任，志向不大，但求生活的安全。

2.X理论的管理思想

（1）任何一个组织绩效之低落都是由人的本性所致。

（2）人必须在强迫与控制下才肯工作，因而在管理上要求由分权化管理回到集权化管理。

（3）由X理论推论出的一项组织的基本原则称为“阶梯原则”（Scalar Principle），即运用权威以执行督导与控制。

（4）从X理论出发，强调“组织要求”重于“个人需要”。

（二）人性假设的Y理论

1.Y理论的基本观点

Y理论是指将个人目标与组织目标相融合，其具体观点包括以下几方面：

（1）人在工作中消耗体力与智力乃极其自然的事，就像游戏和休息一样自然。一般人并非天生厌恶工作，工作终究是一种满足的来源（当事人自会力求避免），视人的不同情况而定。

（2）使人朝向组织的目标而努力，外力的控制及惩罚的威胁并非唯一的方法。人为了达到其本身已经承诺的目标，自然会“自我督导”和“自我控制”。

（3）人对目标的承诺，就是由于达成目标后会有一定的报酬。所谓报酬，项目甚多，其中最具有意义的是自我需要及自我实现的需要的满足。这种报酬可以驱使人朝向组织的目标而努力。

（4）只要情况适当，一般人不但能学会承担责任，且能学会争取责任。

（5）以高度的想象力、智力和创造力来解决组织各种问题的能力，乃大多数人均拥有的能力，而非少数人所独具的能力。

（6）在现代产业社会，常人的智慧、潜能仅有一部分已被利用。

由此可见，上述这些假定都是动态的，而非静态的。这些假定指出了人有成长和发展的可能。此外，这些假定的构成，并非以一般工作标准为着眼点，而是着眼于一种深入开发人力资源潜力的设想。

2.Y理论的管理原则与措施

麦格雷戈认为，Y理论中的各项人性假定是一项挑战，是对我们已经根深蒂固的管理思想与行为习惯的挑战。根据Y理论，必然产生下述管理思想、原则与措施：

（1）任何一个组织绩效之低落都应归于管理。例如，员工表现懒散，态度冷淡，不愿承担责任，缺乏创造性，也不肯合作，那是因为管理层采用的组织方法和控制方法不当。

（2）人是依靠自己的主动性、禀赋与自我督导去工作的，因而在管理上要求由集权化管理回归到参与管理。

（3）由Y理论推论出的一项组织的基本原则称为“融合原则”（Principle of Integration），即创造一种环境，以使组织中的成员在该环境下既能达成成员的个人目标，又努力促成组织目标的实现。

（4）由Y理论出发，强调要兼顾组织的需要与个人的需要。

根据Y理论，在工作中应采取诸如目标管理、参与管理、绩效考核、薪资与升迁管理等措施。

可以这样认为，根据X理论，管理者在管理实践中强调的是各种控制的技巧、步骤与方法；而根据Y理论，管理者在管理实践中要创造一种环境，这种环境将鼓励员工对组织目标的承诺，同时提供一种机会，使员工得以发挥自己最大的聪明才智，达到自我实现的目标。

三、超Y理论

超Y理论是由约翰·莫尔斯（John J.Morse）和杰伊·洛希（Jay W.Lorsch）提出来的。

超Y理论针对权变论的观点提出：X理论并非一无是处，Y理论也不是普遍适用，应该针对不同情况，对任务、组织、人员进行最佳的组合，以激励工作人员取得有效的工作成绩。

1.超Y理论的应用

超Y理论强调，组织的适当模式应视将要做的工作性质和人员的特殊需要而定。例如，现在有两个工作单位，甲单位有比较确定的任务，即在高速的自动生产线上制造标准化的容器；乙单位的工作任务比较不确定，即研究和发展通信技术。为此，两个单位的组织管理方法不能千篇一律，而是要采取最适合本单位已知任务性质与人员需求的不同方法，这样才能取得高效率的工作成果。

2.超Y理论对人性的假设

（1）人们带着各种各样的需要和动机来到工作单位，但主要的需要是获得胜任感。胜任感是指一个组织的成员成功地掌控了周围的世界，其中包括所面对的任务而积累起来的满意感。

（2）取得胜任感的动机尽管人人都有，但不同的人可能用不同的方式来实现，这取决于这种需要同一个人的其他需要，如权利、独立、结构、成就和交往等的力量的相互作用。

（3）如果任务和组织相契合，胜任感极有可能得以实现。

（4）即使获得了胜任感，它仍继续起激励作用；一个人达到一个目标后，一个新的、更高的目标就树立起来了。

所有人都需要胜任感，但由于个体差异，用什么方式取得胜任感是不同的。

综上可见，超Y理论的权变观中的一个重要含义，就是我们不仅要使组织适合任务，也要使任务适合工作人员，以及使工作人员适合组织。

作为管理人员，可以采取的最佳的组织管理方法，就是整顿组织，使其适合任务性质与人员。如果拥有这种最佳适合，工作人员的有效工作表现和较强胜任感的动力皆可由此而生。

四、人性的另一种假设——经济人、社会人、自我实现人、复杂人

著名的管理心理学家埃德加·雪恩（Edgar H.Schein）在其所著的《组织心理学》一书中阐述了四种人性假设，即经济人、社会人、自我实现人和复杂人假设。

（一）经济人假设

1.经济人假设的基本观点

经济人假设起源于享乐主义哲学和亚当·斯密（Adam Smith）关于劳动交换的经济理论，认为人的行为动机源于经济诱因，在于追求自身的最大利益。为此，需要用金钱与权力、组织机构的操纵和控制，使员工服从与维持效率。

（1）员工基本上都是受经济性刺激物激励的，不管什么事，只要能向他们提供最大的经济收益，他们就会去干。

（2）因为经济性刺激物在组织的控制之下，所以员工是一种被动的因素，要受组织的左右、驱使和控制。

（3）感情按其定义来说，是非理性的，因此必须加以防范，以免干扰了人们对自己利益的理性权衡。

（4）组织能够而且必须按照能中和并控制住人们感情的方式来设计，也就是要控制人们那些无法预计的品质。

雪恩进一步认为，有关X理论中的人性假设是以上说明之外的附加假设。这说明X理论中的人性假设与上述经济人假设是一致的，互为补充、说明。

2.经济人假设与管理策略

（1）组织用经济性奖酬来获取职工们的劳务与服从。

（2）管理的重点主要放在高效率的工作效益上，而对人们的感情和士气方面应负的责任是次要的。

（3）如果员工的工作效率低、情绪低落，解决办法就是重新审视组织的奖酬刺激方案，并加以改变。

雪恩也认识到采用经济人假设而设计的管理策略所造成的消极影响与负作用。这些消极影响表现为：①员工所做的工作不会超过奖酬与控制制度所鼓励并允许他们所做工作的范围。这说明管理者奖酬什么，员工就做什么，奖酬之外的工作他们是不会去做的。②管理者认为，靠钱刺激，员工才会动一动，由此而采取的管理策略，客观上把员工训练成了仅以此方式工作的人，结果就造成了多给钱多干、少给钱少干、不给钱不干的一切向钱看的消极局面。

金钱及个人奖酬都已被证明是使员工努力工作的激励因素。但是，问题的另一面是，如果员工指望从组织那里能得到的唯一东西就是薪酬，那么他们总是越要越多，欲壑难填。此外，在这种情况下，人们的感情需要将得不到满足。

（二）社会人假设

1.社会人假设的基本观点

社会人假设是指人的最大动机是社会需求，只有满足了人的社会需求，才能对人有最大的激励作用。社会人假设认为，人在组织中的社交动机，如希望被自己的同事所接受和喜爱的需要，远比对经济性刺激物的需要更为重要。

（1）社交需要是人类行为的基本激励因素，而人际关系则是形成人们身份感的基本因素。

（2）从工业革命中延续过来的机械化，其结果是使工作丧失了许多内在的意义，这些丧失的意义现在必须从工作中的社交关系里寻找回来。

（3）与对管理部门所采用的奖酬和控制的反应相比，员工更易于对同级同事们所组成的群体的社交因素做出反应。

（4）员工对管理部门的反应能达到什么程度，视主管者对下级的归属需要、被人接受的需要以及身份感的需要能满足到什么程度而定。

2.社会人假设与管理策略

（1）管理者不要把自己的注意力局限在完成任务上，而应更多地关注为完成任务而工作的那些人的需要。

（2）管理者不仅要注意对下属的指导和监控，更应关心他们心理上的健康、归属感与地位感。

（3）管理者要重视班组的存在，因此，在奖励时，不仅考虑个人奖酬，更应考虑集体奖酬。

（4）管理者不仅要抓计划、组织与控制，更要充当下级员工与上层领导者之间的联络人，将下情（下级的需要与感情）上达。管理者不是简单的任务下达者，而是给员工创造条件和提供方便、富有同情心的支持者。

根据社会人假设，西方管理心理学家提出了“参与管理”的新型管理方式。

（三）自我实现人假设

1.自我实现人假设的基本观点

自我实现人假设，是指人们力求最大限度地将自己的潜能充分地发挥出来，只有在工作中将自己的才能充分展现出来，才会获得最大的满足感。

人的能力大小不同，但即使能力低的人，在他们的其他需求或多或少地获满足之后，也会在自己的工作中寻求意义和任务完成的满足感。

雪恩在总结了马斯洛、阿吉里斯、麦格雷戈等人的理论后，提出了以下自我实现人假设，并认为，这种假设与麦格雷戈称为Y理论的假设是一致的：

（1）当人们的最基本需要（食物、饮水、住所）得到满足后，他们就会转而致力于较高层次需要的满足，即自我实现。这种自我实现的需要，是指人所具有的力求最大限度地利用自己的才能与资源的需要。

（2）个人总是追求在工作中变得成熟起来。他们通过行使一定的自主权，从长远的观点来看问题，培养自己的专长和能力，以较大的灵活性去适应环境等，来使自己真正变得成熟。

（3）人主要还是由自己来激励和控制自己的，外部施加的刺激与控制很可能对人构成一种威胁，并使其处于较不成熟的状态。

（4）自我实现和使组织绩效更富成果这两方面并没有什么矛盾。如果能有合适的机会，员工们是会自愿地把他们的个人目标和组织目标融为一体的。

2.自我实现人假设与管理策略

自我实现人假设强调的是自主性、挑战、个人成长以及充分发挥自己的潜能与才智等较高层次的需要。根据自我实现人假设，应该采取如下管理策略与措施：

（1）管理重点的转变。管理者要较多地考虑怎样才能使工作本身变得具有内在意义和更富挑战性。问题不在于使员工的社交需要得到满足，而在于员工们能在工作中找到意义，这样才能给他们自豪感与自尊感。

（2）管理职能的转变。管理者与其说是一位激励者、指导者或控制者，不如说是一位起催化作用的媒介者，是创造与提供方便的人。管理者要为发挥人的聪明才智创造适宜的条件，减少或消除员工自我实现需要满足过程中所遇到的障碍。

（3）奖励方式的转变。奖励分外在奖励与内在奖励两种。外在奖励包括工资、晋升、良好的人际关系等。根据自我实现人假设，应该强调内在奖励，这是指人们在工作中获得知识，增长才干，因完成了任务与发挥了个人潜能后获得了最大的满足感。只有内在奖励才能满足人的自尊和自我实现的需要，从而极大地调动起员工的积极性。

（4）管理方式的转变。从自我实现人假设来看，管理制度与方式也要做出相应的转变。总的说来，管理制度与方式应能保证员工充分地展示自己的才能，获得自己所希望达到的成就。这就要求管理者实行民主与参与管理，给员工一定的自主权，参与组织决策的制定和实施。

（四）复杂人假设

1.复杂人假设的基本观点

复杂人假设是指人是很复杂的，人的需要与潜在欲望是多种多样的，而且这些需要的模式也是随着年龄与发展阶段的变迁、所扮演的角色的变化、所处环境及人际关系的演变而不断变化的。

雪恩在20世纪60年代末70年代初的研究表明，无论是经济人、社会人假设还是自我实现人假设，虽然各有其合理性的一面，但并不适用于所有人。一个人在不同年龄、不同时间和不同地点会有不同的表现。人的需要随年龄增长、知识增加、地位改变以及人与人之间关系的变化而有所不同。

复杂人假设可以概述为以下几点：

（1）人的需要是分成许多种的，并且会随着人的发展阶段和整个生活环境的变化而变化。人的需要的等级、层次会因人、情境、时间而有所不同。

（2）由于需要与动机彼此作用，并组合成复杂的动机模式、价值观与目标，所以人们必须决定自己要在什么样的层次上去理解人的激励。

（3）员工可以通过他们在组织中的经历习得新的动机。

（4）每个人在不同的组织或是同一组织中不同的部门中，可能会表现出不同的需要来。

（5）人们可以在许多不同类型的动机基础上，成为组织中工作效率很高的一员，全心全意地参与到组织任务中去。对个人说来能否实现需要的根本满足，对组织说来能否实现最大的效益，仅部分地取决于这种激励的性质。

（6）员工能够对多种互不相同的管理策略做出反应，这既取决于他们自己的动机和能力，也取决于工作任务的性质。显然，不会有什么在一切时间对所有的人全能起作用的唯一正确的管理策略。

2.复杂人假设与管理策略

（1）管理者要有权变论的思想，即以现实的情境作为基础，做出可变的或灵活的行为反应。为此，管理者要学会在某一给定的情境中正确地实施组织、管理或领导。

（2）既然人的需要与动机都是各不相同的，那么管理者就要根据每个人的不同情况，灵活地采取不同的管理措施。也就是说，要因人而异、因事而异，不能千篇一律。

（3）管理者的管理策略与措施不能过于简单化和一般化，而是要具体分析，根据情况采取灵活多变的管理方法。

本章小结

同步测试

同步测试答案

一、单项选择题

1.组织行为学形成的年代是（　　）。

A.1949年　　B.1911年

C.20世纪20年代末30年代初　　D.20世纪六七十年代

2.创造一种环境，以使组织中的成员在该环境下既能实现成员的个人目标，又努力促成组织目标的实现，被称为管理的（　　）。

A.融合原则　　B.阶梯原则　　C.授权原则　　D.集权原则

3.组织行为学研究一定组织范围内的人的心理与行为的规律。这种组织行为指的是（　　）。

A.到商场购物行为　　B.到工厂进货行为

C.到公园散步行为　　D.企业员工工作过程中表现出的行为

4.《心理学和工业效率》一书包括以下三个方面的内容：一是尽可能有的最好工人；二是尽可能有的最好工作；三是尽可能有的最好结果。该书的作者是（　　）。

A.莉莲·吉尔布雷斯　　B.莱维特

C.雨果·芒斯特伯格　　D.泰勒

5.（　　）在其著名的《组织心理学》一书中阐述了四种人性假设，即经济人、社会人、自我实现人和复杂人假设。

A.雪恩　　B.约翰·莫尔斯

C.泰勒　　D.杰伊·洛希

二、多项选择题

1.组织行为学要研究组织中人的心理和行为规律，以对组织中出现的行为进行（　　）。

A.预测　　B.解释　　C.控制

D.整合　　E.引导

2.组织行为学形成和发展的理论源泉有（　　）。

A.心理学　　B.社会学　　C.人类学

D.政治学　　　　　　　　　E.生理学

3.工业心理学是一门范围广泛的学科，它包括的学科有（　　）。

A.人事心理学　　　　　　　B.工程心理学　　　　　　　C.普通心理学

D.组织心理学　　　　　　　E.消费心理学

三、判断题

1.雪恩提出了复杂人假设，即“Y理论”。他认为，人类的需要是分成许多类的，并且会随着人的发展阶段和整个生活环境的变化而变化。（　　）

2.对组织行为学的研究涉及个体行为、群体行为、组织行为三个层次，对每一个层次的研究不是相互矛盾，而是相互补充的。（　　）

3.X理论实际上是经济人假设的理论。（　　）

4.“组织行为学没有绝对的真理”这句话概括的是组织行为学的权变性。（　　）

5.组织行为学不研究人的心理活动的规律性，只研究人的行为活动的规律性。（　　）

四、思考题

1.什么是组织行为学？简述组织行为的三个层次及其关系。

2.简述组织行为学的主要研究内容及其学科特点。

3.组织行为学有哪些理论源泉？

4.简述从心理学到组织行为学的发展历程。

5.简述从管理心理学到组织行为学的发展历程。

6.简述从管理学到组织行为学的发展历程。

7.简述从行为科学到组织行为学的发展历程。

8.简述X理论、Y理论、超Y理论的基本观点及其对应的管理策略。

9.试述雪恩人性假设的基本观点和内容。

第二部分

个体心理与行为

第二章

个体行为的基础

学习目标

知识目标：

1. 了解个体工作行为的概念、特点。
2. 掌握个体行为模式（规律）及其影响因素。
3. 熟悉影响个体工作行为的传记特征。
4. 熟悉影响个体工作行为的心理因素。
5. 掌握需要、动机的概念。
6. 掌握需要、动机与行为的关系。

能力目标：

1. 提升全面认识员工个体的分析能力。
2. 培养对员工个体进行全面考察的思维能力。

素养目标：

培养在选人用人时全面考察组织中员工个体的职业精神。

引导案例

受医学领域长期追踪研究的启发，谷歌的人力和创新实验室展开了一个gDNA项目。这是谷歌首个大型长期研究项目，旨在让员工对工作有更好的理解，指导管理者提升员工幸福感，培养优秀领导人员，保持谷歌员工的稳定。gDNA调查同时采集了员工天生性格和成长环境这两方面的信息，并结合职位、角色及表现等个人经历，研究这些因素如何相互影响及如何影响员工的工作体验。在员工自愿参与、信息保密的前提下，该项目每年随机抽取4 000余名谷歌员工完成两份深度调查问卷。

研究发现，科技让工作与生活密不可分，友谊和私人联系也变成了工作的一部分。第一轮gDNA调查结果显示，只有31%的人能够摆脱工作生活界限模糊的烦恼，这部分人被称为“分割者”。他们在工作压力和休息之间划出了一条心理界线，通常会说“我才不喜欢在家里考虑工作的事情”。相反，“综合者”总是将工作记挂心头，完全没有工作和生活的界限，整天都处于工作状态，这部分人占调研人数的69%。他们当中又有一半想更好地区分工作和生活，却苦于做不到。

通过明确员工属于哪个范畴，该研究希望谷歌能够创造出各种环境，让员工比较容易区分工作和生活。比如，谷歌在都柏林办公室开展了一项“都柏林黑灯”计划，要求员工在下班回家前关掉桌上的所有办公设备。员工随后都反映从此晚上过得更为轻松愉快。同理，推动“分割者”不理会下班后发来的邮件并充分利用他们的假期，也可能提升其幸福感。

人力资源部门需要不断做出调整，通过长期分析行为、态度、个性特征及认知，确定影响体验愉悦且高效率工作的最大因素。gDNA 调查采集的数据有助于根据对员工的需求期望来调整谷歌的人力资源实践。

资料来源　伯克. 谷歌为什么研究工作生活平衡术［EB/OL］.［2014-04-24］. www.newhua.com/2014/0331/255655.shtml.有删减.

第一节　个体行为规律

通过上一章的学习，我们知道组织行为学是研究组织中人的心理和行为规律的学科。其中，行为决定了个体在组织中的工作表现和绩效，是组织行为学研究的重点。那么，个体行为究竟是如何产生的呢？为什么在不同的情况下，个体会有不同的行为表现？个体行为规律可以回答这些问题。

一、关于个体行为的几种解释

1.华生的行为主义

行为主义是美国现代心理学的主要流派之一，其创始人是美国心理学家约翰·华生（J.B.Watson）。华生在巴甫洛夫的条件反射学说的基础上，提出个体行为应当是对客观刺激的反应，主张用“刺激-反应”（S-R）公式来解释个体行为。其主要观点如下：

（1）一定的刺激必然引起一定的反应，但刺激与行为反应中间的复杂过程是个“黑箱”，研究的重点应该是可观测的行为与刺激之间的关系，而不是中间的复杂过程。

（2）行为是个体对一系列刺激产生的身体反应的组合。

（3）强调客观的观察法和实验研究，反对使用内省法，反对对意识、情绪、思维、感知等不易观测的主观概念进行研究。

（4）研究人的行为的目的是发现刺激和反应之间的规律，进而运用规律预测和控制人的行为。

2.新行为主义

新行为主义认为，“刺激-反应”行为公式之间存在中间变量，这个中间变量就是个体因素“O”，即个体的心理和生理状态。因此，人的行为公式应当是“刺激-个体-行为”（S-O-R），其解释为：一定的刺激作用于个体，人脑依据个体当前的心理和生理状况对刺激信息进行加工，从而输出不同的行为。新行为主义的代表人物有托尔曼、赫尔、斯金纳等。

（1）托尔曼的认知行为主义

托尔曼（E.C.Tolman）重新将目的、认知、期望等华生抛弃的内部心理过程引入刺激和反应中，并对这些中介变量进行分类整理，将其划分为需求变量和认知变量两大类。托尔曼认为，这些中介变量虽然不能被直接观测到，但可以根据刺激和行为推测出来，同时也是可以定义和定量的，并对个体最终的行为表现起决定作用，因此托尔曼称它们为“固有的决定因素”。只有搞清楚刺激和行为之间的心理过程中介变量，才能回答一定的刺激在什么情况下会引起个体什么反应的问题。

（2）赫尔的逻辑行为主义

赫尔（C.L.Hull）抛弃了华生推崇的观察归纳法，采用假设演绎法研究刺激和反应之间的中介变量，以期使心理学成为像数学、物理学一样客观的科学。赫尔在提出假设的基础上，推出了一系列定理。其主要观点如下：

首先，刺激-反应的基本公式应该是“S-s-r-R”，即“外在环境刺激-刺激痕迹-运动神经冲动-外部行为反应”。赫尔的解释为：环境产生的刺激会在大脑中以刺激痕迹的形式持续一段时间，这些刺激痕迹会导致运动神经冲动，从而引起外部的行为反应。进一步，行为之所以难以预测，是因为引发行为的刺激通常不是单个，行为实际上是一组刺激及刺激痕迹共同作用的结果。

其次，行为出现的基本条件是接近和强化。一方面，刺激和反应时间点的接近会增加行为出现的可能性；另一方面，强化将增强刺激与反应之间的联结力量，一个已经习得的反应如果没有得到强化，在其后的刺激过程中，会逐渐削弱甚至消失。

最后，行为的动机是内驱力。有机体已经习得的反应不一定在刺激下都出现，相同的刺激也许会引起不同的反应。

（3）斯金纳的操作性条件反射理论

斯金纳（B.F.Skinner）坚持刺激与行为之间没有中介变量，反对行为的内因论。他认为人的行为有应答性行为和操作性行为两种。应答性行为是由已有刺激引起的个体被动反应。操作性行为是个体为适应环境，受行为结果的强化，在没有任何刺激的条件下产生的有目的的行为。由于操作性行为是先有行为，后有刺激，且强化、改变行为的主要动力是有机体“操作”环境，因此，斯金纳的观点被称为操作性条件反射理论。

二、个体工作行为及其影响因素

1.个体行为与个体工作行为

人的行为是内在动机所支配的有意义的行动。人类行为复杂多样，基本上可以分为两类：一类是生活行为，是为了满足和延续人类生存的基本需要；另一类是工作行为，是指在工作过程中人对周围情境产生的估计和反应，从而形成内在动机所支配的有意义的行动。

组织行为学所探讨的个体行为主要是指个体工作行为。

2.个体工作行为的一般模式

（1）勒温的场动力理论

勒温（K.Lewin）是场动力理论的创始人，引入了物理学中磁场的概念，认为人也是一个场，人的心理活动发生于一定的心理力场中，是内在心理力场和外在心理力场共同作用的结果。其中，内在心理力场指人的过去、现在形成的内在需求，外在心理力场指外部的环境因素。人的行为是个人和环境共同作用的结果。因此，勒温提出了个体的行为函数：

$$B = f(P \cdot E)$$

式中：B表示个人行为的方向和向量（Behavior），P表示个人的内部动力（Personality），E表示环境刺激（Environment）。

勒温对这一函数的解释是：个体行为是由个体特征和环境特征的乘积决定的，即外部刺激能否产生行为，还要看内部动力的大小，二者的乘积才能决定个体行为的方向。其中，个人内部动力作为原动力因素起主导作用，外部环境作为诱导力因素起助推作用。

因此，基于勒温的个体行为公式，个体行为不仅是个体自身特性的表现，也是外部环境作用的体现，是二者共同作用的结果。

（2）麦克雷戈的影响工作绩效的因果关系模式

麦克雷戈（D.McGregor）认为，任何一个组织中个人（Individual）的工作绩效（Performance）是两类因素的函数：一类是个人本身的特性，另一类是他所处的客观环境的因素。用公式表示为：

$$P=f(I_{a,b,c,d,\cdots}, E_{m,n,o,p,\cdots})$$

式中：P表示个人工作绩效；f表示函数；$I_{a,b,c,d,\cdots}$表示个人主观特征，包括知识、技能、动机和态度等；$E_{m,n,o,p\cdots}$表示环境特征，包括工作性质、根据绩效高低所给予的奖酬、所在群体和有关领导以及社会环境等。

该模式表明，要提高组织中个人的工作绩效，就必须掌握工作者个人的各种特点，并采取相应的环境措施才行。

（3）莫立斯的影响个人行为的四因素论

莫立斯（C.Morris）认为，人的行为经常受到体质因素、符号因素、物质环境和社群环境这四种因素的影响和控制，而这四种因素又彼此影响，并分别或共同地影响和支配着人的行为，如图2-1所示。

所谓符号因素，是指人的生活所离不开的语言、文字和思想，人的价值观念和认识也是由某种符号传递的。所以，莫立斯认为符号因素影响人的行为。

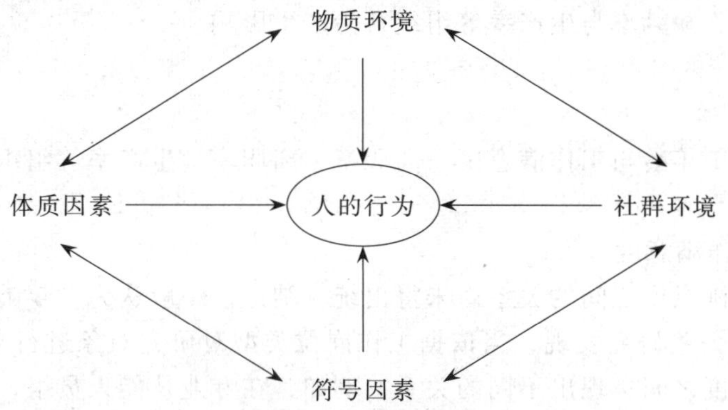

图2-1　莫立斯的四因素论

（4）爱索斯与科费的行为背景因素论

爱索斯（A.G.Athos）与科费（R.E.Coffey）认为，一个组织中个人的行为受其个人背景、组织外部环境和组织内部环境三种行为背景因素的影响。个人背景主要是指所受教育、家庭和社会背景、情感、道德、职业、习惯、技能、态度等。组织外部环境包括经济、社会、文化、政治、法律、地理等外在条件因素，以及产权所有者、竞争者、顾客、供应商和各级政府和群众团体因素。组织内部环境包括组织的主要领导者、组织目标、技术、规模、规章制度及组织历史等。

本书主要在勒温的场动力理论的基础上，综合考虑个体特征和外部环境因素，研究二者对个体工作行为的作用规律，进而为组织如何利用该规律达到预测和控制个体行为的管理目标提供建议。

新思想与组织中的人2-1

习近平总书记指出，用人得当，首先要知人。知人不深、识人不准，往往会出现用人不当、用人失误。对干部的认识不能停留在感觉和印象上，必须健全考察机制和办法，多渠道、多层次、多侧面深入了解。

第二节　影响个体行为因素之一——传记特征

勒温的场动力理论告诉我们，影响个体行为的因素包括个体特征和环境因素。其中，个体特征包括传记特征和心理特征，环境因素主要是指个体所处的外部环境。由于环境因素是个体外部的、不可控的，个体自身的特征才是行为的主要动力，因此组织行为学主要研究影响行为的个体特征。本节主要介绍影响个体行为的传记特征。

传记特征（Biographical Characteristics）是指人的自然属性和社会经历所形成的特征，包括性别、年龄、种族、婚姻状况、籍贯、教育背景、工作经历、政治状况等，大部分可以从人事档案中获取。相比复杂的心理特征，传记特征更易取得，因此已有大量研究针对传记特征与员工行为的关系展开，且一些研究已证明传记特征会对员工的工作满意度、流动率、缺勤率与生产率等组织行为产生影响。

一、年龄

一些关于员工年龄与工作满意度、离职率、离职率、生产率等组织行为的主要研究结果如下：

1.年龄与工作满意度

年龄与工作满意度之间的关系尚未得出统一结论，一般认为，年龄越大，工作满意度越高。但也有一些研究发现，当依据工作岗位类型对研究对象进行分组进行研究时，年龄与工作满意度之间呈现出不同的关系。例如，在专业技能人员组，工作满意度随年龄的增大而持续增加；而在非专业技能人员组，年龄与工作满意度之间出现U形关系，即工作满意度一开始随年龄的上升而下降，到达一定的年龄时，工作满意度又开始随年龄的增长而呈现上升趋势。

2.年龄与离职率

研究表明，员工的年龄越大，离职的可能性就越小。首先，年龄越大，可供选择的工作机会越少，员工越倾向于回避风险和追求稳定，因此为避免离职失业的风险，员工更愿意继续待在原来的工作岗位上；其次，年龄大的员工一般在工作岗位上任职时间较长，工作经验丰富，福利待遇已达到较高的水平，并且升职加薪的机会更多。

3.年龄与缺勤率

根据缺勤原因，可将缺勤分为可避免的缺勤和不可避免的缺勤。可避免的缺勤是由一些小病或其他没有必要的事情造成的，而不可避免的缺勤是由生病、受伤等原因影响员工正常工作的情况导致的。年龄与缺勤率有如下关系：一方面，年轻员工可避免的缺勤多于年长员工；另一方面，年龄越大，员工不可避免的缺勤越多，主要是因为年龄的增长使身体状况变差，疾病或肌体损伤后需要更多的恢复时间等。

4.年龄与生产率

一般的看法是，年龄的增长会导致员工生产率的下降。因为生产率受个体的技能、经验、知识及工作态度等多方面因素的综合影响，较年长的员工会在速度、力量、敏捷性、协调性等方面不如年轻员工，进而导致生产率下降。但也有研究表明，年龄与生产率之间没有相关性，无论是就专业技能型工作还是就非专业技术能型工作而言。原因是个体的身体机能并不会因年龄的增长而出现大幅度的衰退，并且这种差距导致的生产率下降会通过技能水平、工作经验及责任心和良好的心态等得到弥补。

二、性别

随着越来越多的女性走入职场，参与到工作中并发挥重要作用，人们开始关注性别差异对工作表现的影响。有研究表明，性别对工作绩效并没有显著影响，虽然男女存在性别差异是不容置疑的，比如女性表现出更强的观察力、沟通能力、亲和力，有更多的细心、耐心和同情心，更乐于遵从权威，但在进取心、创新和对成功的预期等方面不如男性，但这些差异都很小，不足以对工作绩效产生影响。此外，随着近些年女性工作参与比例的不断增加，这些状况也已发生了明显变化。因此，目前没有明显的证据表明男女性别差异会对工作绩效产生影响。但在一些特殊的工作岗位上，男女表现还是存在明显差异的，如需要较强体力劳动的工作更适合男性，女性在幼教、会计等需要耐心与细心的工作岗位上表现更佳。

此外，在离职和缺勤方面，性别对离职率和缺勤率也没有表现出明显的预测作用。虽然按照传统的观点，女性要承担怀孕生子、照顾孩子、处理家务事等更多的家庭责任，可能会请假更多，也有更大可能性会为了照顾孩子、支持配偶等放弃原本的工作，但随着社会的进步，这种观念已经发生了很大的改变，部分男性也开始更多地承担育儿等家庭责任。

三、婚姻状况

有研究认为，相比未婚的员工，已婚的员工缺勤率和离职率更低，工作满意度更高。原因是婚姻增加了个体的责任感和对稳定生活的追求。另外，由于家庭、配偶等因素，已婚的个体会更倾向于稳定的、时间灵活的工作，对出差、长期加班等会存在抵触心理。但上述结论都没有经过科学的证实。总而言之，婚姻状况对员工的工作绩效、离职率、缺勤率和工作满意度等并未表现出明显的预测作用，企业应该更多地考察员工的工作能力、知识技能等是否与工作岗位相匹配，而不是根据婚姻状况做出员工去留、升职加薪与否的相关决定。

四、教育背景

一般来说，个体的受教育水平越高，其知识储备也就越多，在工作中处理复杂问题的能力也越强。受教育水平较高的员工学习能力也会较强，往往能够快速适应复杂环境的变化，创造较高的工作绩效。基于此，组织习惯于根据岗位特点和工作内容，在招聘时规定不同的学历要求。一般来说，那些对员工综合素质要求较高、具备较大灵活性的工作，往往对员工的学历水平的要求也较高；而那些以重复性工作为主的岗位，只有较低学历水平的员工就能胜任。

人的行为具有稳定性，在学校中学习成绩较好的员工一般也会有良好的工作表现。学习成绩是一个人智商、学习态度和努力程度的综合体现。人们相信，在学校中学习成绩优秀的员工，也会在工作中表现出较强的学习能力，把同样的积极态度和努力程度带到工作中，从而取得较好的工作绩效。

五、工作经历

工作经历代表个体以往的职业经历，反映员工的职业技能与工作经验是否与组织的岗位需求相匹配，可以为组织创造多少价值、带来多少资源。此外，根据员工以往的职业经历，还可以判断员工的职业发展规划，进而预测其离职意向等。有相关工作经历的员工往往可以快速适应工作，组织可以在培训方面减少投入，从而降低培训成本。然而，工作经历也会使员工在工作中过于依赖以往的工作经验，表现出保守的一面，不利于员工的学习和进步。

六、其他传记特征

除了年龄、性别、婚姻状况、教育背景、工作经历外，种族、籍贯、政治面貌、收入水平、任职时间等传记特征往往也在招聘中被组织作为参考因素，也是研究传记特征与行为关系的重要内容。但由于目前的研究尚不成熟，研究结论尚未统一，缺乏科学严谨的证据形成一致的令人信服的结论。因此，用人单位在根据传记特征预测个体行为时，要根据岗位特征灵活考量，以避免刻板印象产生的不良影响。

第三节　影响个体行为因素之二——个体心理因素

心理因素又称心理现象。人的心理现象是多种多样的，它们之间的关系也非常复杂。比如，我们听到树叶的沙沙声、看到光亮和颜色、尝到滋味、闻到气味、摸到物体的硬软或冷热，在这些感觉的基础上，能辨认出这是刮风、阳光，那是花朵、大理石等，这就是知觉。在离开了刺激物的作用之后，原来听过的话语、看过的某些图形或物象仍“话犹在耳”“历历在目”，这就是记忆。人不仅能通过记忆把经历过的事情回想起来，而且能想出自己从未看到过的事物，如形成小说里所描写的人物形象和场面，这就是想象。人们凭借自己所特有的语言，通过分析、综合，就能判断事物的本质及发生、发展的规律。例如，医生根据病人的体温、脉搏、舌苔、血液或排泄物的化验结果，推断出他某一内部器官发生病变的思索过程，就是思维。

感觉、知觉、记忆、想象、思维都属于对客观事物的认识活动，即都是为了弄清客观事物的性质和规律而产生的心理活动，这种心理活动在心理学上统称为认识过程。人在认识客观事物时，并非无动于衷，而是常常产生满意或不满意、愉快或不愉快等态度体验，这在心理学上叫作情感过程。人不仅能认识客观事物，对它产生一定的感受，而且能根据对客观事物及其规律的认识自觉地改造世界。人能够根据自己的认识确定行动目的，拟订计划、步骤，克服各种困难，最后把计划付诸行动，这种自觉地确定目标并力求加以实现的心理过程叫作意志过程。所有这些心理现象，包括认识、情感、意志过程，统称为心理过程。

由于个人的先天情况不同、生活条件不同、所受的教育影响不同、所从事的实践活动不同，因此这些心理过程在每个人身上产生时总是带有个人特征的，这样就形成了各人不同的个性，其中包括每个人不同的个性意识倾向性（需要、动机、兴趣、爱好、信念、世界观）和个性心理特征（能力、气质和性格）。

图2-2清晰地列示了上述个体心理因素（心理现象）所包含的内容。

必须指出，心理现象的各个方面并不是孤立的，而是彼此联系的。不仅在认识、情感、意志过程之间，而且在个性心理和心理过程之间也是密切联系的。没有心理过程，个性心理就无法形成。同时，已经形成的个性心理特征又制约着心理过程，在心理过程中表现出来。

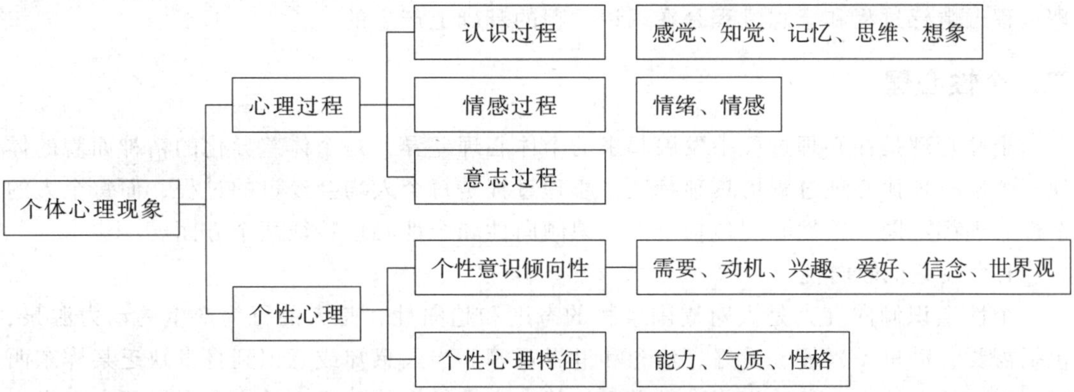

图2-2 个体心理因素

一、心理过程

心理过程是心理活动发生、发展的过程，是个体对客观世界主观能动反映的过程，包括认识过程、情感过程和意志过程。

1.认识过程

认识过程是个体认识客观事物的心理活动过程，即在人脑接收外部信息并加工处理的基础上，人类对客观事物由表及里、由现象到本质地反映其特征与内在规律的基本过程。认识过程由感觉、知觉、记忆、思维、想象等认知要素构成。人们认识世界的过程产生于感觉和知觉，首先要用感觉器官感觉事物的颜色、明暗、形状、气味等，然后在多种感觉器官的综合作用下，形成对事物的整体认识，也就是知觉的出现。在感知的过程中，人们总是有意无意地记住一些东西，并对客观存在的事物进行思考，发挥自己的想象。正是因为记忆、思考、想象等高级心理活动的存在，人们才能不断认识世界，发现事物的内在规律，并利用想象力和创造力来创新和改造世界。

2.情感过程

情感过程是指人在认识客观事物时产生各种心理体验的过程，包括喜、怒、哀、乐、惧等情绪和满意、喜爱、厌恶、憎恨等情感。情绪和情感可能对人的生理状态产生不同的影响，比如过度悲伤的情绪可能引发抑郁症，扰乱人的正常生活，严重时还会危及人的生命安全。因此，人对情绪和情感的调节和控制对于保持正常的身心健康十分重要。

3.意志过程

意志过程是指在社会实践过程中，个体为完成目标而采取的自觉行动，包括制订计划、调节和支配行为以克服内外部困难的心理过程，是人的主观能动性的体现。意志过程充分体现了人不仅要认识客观事物，还要根据客观事物的特征和规律改造世界的意愿。一个人的意志是否坚定关系到其在完成任务过程中的努力程度，关系到其能否取得成功。

认识过程、情感过程、意志过程三者相互联系、密不可分。认识过程是最基础的心理过程，情感过程和意志过程是在认识过程的基础上产生的。

二、个性心理

个性心理是在心理过程中发展起来的个体心理差异，是个体差异化的精神面貌的体现。个性心理比心理过程更具独特性：心理过程是每个人均会经过的过程，而每个人的个性心理都不同。个性心理包括个性意识倾向性和个性心理特征两个方面。

1.个性意识倾向性

个性意识倾向性，是人对周围事物的态度和趋向性，是人的行为产生的动力源泉，包括需要、动机、兴趣、爱好、信念和世界观等。当人感知或意识到自身缺乏某样东西时，需要就会产生；然后为了满足需要，就会产生行为的动机；动机会引发行为，来实现个体目标。人的生存实际上就是不断产生各种需要，又通过行为满足需要的过程。同时，在认识世界的过程中，人有了兴趣、爱好、信念、世界观，每个人的人生都是丰富多彩又独一无二的。

2.个性心理特征

个性心理特征，简称个性特征，是个体经常性表现出来的、稳定的心理特点，包括气质、性格和能力。气质是指心理活动的强度、速度、稳定性、指向性等方面的动力特征，如脾气暴躁还是温顺、思维敏捷还是迟钝、注意力集中时间的长短、心理活动倾向于内心还是外部世界，这些动力特征差异化的组合形成了一个人独一无二的气质。性格是指个人对现实的一贯态度和行为表现方式，如勤奋、谦虚、狡诈等都是性格特征。气质多是先天形成的且可塑性强，而性格则是后天塑造的且较易改变。心理学上习惯将气质和性格统称为人格。能力是个体通过实践活动固化下来的概括性的东西，它能够影响活动的效率，对个体在社会上立足起到重要作用。正是因为气质、性格和能力等个性心理特征的存在，每个人才表现出差异化的特点。

总之，个体心理因素以个体的心理现象为基础展开研究，主要包括心理过程和个性心理两大部分，二者又分别包含诸多因素，是一个复杂的体系。因此，本书主要选取需要和动机、感觉和知觉、价值观和态度、个性（气质、性格、能力）四个方面的规律进行深入探讨，并将这四部分定位为影响个体工作行为的动力系统、认知系统、态度系统和个性系统。

（1）动力系统。它主要由需要和动机两个心理因素构成。动力系统主要研究行为是如何被推动和维持的，而发挥关键作用的因素就是个体的需要和动机。在动力系统中，行为是这样产生的：刺激的出现引起了需要的产生，需要又进一步转化为动机，在动机的驱动下，行为为了实现某个满足需要的目标而发生。本章第四节将详细介绍该部分内容。

（2）认知系统。它主要由感觉和知觉两种心理因素构成。感知是个体通过感觉器官接受外部信息形成感觉，通过大脑对这些信息进行加工处理，进而形成对客观世界的整体知觉印象的过程。根据感知形成的知觉印象，个体做出决策并付诸行为。这部分详见

第三章。

(3) 态度系统。它由价值观和态度两种心理因素构成。价值观和态度反映了人对周围事物的总评价及心理和行为倾向。在相同的外部条件下，由于价值观和态度不同，人们对同一事物往往会产生不同的行为。这部分详见第四章。

(4) 个性系统。它以个性心理特征为基础，主要包括气质、性格和能力。气质和性格是一个人稳定的心理特征，决定了个体的行为风格；而能力则会影响行为的效率。这部分详见第五章。

第四节 需要、动机与行为

行为受人的主观意识支配，人的活动都是为了满足自身需要，由需要产生的内部动机是行为产生的关键。因此，需要、动机与行为之间的关系是需要引起动机、动机支配行为。需要与动机是个体行为的动力源泉，三者共同组成了个体行为的动力系统。

一、需要

1.需要的含义

需要（Need）是人由于缺乏某种生理或心理因素而产生的力求满足的心理倾向，也就是人为了生存和发展对各种目标的追求。人总会有各种各样的需求，如衣、食、住、行、事业、学习、人际交往等，因人脑中存在对这些需求的欲望和渴求，需要便由此产生。

2.需要的特点

(1) 指向性（对象性）

人的需要不是空洞的，而是有指向性的，有对象的，总是指向某具体事物。需要的对象既包括衣、食、住、行等物质层面的东西，也包括信仰、理想等精神层面的东西；既包括个人的日常生活，又包括参与社会活动。正因为需要指向的对象不同，也就形成了各种不同的需要。

(2) 多样性

需要的多样性是指人在同一时期或不同时期可以有多种不同的需要。虽然人可能同时存在多种需要，但必定有某种需要表现得最为强烈、最为迫切，是当下急需得到满足的需要。

(3) 阶段性

人的需要不是一成不变的，同一个体在不同的成长阶段会有不同的需要。例如，在婴幼儿阶段，吃、喝、睡等生理需要占主导地位；在青少年阶段，人们逐渐形成对安全、爱情、友情等情感的需要；在成年时，则主要是对名誉、地位、尊重的需要。

(4) 社会制约性

需要受到社会发展水平、时代、阶级的影响。在经济发展水平较低、生活水平低下的年代，人们需要的是填饱肚子；如今经济发展水平提高了，人们的生活水平也提高了，人们不仅有物质需要，也开始追求精神方面的满足。

3.需要的类型

（1）按照需要的性质不同，可以分为生理需要和社会需要

生理需要，也称自然需要，是人与生俱来的需要，主要是指有机体为了维持自身生命和延续种族而产生的需要，是人类最基本、最低级的需要。生理需要包括维持有机体平衡的需要，如饮食、运动、睡眠；回避伤害的需要，如对有害或危险情况的回避等；性的需要，如配偶、嗣后的需要。生理需要是生而有之的。社会性需要是后天形成的需要，是个体在社会实践过程中，经过不断的经验积累所逐渐形成的需要，包括对知识、劳动、艺术创作的需要，对人际交往、尊重、道德、名誉、地位、友谊和爱情的需要，对娱乐消遣、享受的需要等。它是人特有的在社会生活中产生和发展起来的高级需要。人的社会需要因受社会背景和文化意识形态的影响而有显著的个体差异。

（2）按照需要的对象不同，可以分为物质需要和精神需要

物质需要是人对有形物质的需求，主要包括衣、食、住、行等方面的生活需求。精神需要是较高级的需要，是人在成长过程中逐渐发展起来的对文化、友谊、爱情、理想等精神层面的需求。研究表明，物质需要的满足并不能使人真正获得幸福，只有精神需要的满足才能使人幸福。

（3）按照需要获得满足的来源不同，可以分为外在性需要和内在性需要

外在性需要的满足来源于外部，是个体无法控制的。内在性需要的满足来源于个体本身的爱好、判断和体验，需要满足的迫切程度也由自身控制和支配。例如，一个人对升职加薪的需求、受他人尊重的需求都属于外在性需要，而对目标实现、工作完成情况的需求则属于内在性需要。外在性需要更多的是物质需求和社会情感需求，而内在性需要更多的是个人的精神需求。

二、动机

1.动机的含义

动机（Motive）的本义是引起动作。心理学上认为，动机是一种心理驱动力，是引起并维持个体行为，并将行为导向满足需要的方向的欲望、愿望、理想等心理因素。

2.动机的功能

在需要的刺激下，个体产生动机，动机直接导致行为发生。动机是一种心理过程，因为个体的动机不能通过直接的观察得到，只能通过观察目标选择、努力程度和行为的持续性来间接推断动机。个体的目标选择可以反映动机的方向，努力程度和行为的持续性则体现动机的强度。但动机并不属于行为，而是行为产生的内在直接原因，它总是引导行为产生并规定行为的目标方向。

动机决定了人的行为方向、强度和持续性。也就是说，动机决定了人自愿行动的方向、朝着目标努力的程度和遇到困难时行为的坚持程度。基于此，动机的功能可以概括为三种：激发功能、指向功能、维持和调节功能。

（1）激发功能，激发个体产生某种行为。动机是行为的原动力，人各种各样的活动

总是由一定的动机引起的。没有动机，行为也就没有产生的驱动力与意义。

（2）指向功能，使个体的行为指向一定目标。人在同时期的行为可能有多种，动机的指向功能使动机能够引导个体在各种可能的行为中，选择某种特定的行为以实现某种目标。例如，为了节约生产成本，一位工程师可能会将原本应花费在设计工作上的时间用于说服上司改变设计方案，以达到控制成本、增加利润的目标。

（3）维持和调节功能，动机使个体的行为维持一定的时间，并调整行为的强度和方向。动机的维持和调节功能总是激励员工在行为上努力，遇到困难挫折时尽最大努力克服，直至完成选定的行为，实现目标。动机的维持和调节功能的强弱，即动机的强度也决定了个体在行为过程中的努力程度和坚持程度。

3.动机的类型

人的动机是复杂多样的，按照不同的分类标准，可以对动机进行不同的分类。

（1）按动机的性质，可以分为自然性动机和社会性动机

这一分类方式与需要按照来源分为自然需要（生理需要）和社会需要，二者是相对应的，即自然需要引发自然性动机，社会需要引发社会性动机。自然性动机，又称生理性动机，是指人作为有机体由生理需要引发的动机，包括觅食动机、性动机、探索动机等。例如，人出于维持生命的需要，要用食物来填饱肚子，这种自然需要进而引发了觅食的动机。社会性动机是指人作为社会的一分子，受到文化、社会实践的影响，在生活过程中通过学习和经验积累而发展起来的各种动机。社会性动机内容丰富，包括交往性动机、地位性动机、权力动机、成就动机等。例如，一个人为了获得领导和同事的认可，产生了努力工作的动机。

（2）按动机的来源，可以分为内在动机和外在动机

内在动机来自活动本身，是由个体对活动本身的关注与兴趣引起的动机。个体只需完成活动就可以满足内在动机，而不需要额外的外部惩罚或奖励来使行为指向目标。员工因一份工作能使自己获得更多的职业技能，从而产生了积极工作的动机，而不论工资水平的高低，这就是内在动机在发挥作用。与内在动机不同，外在动机来源于个体外部的诱因。外在动机的满足在活动之外，个体关注和感兴趣的不是活动本身，而是活动完成后的结果，包括能够获得外部奖赏或能够逃避外部惩罚。如有的员工努力工作是为了赚取更多的奖金，一旦组织取消奖励政策，努力工作的动机也就消失了。

（3）按在活动中地位与作用的大小，可以分为优势（主导型）动机和辅助型动机

主导型动机是指在引起行为的诸多动机中处于支配地位、发挥主导作用的动机，是最强烈而又稳定的动机。辅助型动机是相对于主导型动机而言的，是处于从属地位、只发挥辅助作用的动机。在动机体系中，各种动机的强度不同，在同一个人身上所占的地位和所起的作用也不同。一个人的行为是受优势动机支配的，辅助型动机对行为有影响，但不起支配作用。事实上，一种行为的产生往往并非由一种动机所引起，而是有几种动机在起作用，但对人的行为起支配作用的则是优势动机。

三、需要、动机与行为的关系

1.需要与动机的关系

需要与动机既相似又有严格的区别。需要是人的积极性（行为）的基础和根源，动机是推动人类行动的直接原因。当人的需要具有某种特定目标时，需要才能转化为动机。例如，一个人在沙漠中口渴难忍，这时他有饮水的强烈需要。如果周围没有水源，就不能促使他进行目的明确的活动，只有当他发现眼前有一片绿洲时，才会促使他向水源走去。因此，动机是在需要的基础上产生的，但需要并不必然产生动机。

首先，需要是动机的基础。动机基于需要而产生，没有需要便不会产生动机。正是多样化的需要才产生了各种各样的动机。

其次，动机是需要的升华。虽然需要与动机都可以视为行为的动力，但后者是行为的直接动力，前者是行为的间接动力或原动力。也就是说，需要并不直接导致行为发生，只有在一定条件下，需要才会转化为能够直接引起行为的动机，进而发动和维持行为，直至目标实现。

需要转化为动机有两个条件：

一是需要必须具备一定的强度。只有当个体对需要的满足有强烈意愿，存在迫切需求时，个体才会产生满足需要的动机；相反，如果需要不迫切，也就不足以刺激人产生满足需要的动机。

二是满足一定的客观条件。这种客观条件是指需要对象（目标）的确定或存在，这种对象可能是物质性的，也可能是精神层面的。只有在需要的对象存在的情况下，人们才能有追求它、得到它、完成它的动机；否则，需要就只是空想而无法转化为动机。例如，一个人身处荒岛，有与人交往的需求，但因为岛上没有其他人，缺乏需要满足的客观条件，这种需要也就无法转化为动机。

2.动机与行为的关系

动机是行为的直接动力，行为是动机的外在表现，但动机与行为并不是简单的一一对应关系。勒温的B=f（P·E）个体行为函数告诉我们，虽然个体特征是行为的决定因素，但由于外部环境的存在，同一个人的同一种动机在不同的外部环境的作用下，可能会有不同的行为表现。也就是说，行为是个体特征和外部环境综合作用的结果。因此，一定的动机并不必然引起一定的行为。动机与行为之间的复杂关系有如下表现：

第一，一种动机可以引起多种行为。例如，当部门内部决定提拔一个人时，为了争取升职的机会，不同的员工可能有不同的行为表现。有的员工更加努力工作，想要取得更好的工作业绩；有的员工则跟上司搞好关系，希望提拔时上司多考虑自己。

第二，同一行为可以是不同动机的结果。人们积极工作，可能受不同的动机驱动：有人为了多拿奖金；也有人为了学习更多的职业技能，提升能力；还有人为了获得领导的赏识，以便升职提拔。

第三，一种行为可能是多种动机共同作用的结果。我们再以一个人努力工作为例，努力工作背后的动机可能有多种，既为了获得奖金改善生活，也为了学习职业技能，同时还为了获得领导的表扬及升职加薪。

第四，合理的动机可能引起错误的行为。比如人们常说的“好心办坏事”，就是好的动机却引发了不好的行为。

第五，错误的动机有时候被外表积极的行为所掩盖。在反腐倡廉建设中被查处的贪官污吏，有的人工作勤勤恳恳，表面上节衣缩食、清正廉洁，但实际上，这些优秀的表现恰巧掩盖了其贪污腐败的动机。

由此可见，人的动机和行为之间的关系是十分复杂的。

个体的行为除了受动机的支配外，还受外部环境的影响。

3.需要、动机与行为的转化关系

在个体工作行为的动力系统中，人的行为模式包括三个要素：需要、动机与行为。当人产生的需要处于萌芽状态时，它以不明显的、模糊的形式反映在人的意识之中，使人产生不安之感，人在心理上就形成一种紧张状态，也明确地意识到通过什么手段可以解除这种紧张，这时，意向转化为愿望。但愿望只反映了内心需要，是人活动的内在驱动力，由于还没有明确的对象（目标），所以这种驱动力没有方向，还不是动机。在遇到满足需要、解除心理紧张的具体对象（特定目标），并且具有达到目标的可能性时，这种驱动力就有了方向，以愿望形式出现的需要就变为动机，推动人进行某种活动，向着目标前进。简单地说，先是外部刺激引起了需要的产生，需要进一步转化为动机，在动机的驱动下，行为为了满足某种需要而发生。当行为实现既定的目标后，个体又会产生新的需要，接着需要又引发新的动机，动机又支配新的行为产生，直至新的目标实现。

如图2-3所示，需要、动机与行为三者之间这种循环往复、周而复始的转换关系就构成了个体行为的动力系统。

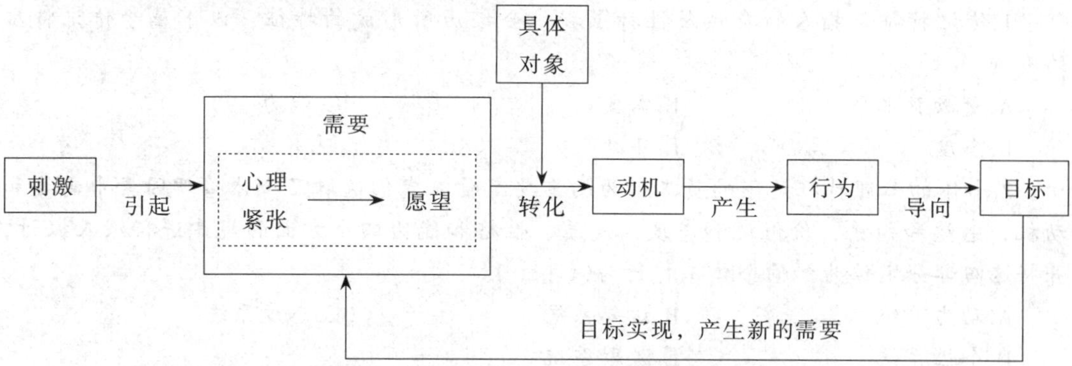

图2-3 需要、动机与行为的关系示意图

4.需要、动机与行为的关系在管理中的应用

需要与动机作为动力系统的关键因素，是个体工作行为内在心理基础，也是员工积极性产生的源泉。人们将需要、动机与行为的关系称为激励机制。在管理过程中，管理者要充分了解员工的需要和动机，满足员工的需求，预测、控制和管理员工的工作行为，并给予员工适当的刺激以使其产生努力工作的动机，充分调动员工工作的积极性。这部分详见第六章。

本章小结

同步测试

同步测试答案

一、单项选择题

1.根据勒温的场动力理论，对个体行为起主导作用的是（　　）。

A.外部环境刺激　　B.个体内部动力

C.传记特征　　D.个人行为的方向和向量

2.（　　）是影响个体行为的传记特征。

A.受教育水平　　B.需要　　C.能力　　D.态度

3.在现实生活中，有人通过努力工作赚钱，也有人通过投机取巧赚钱，这些现象表明（　　）。

A.一种动机可以引起多种行为

B.同一行为可以是不同的动机的结果

C.好的动机可以引起不合理的行为

D.坏的动机可能被外表积极的行为掩盖

4.需要、动机与行为三者之间循环往复、周而复始的转换关系就构成了个体行为的（　　）。

A.认知系统　　B.态度系统　　C.动力系统　　D.个性系统

5.个体的心理过程包括认识过程、情感过程、意志过程，三者相互联系、密不可分。其中（　　）是最基础的心理过程。

A.情感过程　　B.认识过程　　C.意志过程　　D.以上都是

二、多项选择题

1.传记特征是指人的自然属性特点和社会经历所形成的特征，以下属于传记特征的有（　　）。

A.受教育水平　　B.需要　　C.能力

D.态度　　E.年龄

2.个体的心理特征是影响员工行为的重要变量。我们选取了个体心理因素中需要和动机，感觉和知觉，价值观和态度，气质、性格和能力四个方面的规律进行深入探讨，并将这四部分定位为影响个体工作行为（　　）。

A.动力系统　　B.认知系统　　C.态度系统

D.个性系统　　E.激励系统

3.莫立斯的影响个人行为的四因素论认为，人的行为经常受到（　　）因素的影响和控制。

A.体质因素　　B.物质环境　　C.符号因素

D.社群环境　　E.激励系统

三、判断题

1.美国心理学家约翰·华生提出了行为主义理论，主张用“刺激–个体–行为”（S–O–R）公式来解释个体行为。（　　）

2.麦格雷戈认为，影响个体行为的因素包括体质因素、符号因素，物质环境和社群环境。 （ ）

3.个性意识倾向性是个体经常性表现出来的、稳定的心理特点，包括气质、性格和能力。 （ ）

4.一个人的行为是受优势动机支配的，辅助型动机对行为有影响，但不起支配作用。 （ ）

5.需要转化为动机有两个条件：一是需要必须具备一定的强度；二是满足一定的客观条件。 （ ）

四、思考题

1.什么是个体工作行为？

2.描述有代表性的个体行为模式及其主要内容。

3.简述勒温的场动力理论的公式及其主要观点。

4.举例说明传记特征、个体心理因素包含的内容及对个体工作行为的影响。

5.简述需要和动机的概念、特点及类型。

6.简述个体动力系统的构成要素及对工作行为产生作用的规律。

第三章

感觉、知觉与行为

学习目标

知识目标：

1.了解感觉、知觉与社会知觉的概念。

2.熟悉知觉和社会知觉的特点和规律。

3.了解错觉的概念和类型。

4.掌握各种社会知觉的偏见效应。

5.掌握归因理论及其应用。

6.熟悉个体认知规律的管理应用。

能力目标：

1.提升分析个体认知规律、正确认识组织中个体行为的能力。

2.提升认清社会知觉偏见和归因偏差，正确预测、控制和引导个体行为的能力。

素养目标：

培养关注组织中个体认识规律并加以应用的职业精神。

引导案例

三国时期，诸葛亮因错用马谡而失掉战略要地——街亭，魏将司马懿乘势率大军15万人向诸葛亮所在的西城蜂拥而来。当时，诸葛亮身边没有大将，只有一群文官，他所带来的5 000名士兵也有一半运粮草去了，只剩2 500名士兵在城里。众人听到司马懿带兵前来的消息都大惊失色，诸葛亮登城楼观望后，对众人说："大家不要慌，我略用计策，便可让司马懿退兵。"

于是，诸葛亮传令，把所有的旌旗都藏起来，士兵原地不动；如果有私自外出以及大声喧哗的，立即斩首。他又让士兵把四个城门打开，每个城门之上派20名士兵扮成百姓模样，洒水扫街。诸葛亮自己披上鹤氅，戴上高高的纶巾，领着两个小书童，带上一张琴，到城上望敌楼前坐下，燃起香，然后慢慢弹起琴来。

司马懿的先头部队到达城下，见了这种情况，不敢轻易入城，便急忙返回报告司马懿。司马懿听后，笑着说："这怎么可能？"于是便令三军停下，自己飞马前去观看。离城不远，他果然看见诸葛亮端坐在城楼上，笑容可掬，正在焚香弹琴。左面一个书童，手捧宝剑；右面也有一个书童，手里拿着拂尘。城门里外，20多个百姓模样的人在低头洒扫，旁若无人。司马懿看后，疑惑不已，便来到中军，令后军充作前军、前军作后军撤退。他的儿子司马昭说："莫非是诸葛亮家中无兵，所以故意弄出这个样子来？父亲您为什么要退兵呢？"司马懿说："诸葛亮一生谨慎，不冒风险。现在城门大开，里面必有埋伏，我军如果进去，正好中了他们的计。还是快快撤退吧！"于是各路兵马都退了回去。

资料来源　罗贯中.三国演义［M］.北京：人民文学出版社，1973：763-766.有改动。

第一节　感觉与知觉

对于同一事物，不同的人可能会有不同的感知，我们熟知的盲人摸象的故事反映的就是这一现象。人们通过认知过程获取客观事物的信息，其中感觉和知觉是人们认识世界的基础，感觉和知觉会影响人们对客观事物的认识，进而影响行为决策。

一、感觉与知觉的含义

1.感觉

感觉是感觉器官获取的客观事物个别属性信息在人脑中的反映。

在日常生活中，感觉时时刻刻都在发生，各种感觉器官直接捕捉客观事物的各方面信息，然后反映在人脑中，形成感觉。一方面，我们可以通过眼睛看到事物的颜色、形状等外表属性，通过鼻子嗅到物体的气味，通过舌头品尝到食物的味道，通过皮肤感受到外部温度的变化等，这些都是人体所形成的对外部事物的感觉；另一方面，感觉器官也可以对人体本身的运动状态、激素水平、器官状况等产生作用，从而在人脑中产生疲惫、兴奋、饥饿等感觉。

2.知觉

知觉是客观事物在人脑中的主观印象，是对感觉器官获取的信息的组合和解释。

通过感觉，人只能获取客观事物的个别属性，但实际上，事物的各个属性并不是孤立存在的，多种属性相互联系才形成了事物的整体。只有知觉才能将这些零散的信息组织加工，使个体在头脑中形成对事物的整体印象。例如，对于苹果来说，它的颜色、形状、气味、味道会分别作用于人的视觉器官、嗅觉器官和味觉器官，人脑对获得的信息加以综合，就形成了人对苹果的知觉。

3.感觉与知觉的关系

感觉和知觉的区别：感觉反映事物的个别属性（如形状、色泽、气味、温度等），知觉则是对事物各种属性、各个部分及其相互关系的综合的、整体的反映。

感觉和知觉的联系：感觉是知觉的成分，是知觉的基础；知觉是在感觉之上产生的，它依赖人脑中储存的一系列感觉信息，没有感觉，就不会有知觉。但是，人脑的活动并不只是停留在对事物个别属性的反映上，由于现实中某些感觉信息的作用会引起整个感觉信息组合的兴奋，通过自觉形成的意识活动，立即过渡到对客观事物的整体反映，这才是认知的意义。

二、知觉的特征

知觉有诸多特征，主要包括选择性、整体性、理解性、恒常性。

1.选择性

知觉的选择性是指人们对知觉对象的选择。面对纷繁复杂的信息和刺激，在个体认知能力及时间、精力有限的情况下，人们仅筛选部分对自身有意义的事物作为知觉对象。

2.整体性

知觉的整体性是指虽然知觉的对象由多部分构成，有多种属性，但人们往往把它们作为一个整体来看待，以形成对事物的整体印象。例如，当我们观察一个苹果时，我们只需看一眼，就能在脑海中形成包括颜色、形状、气味、味道等在内的整体知觉，在大脑中组合形成了人对苹果的整体印象。

3.理解性

知觉的理解性是指人不是被动地感知事物，而是结合自己记忆中的知识、经验力求对事物做出解释，使事物有一定意义。知觉过程的结果是个体对事物的理解。理解可以使知觉更为深刻、更为精确，可以使知觉的速度提高。比如一张检验报告，病人除了知觉一系列符号和数字之外，其他都不知道，也不知道这些符号和数字是什么意思；而医生看到它，不仅了解这些符号和数字的意义，而且可以对病情做出准确的判断。

4.恒常性

知觉的恒常性是指客观事物状态不同而发生了某些特征的改变，但由于存在知觉经验，个体对该事物的知觉维持不变的情况。知觉的恒常性在视知觉中体现得最为明显：当一个物体的距离、观察角度、亮度等发生变化时，人眼所看到的大小、形状、颜色等会发生变化，但由于人有知觉经验，在脑海中对该物体的知觉仍是实际的状态。

三、影响知觉准确性的因素

在现实中，人的知觉往往不准确，不符合实际情况，甚至会产生错觉。知觉的偏差会影响人的认识，误导人的行为，给工作造成损失。因此，在组织管理活动中，必须研究影响知觉准确性的因素，减少偏差和失误。

影响知觉的因素总体上可以归为三类：知觉对象的特征、知觉者的主观因素和知觉的情境因素。

（一）知觉对象的特征

1.整体性

人们在知觉事物时，会根据对象的特征进行组织、整合。这种整合遵循一定的规则：

（1）接近律。在时间、空间上接近的对象，有被知觉为同类的倾向。例如，一个车间的两个工人同时要求辞职，人们很容易觉得他们是串通一气的，其实可能仅仅是巧合。

（2）相似律。具有相似性的对象易被知觉为一组。如图3-1所示，有16个小方块，但人们往往不把它们知觉为一个整体，而是知觉为两行空心方块和两行实心方块的两组图形。

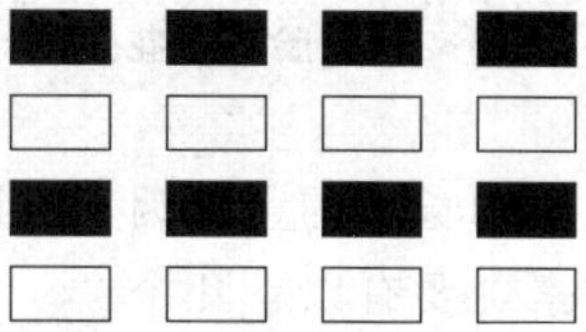

图3-1　相似律示意图

（3）闭锁律。事实上，一组分散的知觉对象包围一个空间，同样容易被人知觉为一个单元。例如，在火车车厢里面对面坐的若干乘客，比背靠背坐的乘客更容易被知觉为一个单元。

（4）连续律。在空间、时间上有连续性的对象，容易被知觉为一个整体。例如，在电影院售票处，人们往往把排队购票者知觉为一个整体，而对其他散乱的人则没有明晰的知觉。

这些规则的意义在于使知觉更为简便有效，通过对知觉对象的组织，更迅速地把握它们。因此，这些规则又称为知觉组织的“简明性规则”。

2.选择性

在日常生活中，作用于我们感觉器官的客观事物是多种多样的，但是在一定时间内，人并不会感受到所有的刺激，而是仅感受到能引起注意的少数刺激。此时，被感知的对象好像从其他事物中突出出来，出现在人的前面，其他事物就退到后面去了。前者是知觉的对象，后者成为知觉的背景。在一定条件下，对象和背景可以相互转换。

例如，观察图3-2时，第一眼看到的是花瓶，但当把白色作为背景时，会看到两个人脸的侧面轮廓，这就是知觉对象和背景相互转换所产生的人对同一事物的不同知觉。

知觉对象的颜色、形状、大小、声音强度、运动状态、新奇性、重复次数、熟悉与否等因素，都会影响个体对知觉对象的选择，最终影响知觉的结果。

在其他因素不变的情况下，形状大、强度高、新奇、熟悉的事物更容易被知觉。例如，在人群中，身材高大的人、穿着奇特的人、熟人一般会先进入我们的眼帘而被察觉。鞭炮声比掌声、枪声比鞭炮声更容易被察觉。一般而言，处于运动状态的、重复次数多的事物也更容易受到关注。马路上突然奔跑的人、夜晚闪烁的霓虹灯往往能吸引更多人的目光。

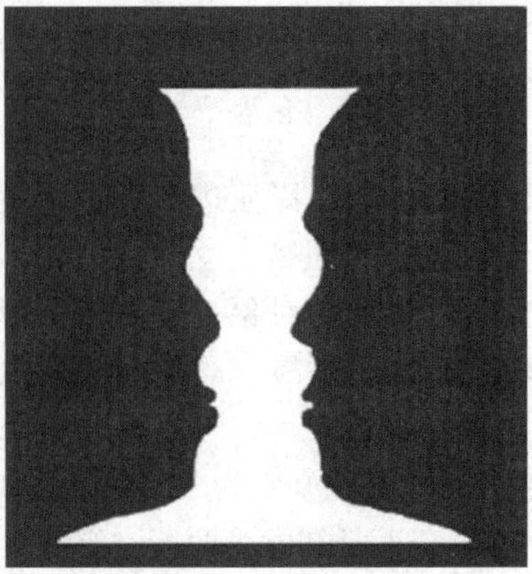

图3-2　人脸还是花瓶①

（二）知觉者的主观因素

即使是相同的知觉对象，由于知觉者的主观因素不同，知觉者也可能产生不同的知觉。影响知觉的知觉者的主观因素主要有以下几个：

1.兴趣与爱好

俗话说“兴趣是最好的老师”，说的就是知觉者的主观因素对知觉的影响。当一个人对某事物感兴趣时，在众多的事物中他会更容易注意到该事物，同时也愿意分配更多的注意力与精力。

2.需要与动机

需要与动机会影响知觉的选择。个体行为的动力系统告诉我们，需要与动机是行为的动力，当一个人对某事物有强烈的需求与动机时，他会想要去完成或得到该事物，因而符合需要、合乎动机的事物更容易成为知觉的对象。而对于那些与需要和动机关联不大的事物，则相对易被人们所忽视。

3.知识与经验

知识与经验会影响人们对某类事物的熟悉程度，进而影响对事物知觉的选择性。同处于一家书店中，文学专业背景的人往往对文学作品更感兴趣，计算机专业背景的人可能会青睐互联网相关书籍，有过教育从业经验的人会更加关注心理学、教育学等方面的著作。另外，知识、经验丰富的个体看待相同知觉对象时，视角会更加宽广，分析问题也会更加深入，从而最终形成不同于知识、经验相对欠缺的个体的知觉。

4.个性特征

不同气质类型的人在知觉的深度和广度上差异明显。多血质气质的人一般知觉速度快、范围广，但不细致；黏液质气质的人知觉速度慢、范围窄，但深入细致。

知识拓展3-1

美国著名管理学家蒂尔邦和西蒙等人曾经做过这样一个实验：让23位企业管理

① 曹日昌. 普通心理学（上册）[M]. 3版. 北京：人民教育出版社，1980：150.

人员阅读介绍一家钢铁厂全面情况的材料，他们中有6个人负责销售工作、5个人负责生产工作、4个人负责会计工作，另外8个人负责其他部门的工作。阅读以后，要求他们各自写出一份反映该钢铁厂主要情况的报告。结果，这些管理人员列出的大多是带有浓厚的主观意识、与他们自己主营业务有关的情况，并不能全面反映该厂的全貌。

资料来源：罗宾斯，贾琦．组织行为学［M］．孙健敏，李原，译.北京：中国人民大学出版社，2012：145.

（三）知觉的情境因素

知觉的情境因素通过影响人的感受性而改变知觉的效果。所谓感受性，就是人的感觉灵敏度，反映人对外部刺激物的感觉能力。人的感受性在环境作用下发生的变化表现为下列现象：

1.适应

由于刺激对感觉器官的持续作用而引起感受性发生变化的现象称为适应。在适应过程中，感受性可能提高，也可能降低。例如，白天进入熄灯的电影院，开始觉得一片漆黑，慢慢会辨别出周围物体的轮廓，这是视觉的适应使眼睛对光线的感受性提高；冬泳刚下水时觉得很冷，过一会儿感觉不太冷，这是适应过程中皮肤对温度的感受性降低造成的。

2.对比

同一感觉器官接受不同的刺激而使感受性发生变化的现象称为对比。对比有先后对比和同时对比。吃了糖再吃橘子，原本很甜的橘子可能会感觉不那么甜，这种为先后对比。同时对比是知觉对象与背景的对比，对感受性的影响很大。一方面，同一事物在不同的背景下，可以使人产生不同的知觉。比如，同一个人穿黑色衣服会显得瘦些，而穿白色衣服则显得胖些。另一方面，事物与背景的差异越大，个体越容易将事物从背景中区分出来，“鹤立鸡群”“万绿丛中一点红”都是事物与背景差异很大而更易受关注的体现。

3.敏感化

在某些因素的影响下，感受性暂时提高的现象称为敏感化。区别于适应引起的感受性提高或降低，敏感化只会使感受性提高。敏感化的原因也不同于适应。例如，兴奋性药物刺激能提高个体的敏感性，增强人对事物、活动的知觉。

4.感受性降低

感受性降低不同于适应引起的感受性降低，而是来源于其他因素。知觉的相互作用、人的生理因素和心理因素、不良嗜好（吸烟、酗酒等）以及某些药物的刺激（如麻醉药）都会引起感受性降低。

四、错觉

1.错觉的含义

错觉是对客观事物的不正确的知觉。它不同于幻觉，是在客观事物刺激作用下产生的一种对刺激的主观歪曲的知觉。

那么，为什么知觉有时不能准确地反映客观事物的整体特征而产生错觉呢？这是因为知觉是知觉主体、知觉对象、知觉情境相互作用的复杂结果，知觉者自身必然存在局限性，知觉对象也呈现多种多样的特征，知觉情境千变万化，因此知觉会受到上述三类因素的影响，不同条件下产生的知觉是不同的。

错觉会让人产生错误的认识，影响人的决策过程，还对人的行为产生影响，严重时会因错误的行为造成损失。

2.错觉的类型

对空间、时间、运动等的知觉偏差都会导致错觉现象发生。下面是常见的三种错觉：

（1）视错觉

在观察事物时，由于大小、形状、方位等引起的视觉偏差而产生的错觉是视错觉。由于视错觉的存在，“眼见不一定为实”的情况时有发生。

著名的缪勒-莱依尔错觉是视错觉的典型代表。如图3-3所示，两条长度相等的线段，第一条线段的箭头向内，第二条线段的箭头向外，但人的肉眼看来，第二条线段显得更长一些。

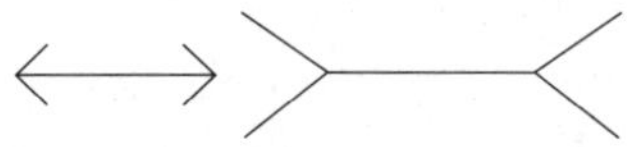

图3-3　缪勒-莱依尔错觉

（2）时间错觉

焦急地等待、百无聊赖等都会使人感到时间过得很慢，产生“度日如年”“一日三秋”之感；而当人们全神贯注于工作、学习或娱乐活动时，又会感到时间过得很快，有“光阴似箭，日月如梭”之感。

（3）运动错觉

运动错觉是指一种在一定条件下，人们把客观上静止的物体看作运动的错觉。“两岸青山相对出”就是运动错觉的结果。

第二节　社会知觉

一、社会知觉的概念

1947年，美国心理学家布鲁纳（J.S.Bruner）第一次提出“社会知觉”这一概念。社会知觉是与对物的知觉相对的概念，是对社会环境中的人或群体特征的知觉。

无论是对人的知觉还是对物的知觉，都遵循知觉的一般规律，但二者因知觉对象的不同而表现出根本性差异。首先，由于物的相对静止性，人只需观察物的表面特征就可以形成对其整体特征的知觉；其次，社会知觉的对象是人、人际关系，因此感知对象和感知者一样是主观能动的，这意味着人在形成知觉时，不仅要通过其言谈举止、表情等外在表现观察人的外在特征，而且要通过这些外在特征进一步推断人的内部心理状态，包括人与人之间的社会关系、内在的动机、态度、价值观、个性等。

二、社会知觉的分类

社会知觉是对人或人际关系的知觉。根据知觉对象的不同，社会知觉可以分为他人知觉、自我知觉、人际知觉和角色知觉。

1.他人知觉

他人知觉是对社会中除个体自身之外的其他人产生的知觉。

在人际交往过程中，人与人之间彼此感知会关系二者交往的质量与深度。通过人的仪容仪表、言谈举止、音容笑貌，可以形成对人的外在特征的知觉，进而了解人的认知结构和个性特点。

2.自我知觉

自我知觉是人对自己的知觉，包括对自己的相貌、体型、健康状况、穿着打扮等个人形象方面的知觉，对智商、个性、知识水平、理想、信念、品德等精神方面的知觉，对自己的社会价值、社会地位等作为社会成员之一的知觉等。

个体的自我知觉往往与他人知觉交错进行，在此过程中，个体不断反省自己并向他人学习，以达到发扬优点、弥补不足的目标。“吾日三省吾身”“三人行必有我师焉，择其善者而从之，其不善者而改之”，都是个体通过知觉自我、知觉他人并取得进步的表现。

3.人际知觉

人际知觉是对人与人之间关系的知觉，在人与人交往的过程中产生。人际知觉以交际行为作为知觉对象，对交往过程中的礼仪、态度、动作等进行感知，既包括对自己与他人交往的知觉，又包括对他人与他人关系的知觉。

4.角色知觉

角色知觉是对某人在社会中所扮演社会角色的感知，以及对知觉角色社会行为标准的认知。

个人是社会的细胞，每个人都扮演着多种不同的社会角色。例如，在家庭中，一个人既是儿子的父亲，又是父亲的儿子，还是妻子的丈夫；而在工作中，他可能是某部门的领导，同时又是经理的下属。

三、社会知觉的偏见效应

如上所述，人的知觉并不总能准确地反映客观事物的整体特征，事实上，人们经常会因不准确的知觉而产生各种各样的错觉。而对人或人际关系的社会知觉也会因受到影响知觉准确性的三大类因素的影响，从而导致社会知觉的偏见效应。

1.首因效应

首因效应，又称第一印象效应，是指人们根据初次见面时所接触到的信息，形成对对方的第一印象，而第一印象会影响后续的交往与认识过程，且相对持续时间较长、影响较大。

如果对一个人的第一印象较好，则在后续交往过程中，人们习惯于依据第一印象包含的信息来解释后面的信息，即使后来这个人有不好的行为表现，人们也倾向于认为这是偶然的、非本质的；反之，如果对一个人的第一印象不好，即使这个人后来的表现有所改变，知觉者原有印象的改变也是个缓慢的过程。

当认识一个人的时间很短时，首因效应很明显，如面试时的第一印象会影响面试官进一步了解面试者的兴趣，演讲时的开场生动与否可能会影响整个演讲对听众的吸引力。

在管理过程中，我们要善于利用首因效应，同时也要避免首因效应带来的不利影响。一方面，在员工招聘时，面试官作为知觉者，要公平、公正、全面地看待应聘者各个方面的表现，重点考虑能力、知识、行为等与工作岗位相联系的特点，而不是仅根据外貌特征、衣着等与工作关联不大的特征就一票否决；另一方面，在企业员工与外部合作交往或新领导初上任时，要随时注意自己的形象、言谈举止等，以给合作伙伴或下属留下良好的第一印象，以便后续工作顺利开展。

2.近因效应

近因效应是指在知觉过程中，给人留下最深刻印象的是时间距离最近的信息，人们通过整合这些信息形成对个体的最新知觉。

一般情况下，最后给人留下的深刻印象会冲淡过去获得的印象，并强烈影响以后对该对象的社会知觉。

近因效应与首因效应是互相联系的，近因效应多出现于人们相识较久、比较熟悉的情况下，而首因效应多发生于初识或彼此还不了解的情况下。近因效应一般不如首因效应明显，也不如首因效应普遍。在印象形成的过程中，当不断出现引人注意的新信息时，或者原来的印象已经淡忘时，新近获得的信息作用就会较大；当人们在回忆旧信息发生困难时，对别人的判断就要依赖目前的信息，就会发生近因效应。

因此，在认识事物的过程中，既不能只凭第一印象，也不能只看现在而忽视过去，要以全面、发展的眼光看待事物，把各阶段都看作事物发展过程的一部分，结合各阶段的特征或表现，形成对事物的准确知觉。

3.晕轮效应

晕轮效应实质上是以偏概全的表现，是指个体因某种品质或某种特征而给人留下突出印象。通常所说的“窥一斑而见全豹”“情人眼里出西施”“爱屋及乌”等都是晕轮效应的表现。

晕轮效应产生于相互了解不深入的初相识阶段，会掩盖事物的本质特征，影响与具体特征相关的其他特征或事物。

在管理活动中，要避免晕轮效应的不利影响。首先，无论是对人还是对事，都不要以点代面、以偏概全，不能因为员工在某方面表现不好就否定其全部工作成果。其次，当看不惯某人的行为、对某人有偏见时，要理智地检验自己的观点究竟是实际情况，还是晕轮效应的结果。

4.对比效应

当有多个知觉对象时，人们倾向于将知觉对象相互对比，并在此基础上做出评价，这就是社会知觉的对比效应。

因为比较对象的存在，人们对某人的知觉也会受到其他知觉对象状态或水平的影响。当其他人水平都较高时，人们可能对知觉对象的评价较低，即使该知觉对象实际上是优秀的。此时，人们对知觉对象的评价不再是实际情况的反映，而是取决于其他知觉对象的综合情况。

对比效应在比赛或面试中极易出现，尤其是当前面的几位表现都很出色时，后面一位即使表现得比较好，也会因不如前面几位出色而极易得到较差的评价。

因此，一方面，我们要避免对比效应带来的负面影响，如在对员工进行绩效考评时，不能因为某员工表现得不如大部分员工，就给出考评不合格的结果，而应当通过设置客观的指标，使绩效考评结果反映员工的实际工作情况；另一方面，在为组织招聘新员工或进行内部提拔时，也要合理利用对比效应，从众多候选者中择优录取或提拔，以保证公平性。

5.投射效应

投射效应是在知觉过程中，人们倾向于将自身的特点投射到其他知觉对象身上。

投射效应使人们认为其他人有与自己相同的特征，想把自己的愿望、感情、意志等强加于其他人。但实际上，其他人不一定有与知觉者相同或相似的特征，投射效应会使个体产生错误的知觉。例如，某经理经常加班，他便想当然地以为自己的下属也愿意加班，而实际上，他的下属因为频繁的加班而苦不堪言，他们更想有自己下班后的自由休息时间。只有当知觉对象与知觉者有相同或相似的特征时，投射效应形成的知觉才是准确的。

投射效应这种以己推人的知觉方式可能对组织的管理工作造成严重的负面影响，尤其是对于领导而言，如果领导一味地将自己的意愿强加给员工，很容易引起员工的不满，从而会对工作绩效产生不利影响。因此，在管理过程中，要坚持一分为二地看待自己和他人，对于他人区别于自己的地方，要给予充分的尊重，这样才能避免投射效应的不利影响。

6.刻板印象

刻板印象是由于人们在现实生活中不断地感知某类事物，形成了固化的概括印象。比如，人们通常认为孩子是天真单纯的，会计是仔细认真的，军人是威武强壮的，老师是博学多才的。

刻板印象既有积极的一面，又有消极的一面。积极的一面是指，由于刻板印象使人们认为某一群体具有某些概括特征，人们在感知该群体中的其他个体时，可以直接运用刻板印象推知该个体的特征，从而节省时间；消极的一面是指，在遇到同类事物时，人们容易先入为主，认为所有的同类事物都拥有相同或相似的特征，而忽视了个体差异性的存在。

因此，为尽量减少刻板印象的消极影响，在现实生活中，我们要打破原有的思维定式，尝试从多个不同的角度去认知他人，以形成对他人更为客观的知觉。

第三节　归因理论

一、归因与归因理论

归因理论来源于社会心理学，最早由奥地利社会心理学家海德（F.Heider）于1958年在其著作《人际关系心理学》中提出，后来经过维纳（B.Weiner）、凯利（H.H.Kelley）等人的研究而不断丰富，发展成为社会心理学的主要研究问题，并影响了人力资源管理、组织行为学等研究领域。

归因理论是指在知觉过程中，人们在了解他人或自己行为特征及规律的基础上，试图寻找行为背后的原因来解释行为的过程。人们总是试图探索行为背后的原因，以对每种行为都做出合理的解释。在此基础上，人们就可以通过预测、控制这些原因来达到引导和调整行为的目的。

1.海德的归因理论

海德最早提出归因理论，他将行为的原因分为两个方面：内因和外因。内因是个体的内在原因，是指个人所拥有的导致外在行为表现的特质，包括个体的能力、动机、努力程度等。外因是个体外部的原因，是指能对个体行为产生影响的外部因素，一般不受个体控制，包括环境、他人影响、任务难易程度等。内因和外因对行为的作用不同，二者共同作用于人的行为。内因是行为产生的主要动力，外因是行为表现的条件之一。归因的过程实质上就是分辨行为主要由内因还是外因引起及具体由哪些内因或外因引起的过程。

海德认为，对行为进行归因有助于预测行为。根据内因和外因在行为发生时的作用不同，他提出以下观点：如果将某种行为归因于与行为者相关的内部因素，那么可以在内部因素与行为之间搭建某种特定联系，即使这种联系不一定总是存在，但也可以帮助人们预测行为者在某种情况下可能的行为选择；如果将某种行为归因于外部因素，行为主要是由外部因素引起的，那么该行为是否会重复发生则取决于是否会出现相同的外部条件。

2.凯利的归因理论

1973年，美国社会心理学家哈罗德·凯利试图通过研究人的归因全过程来解释行为发生的原因。他认为有三方面的因素可能导致行为的发生：行为者、行为对象和行为环境。这三个方面可能都是行为发生的原因，但归因理论寻找的是行为发生的主要原因。在此基础上，凯利提出了一致性原则、一贯性原则、差异性原则，这就是归因的三种原则，他认为可以通过这三个原则的比较来判断行为发生的主要原因。

（1）一致性原则是通过比较行为者的行为与其他行为者的行为，观察是否相同。如果相同，则一致性高；反之，则一致性低。

（2）一贯性原则主要考虑行为环境因素，是通过比较同一个体在不同时间或不同空间的行为，观察差异大小。如果个体行为在时间或空间上表现出较强的稳定性，则一贯性高；否则，则一贯性低。

（3）差异性原则主要考虑行为对象原因，观察行为者的行为表现是否因行为对象的不同而表现出差别。如果差别大，则差异性高；反之，则差异性低。

凯利认为，通过观察这三个原则的不同组合，可以推断出行为的主要原因。

（1）如果一致性低、一贯性高、差异性低，则行为应归因于行为者。也就是说，在个体表现出与众不同的行为时，人们发现此人一贯的行为即如此，并且对不同的行为对象，该个体的行为保持一致。此时，行为者是导致行为发生的主要原因。例如，某老师批评甲学生，而其他老师没有批评甲学生（一致性低），该老师对其他学生也是如此（差异性低），无论学生表现好坏都会被批评（一贯性高），这时应归因于该老师。

（2）如果一致性高、一贯性高、差异性高，则应将行为归因于行为对象。当个体行为与他人相同，并且无论何时何地，该个体的行为都一贯如此，只有当行为对象发生变化时，该个体的行为才会发生变化，此时行为对象是行为的主要原因。例如，某老师只批评了甲学生，但表扬了其他学生（差异性高），而且其他老师也批评了甲学生（一致性高），以前该老师也经常批评甲学生（一贯性高），这时应归因于甲学生。在这种情况下，可优先从甲学生入手寻找批评行为的原因，结果发现，甲学生之所以被批评是因为他成绩不好而且上课不认真听讲。

（3）如果一致性低、一贯性低、差异性高，则应将行为归因于行为环境。例如，某老师只批评了甲学生而没有批评其他学生（差异性高），在此之前，该老师从未批评过甲学生（一贯性低），其他老师也没有同时批评甲学生（一致性低），这时应归因于行为环境。经过了解发现，原来是因为甲学生上该老师的课时迟到了。

3.维纳的归因理论

美国教育心理学家维纳提出了成功和失败的归因模型。他认为，行为最终的成功或失败可以归因于四个要素：努力、能力、工作难度和运气。他吸收了海德将行为的原因分为内因和外因的观点，将这四个要素按内部和外部、稳定性、可控性三个维度划分，见表3-1。

表3-1 **维纳的三维度归因模型**

三维度	内部的		外部的	
	稳定的	不稳定的	稳定的	不稳定的
	不可控的	可控的	不可控的	不可控的
四要素	能力	努力	工作难度	运气

第一，按内外因标准，努力和能力是个体的内部因素，而工作难度和运气是个体的外部因素。

第二，按稳定性标准，能力和工作难度是稳定性因素，而努力和运气是不稳定性因素。因为一个人的能力在短时间内是较难改变的，工作难度又是相对于个体的能力而言的，相同难度的工作对能力强的人而言难度可能会低，因此这二者是稳定性因素；努力取决于个体某个时间段的需要和动机、目标和积极性等，运气则取决于时机，因此这二者属于不稳定性因素。

第三，按可控性标准，只有努力是可控的，而其他三个因素均不能为个体所控。

对成败的归因情况会对今后的行为表现产生重大影响。如果将成功和失败都归因于努力、能力等内部因素，人们就会通过学习等行为来提高自身的能力，在进行下一项工作时提高努力程度，继续取得成功或避免再一次失败。相反，如果将成功和失败都用工作难度和运气等外部因素来解释，人们就容易发生消极怠工、"守株待兔"等行为。因此，只有将失败的原因归结为努力和能力，才会使人继续提高对自己的要求，主动追求成就的取得，而不是采取消极的行为方式被动地接受工作任务。

二、归因理论的应用

归因理论能够帮助人们分析行为背后的原因，对人们后续的行为有重要影响。但在现实生活中，受各种主客观因素的影响，人们不一定总能正确地运用归因理论，找到行为的真正原因。在归因过程中，归因失真导致归因偏差的情况经常出现。常见的归因偏差有两类：基本归因错误和自我服务偏见。

1.基本归因错误

基本归因错误是指在对他人的行为进行归因时，人们倾向于把行为归因于个体内部因素而忽视外部因素在行为发生过程中的作用。

基本归因错误常出现在评价他人时，人们通常更喜欢将他人的失败归因于个体内部因素。例如，当销售人员业绩不佳时，主管会认为这是员工懒惰造成的，而不是产品本身缺乏对顾客的吸引力。

基本归因错误产生的原因有两方面：一方面，由于行为的主体是人，在观察行为时，人更易受到关注，相对而言，外部环境因素的作用就容易被忽视；另一方面，社会上的普遍观点是人应当对自己的行为负责，一个人的生活状态取决于他的努力程度，因此在分析行为的成因时，我们会更注重内部因素的作用。

2.自我服务偏见

自我服务偏见又称自利性偏差，是指在评价自身或与自身相关个体的成败时，人们常把成功归因于个体本身的努力，而把失败归咎于外部因素的影响。

自我服务偏差产生的原因是个体想因成功获得赞扬，而不愿因失败接受批评。比如，当你跟另一位同事一起竞聘同一岗位，结果同事得到了晋升时，你会认为上司不公平或该同事采取了某些手段，而不认为自身能力不够。

归因偏差时常发生，不恰当的归因不仅不能帮助人们正确认识行为的本质，还会对后续的行为造成不利的影响。在组织管理过程中，我们要正确运用归因理论，避免归因偏差所带来的不利影响。

3.归因理论在组织管理中的应用

实际上，归因理论广泛应用于组织管理的各个方面。在绩效考评过程中，正确运用归因理论对员工积极性的调动有重要意义。当管理者作为绩效评价的主体对下属的工作进行评价时，他们常常依据自己对下属平常行为的归因，即管理者在关注下属工作绩效的同时，还会从下属的行为表现进一步推断他们工作绩效高低的原因。

如果员工的绩效评价结果为优的原因主要是个人能力，并且管理者意识到了该员工的突出能力，那么在后续进行工作安排时，管理者可能会将有挑战性且难度较大的工作较多地分配给该员工，在提拔时也会优先考虑该员工。相反，如果员工的绩效表现糟糕，管理者就要认真与下属一起分析原因，究竟是下属自身技能水平不够，还是工作环境等外部因素的不利影响。如果是前者，要对员工进行有针对性的培训；如果是后者，则要改善工作环境。

第四节　个体认知系统的应用

本章前三节分别论述了感觉与知觉、社会知觉和归因理论，这些都是个体认知系统研究的一些基本内容。在此基础上，本节重点从知觉研究的管理学意义和知觉过程与决策两个方面说明个体认知系统在管理中的应用。

一、知觉研究的管理学意义

员工的工作行为不是以现实为基础，而是以对现实的知觉为基础。

首先，尽管知觉是人脑中对客观事物的整体印象，但由于受到知觉主体、知觉对象、知觉情境等多方面因素的影响，知觉并不总能准确地反映客观事实。同时，对于相同的知觉对象，不同的知觉主体可能会形成不同的知觉。例如，对于组织管理行为，管理者和员工通常会形成不同的知觉，从而导致管理行为实施困难并且难以达到理想的效果。根据一项调查，管理者和下属对“领导对下属的工作给予肯定”行为方式的知觉有明显差异，见表3-2。

表3-2　**关于对“领导对下属的工作给予肯定”行为方式的知觉差异的调查结果**①

肯定的形式	领导认为做出表示的比例	下属认为得到肯定的比例
拍拍肩膀	82%	13%
真诚地给予肯定	80%	14%
给予培训	64%	9%
给予特权	52%	14%
提供更有趣的工作	51%	5%
委以重任	48%	10%

其次，员工在工作过程中形成的知觉往往比真实情况更能影响员工的工作行为。管

① 关培兰. 组织行为学［M］. 北京：中国人民大学出版社，2008：90.

理者实际采取了多少改善工作环境、帮助员工提高工作绩效的措施，远不如员工对管理者有这种行为的知觉所起的作用大。因此，为了提高员工的工作绩效，管理者需要了解每个员工的知觉过程与特点，避免与上面类似的知觉差异的不利影响出现。研究员工的知觉，有利于管理者理解员工的行为，也有利于管理者从员工的角度出发制定管理政策，从而更有效地解决管理问题和提高组织运行效率。

二、知觉过程与决策

1.知觉过程

知觉的形成过程如图3-4所示，这是由劳德（R.Lord）提出的四阶段知觉模型。在该模型中，先是来自外部环境的刺激作用于人的感觉器官，感觉器官筛选部分刺激并对它们做出反应，此阶段形成感觉。然后，大脑对感觉器官收集到的信息进行加工处理，依次经过知觉的四个阶段：注意、组织、解释、判断。注意是知觉过程的第一阶段，大脑对大量信息进行筛选，只有通过筛选的信息才能进入加工系统。在第二阶段，通过组织进行信息的进一步整合，信息被按照一定的规律编排起来，形成更有意义的信息模块。在第三阶段，这些信息被赋予一定的含义，知觉者确定信息对其自身的意义。第四阶段是判断，信息在该阶段被用于决策。最后，个体依据决策结果进行相应的行为。

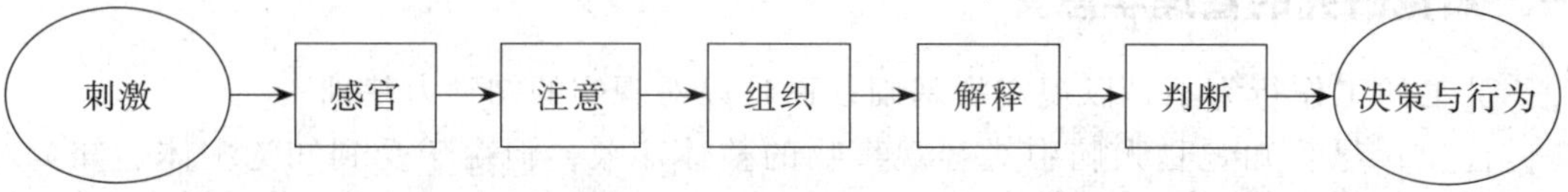

图3-4 知觉过程模型

知觉过程模型将知觉看作一个信息加工系统，加工方式有控制加工和自动加工两种。控制加工是在个体有意识的情况下形成知觉的过程，而自动加工则是个体在无意中形成知觉的过程。例如，在面试过程中，面试官会对应聘者的行为表现进行记录，这属于有意识的知觉。同时，面试官也会观察应聘者的着装、表情等，虽然这些不是面试考察的主要方面，但这些信息已经在无意中形成了面试官对应聘者知觉的一部分。在最终对应聘者进行综合考量并决定是否录用时，面试官可能不会意识到面试过程中形成的无意识的知觉，但这些知觉实际上已对面试官的决定产生了影响。

2.决策

决策是知觉过程模型的终点。决策是指依据知觉过程获得的信息，从众多方案中选择一个方案的过程。因此，决策者知觉到的信息条件不同，最终做出的决策选择也就不同。决策的信息条件可能是确定性的，即每个决策的结果都是可知的；也可能是有风险的，即决策者只能估计每个决策结果发生的可能性；也可能是不确定的，即决策者现有的信息不足以支持其估计各种决策结果发生的可能性。

决策的方法也是多种多样的。当决策者有明确的目标及足够的信息时，可优先采用理性决策方法，决策过程系统、逐步进行；当决策者无法获知决策相关的全部信息时，决策只能在有限理性的基础上，依据决策者的个人偏好和逻辑推理进行，这时可优先采取行为决策方法；此外，考虑到理性决策方法的要求较高，行为决策方法的操作难度较大，决策者也可以采取折中的实践决策方法。

总之，决策者根据其拥有信息的多少，在不同情况下选择合适的决策方法，以做出最优决策。

3.知觉过程与决策

从知觉的形成过程来看，知觉是个体做出决策的依据。如果知觉出现偏差，相应的决策也会出现失误。知觉的形成是一个复杂的过程，任何一个阶段都有可能出错。因此，在进行决策时，管理者要对决策的过程、方法以及影响决策的心理因素有充分的了解，尽量避免知觉偏差带来的决策失误。

本章小结

同步测试

一、单项选择题

同步测试答案

1.人们对在某个社会性单位中占有一个职位的人所期望的一系列行为模式是（　　）。

A.人际知觉　　B.角色知觉

C.角色期待　　D.他人知觉

2.人们认为老年人是稳重保守的，这种认知中的偏差倾向可称为（　　）。

A.第一印象　　B.近因效应　　C.晕轮效应　　D.刻板印象

3.人的知觉过程一般经历四个阶段，分别是：①组织；②解释；③判断；④注意。以下顺序正确的是（　　）。

A.③④②①　　B.④①③②　　C.④③②①　　D.④①②③

4.当人们解释自己的行为时，总是倾向于把成功归因于自身能力和努力等内部因素，这属于（　　）归因偏差。

A.自我服务偏见　　B.错觉　　C.基本归因错误　　D.知觉

5.美国社会心理学家阿希（S.Asch）做了一个实验。他给被试者看一张列有聪明、灵巧、勤奋、坚定、热情等五种品质的表格，要求被试者想象一个具有这五种品质的人。被试者普遍把具有这五种品质的人想象为一个理想的、友善的人。然后，他把这张表格中的热情换为冷酷，再要求被试者根据这五种品质想象出一个适合的人。结果发现，被试者普遍推翻了原来的形象，而产生了一个完全不同的形象。这一实验中发生了（　　）偏见效应。

A.晕轮效应　　B.刻板印象　　C.首因效应　　D.近因效应

二、多项选择题

1.知觉的基本特征有（　　）。

A.选择性　　B.整体性　　C.理解性

D.恒常性　　E.可塑性

2.根据维纳的归因理论，人们可做出的归因主要有（　　）。

A.努力程度　　B.能力大小　　C.工作环境

D.工作难度　　E.运气

3.凯利的归因理论认为（　　）因素可能导致行为的发生。

A.内因　　B.外因　　C.行为者

D.行为对象　　E.行为环境

三、判断题

1.错觉是对客观事物的不正确的知觉。它不同于幻觉，是在客观事物刺激作用下产生的一种对刺激的主观歪曲的知觉。（　　）

2.首因效应就是第一印象效应。（　　）

3.人们对感兴趣的事物会“过目不忘”，而对不感兴趣的事物则“熟视无睹”，这是因为知觉者的兴趣会影响他对事物的知觉。（　　）

4.美国社会心理学家哈罗德·凯利最早提出归因理论，将行为的原因分为内因和外因两个方面。（　　）

5.基本归因错误是在评价自身或与自身相关个体的成功时，人们常把成功归因于个体本身的努力，而把失败归咎于外部因素的影响。（　　）

四、思考题

1.什么是感觉？什么是知觉？感觉与知觉有何关系？知觉的特征有哪些？

2.什么是错觉？错觉有哪些类型？

3.影响知觉准确性的因素有哪些？是如何影响知觉的？

4.什么是社会知觉？社会知觉有哪些类型？

5.社会知觉有哪些偏见效应？简述各偏见效应的特点、产生的原因和管理启示。

6.简述海德的归因理论、凯利的归因理论、维纳的归因理论的主要内容，描述归因理论的应用。

7.运用理论，结合实际论述知觉过程与决策的关系。

第四章

价值观、态度与行为

学习目标

知识目标：

1.了解价值观的概念、熟悉价值观的不同类型。

2.熟悉价值观形成的影响因素、掌握价值观与组织行为的关系。

3.掌握态度的概念、构成和特征，熟悉态度对行为的影响。

4.熟悉态度形成和改变的相关理论。

5.掌握态度改变的不同方法。

6.掌握工作满意度及其影响因素。

7.熟悉工作满意度与组织行为的关系。

能力目标：

1.提升区分不同价值观的能力。

2.提升对员工工作满意度进行分析的能力和解决问题的能力。

素养目标：

培养正确的价值观和工作态度。

引导案例

“态度决定一切”这句话是米卢当年执教国足时说的，也是他最看重的一点。不仅在足球方面，这句话在米卢率领中国队进军2002年世界杯后，更是如金科玉律一般受人追捧。距离国足历史性地杀入世界杯已经过去了多年，在2018年超级企鹅足球名人赛上，在米卢的召唤下，米卢昔日的弟子范志毅、李玮峰等都回来了。这批老国脚不仅是中国队杀入世界杯的英雄，也是一代中国球迷往昔回忆的情怀。看着范志毅在场上指点江山、李玮峰咬牙带伤坚持、徐云龙无惧卡洛斯的犀利进攻，怎能不让球迷们回忆起2002年那激情燃烧的岁月。

站在场边的米卢依然神情专注，尽管这只是一场友谊赛，胜负几何按理说是一件无关痛痒的事情，但李毅、徐亮、杨璞等前国脚在演播室里都不约而同地透露：

"老米真的想赢这场比赛!"是啊,16年前国足壮志未酬,面对客观存在的实力差距,我们只得以小组垫底的结果出局,也没能在世界杯的历史进球榜上留下一个中国人的名字,米卢的心中又怎能没有遗憾呢。看到曾经的老对手卡洛斯、里瓦尔多,即便这只是一场友谊赛,但对于米卢而言,又不是一场友谊赛这么简单。在比赛中,米卢多次进行了换人调整,显示出他渴望胜利的决心。尽管他们的对手是退役多年的世界巨星,但米卢对于对手的重视仍旧非同寻常。在比赛中,中国明星队主打五后卫战术,不同于国际明星队的以自由为主。无论是开局阶段中国明星队的抢攻,还是比赛后半段"摆大巴"式的防守,这一切都彰显了国脚们对米卢看待比赛态度的说法所言非虚。最终我们看到的是,74岁的米卢在场边站立了一整场。

相信很多人都看到了比赛前的一个细节,在开场前,米卢还不忘到场内叮嘱昔日的爱将范志毅。米卢所秉持的认真细致态度,让人不难想到范志毅的执教生涯也或多或少地继承了恩师的这一优点。"态度决定一切",16年前米卢用这句话将国足神奇地带入世界杯,16年后米卢带领中国明星队战胜了国际明星队。时光飞逝,米卢对于态度的高要求未曾改变。我们不禁感叹,若如今的国足能有这种态度,在亚洲何愁没有崛起的机会呢!

资料来源 佚名. 态度决定一切!74岁米卢站了一整场比赛 他是真的想赢球[EB/OL],[2018-06-02]. https://sports.qq.com/a/20180602/019247.htm.

第一节 价值观与行为

一、价值观的概念

价值观是指人们在长期的组织环境中形成的对人、事、物的意义与重要性的看法,用以指导人们的行动和决策。价值观包括内容属性和强度属性。内容属性描述某种行为方式或者存在状态是否重要,强度属性则反映其重要程度。比如,人们对金钱、友谊、权力、自尊心、工作成就和对国家的贡献等的总看法、总评价就不尽相同,有人看重金钱报酬,有人注重工作成就,有人认为地位、权力最重要,有人认为对国家的贡献最有价值。

对各种事物的看法和评价根据个人心目中的主次、轻重程度进行排列的次序叫作价值观体系。例如,"生命诚可贵,爱情价更高。若为自由故,二者皆可抛"是匈牙利诗人裴多菲的价值观体系。

二、价值观的分类

1.奥尔波特的价值观分类

德国著名学者斯普兰格(E.Spranger)在他的著作《人的类型》中首次提出将人的

社会生活划分为六个层次，与这六个层次分别相对应的是六种类型的人。这六种类型是社会型、经济型、政治型、理论型、宗教型、审美型。美国心理学家奥尔波特（G.W.Allport）在斯普兰格的人的六种类型基础上指出，每个人都可能同时具备这六种不同的类型，由于价值观的不同，每个人不可能只具有一种独立的类型，只不过是以某一种价值观为主导而已。因此，奥尔波特将六种类型的人定义为人的六种不同价值观。

（1）理性价值观，以知识和真理为中心，强调通过理性批判的方式发现真理。

（2）经济价值观，以有效、实惠为中心，强调功利性和实务性，追求经济利益。

（3）唯美的价值观，以形式、和谐为中心，强调对审美、对美的追求。

（4）社会性价值观，以群体他人为中心，强调人与人之间的友好、博爱。

（5）政治性价值观，以权力、地位为中心，强调权力的获取和影响力。

（6）宗教性价值观，以信仰、教义为中心，强调经验的一致性及对宇宙和自身的了解。

2.格瑞夫斯的价值层次论

格瑞夫斯（C.W.Graves）根据人们行为方式的不同，将人们的生活方式和价值观划分为七个层次，具有不同类型价值观的员工的行为特点也不同。

（1）反应型。他们只对自己的生理需求做出反应，对外部其他刺激不做出反应，在组织中很少见。典型例子是婴儿。

（2）高度服从型。具有这种类型价值观的人们的典型特点是他们的想法和行为受到权力、传统习惯的影响很大。这类人习惯服从命令并执行，喜欢按部就班的生活，不喜欢意外状况。

（3）自我中心型。他们强调个人感受，以自我为中心，富有进取精神，难以服从权威。

（4）操纵型。他们是功利主义者，喜欢权势，喜欢通过操纵控制别人来达到自己的目的，追求显赫的社会地位，渴望获得成功，希望得到他人的认可，喜欢炫耀。

（5）顺从型。他们喜欢刨根问底，把事情弄得清楚明白，很难接受与自己价值观不同的人，渴望别人能接受自己的价值观。

（6）社会中心型。他们喜欢社交，为人友善，乐于助人，把与他人友好相处看得比个人表现更重要，可以为了他人放弃自己的利益。

（7）存在主义型。他们能够包容并且接受价值观与自己不一样的人，思维活跃，喜欢创新，厌恶一成不变的体制，能够容忍不确定性。

3.罗克奇的价值观分类

米尔顿·罗克奇（Milton Rokeach）打破了以往的价值观分类，他将价值观分为两大类：终极价值观和工具性价值观。终极价值观反映了人们希望实现的目标，而工具性价值观则反映了实现目标的手段。每种类型的价值观都由18种价值观信念组成。

（1）终极价值观，包括世界的和平、快乐、平等、成就、内心的平静、自然与艺术的美、家庭安全、自尊、救赎、友谊、成熟的爱、乐趣、智慧、自由、繁荣、国家安全、社会尊重、刺激有活力的生活。

(2) 工具性价值观，包括诚实、宽容、乐于助人、自控、独立、服从、雄心、开朗、整洁、情感、礼貌、理性、责任、勇气、能力、愉快、智力、想象力。

三、价值观形成的影响因素

价值观的形成受到很多因素的影响，主要有文化特点、传统习俗、宗教信仰、家庭、教育背景、人际交往、社会经验等。

1.文化特点

一个国家或者一个民族的文化是在几百年甚至几千年的历史演变中形成的，具有稳定性和传承性，一个人的价值观根深蒂固地受到其所在国家或民族文化的影响。例如中国人是含蓄的，委婉的。

2.传统习俗

处于不同地区的人们，由于传统习俗不同，其价值观也会有所不同。比如中国的传统节日春节，无论身在何处，人们在春节时都会回家和家人一起过节，走亲访友；西方国家的人们会在节假日选择旅游和度假，放松自己。

3.宗教信仰

不同的宗教都有自己独特的信仰，有一套系统而全面的价值观体系。这会影响其信众的价值观体系，从而影响信众的思维特点和行为方式。

4.家庭

父母是孩子的第一任老师，父母的言传身教对子女未来的价值观和行为准则有直接影响。孩子来到这个世界，起初就是通过自己的父母来感受和了解这个世界的，孩子的思维方式和处事原则受到父母言传身教的影响，原生家庭对孩子的影响可能会伴随一生。

5.教育背景

接受正规、系统的教育，对塑造人的价值观影响是重大的。人们在接受教育的过程中，通过老师引导关于什么是对的、什么是错的，什么该做、什么不该做，逐步形成自己对个体、人生、世界的系统的看法；通过持续不断的学习，人们可以不断完善、修正自己的价值观体系。

6.人际交往

人们所处的群体或者团体有自己鲜明的特点，各群体或者团体会以一定的行为准则和价值观念来同化个体，使个体的行为、价值观与群体或者团体趋于一致。

7.社会经验

在社会生活中，人们不断获得社会经验。这些社会经验会让人们不断反思自己过去的成功或者失败，总结出未来生活所需要的经验，这个过程也是价值观修正与完善的过程。

四、价值观与组织行为

1.价值观对个体行为的影响

从个体层面看，价值观会影响组织中个人的行为和态度。一个人有什么样的价值观，就会有什么样的行为方式。价值观与员工行为方式的关系见表4-1。

表4-1　　价值观与员工行为方式的关系①

价值观	行为方式	价值观	行为方式
独立	依靠自己，充分自信	合作	与他人合作，为他人幸福而工作
竞争	力图超过他人	互爱	温柔、富有感情
顺从	有责任心，尊重别人	负责	可靠，可信赖
进取	努力工作，朝气蓬勃	诚实	诚挚，真诚

从组织行为学角度来看，价值观影响当前及将来员工的行为。具体来说，价值观会影响员工的下列行为：

（1）影响对其他个体及群体的看法，从而影响人与人之间的关系

当个人的价值观与组织中其他人或群体的价值观不一致时，会影响个人对组织中其他人或群体的评价与看法。如果个人对某件事或某个人的意见或观点与他人不一致，甚至因此出现矛盾，就会影响个人在组织中的人际关系。

（2）影响个人所选择的进行决策和解决问题的方法

人的价值观不同，对组织中的制度和行为规范的认同程度不一致，对组织计划的制订和决策的执行就会存在不同的看法。在组织对一些事情进行决策和制订计划时，由于个人对问题和方法的认识不同，个人可能会拒绝或否定组织的决策方案。

（3）影响个人对所面临的形势和问题的看法

当组织面临严峻的形势和未来发展的困难及问题时，受个人经历、学识、技能的影响，不同的个体对这种形势和困难及问题下的组织发展有不同的观点和想法，会选择不同的方案来应对。

（4）影响确定有关行为的道德标准

不同的价值观影响着个人对待事物的看法和态度，影响着个人对道德标准的评价与选择。

（5）影响个人承受或抵制组织中工作压力的程度

受个人价值观不同的影响，有的员工喜欢有挑战性的工作，对组织分配的工作敢于挑战，直面困难；有的员工喜欢安逸的工作，面对组织中的高强度和高压力工作，他们会选择逃避或拒绝。

（6）影响对个人目标的选择

受组织行为规范和组织文化的影响，有的人可能为了适应组织的发展而改变自己的

① 丁敏. 组织行为学［M］. 北京：人民邮电出版社，2012：72.

工作目标。

2.价值观对组织行为的影响

在组织管理中，要进行组织文化建设，根据组织的使命、任务，塑造明确的组织价值观，并努力使组织的所有成员接受，从而提高组织的凝聚力。在进行人事甄选时，要重视对候选人价值观的考察，避免任用那些个人价值观与组织价值观相悖的人，以免造成未来工作中的冲突。员工个体价值观对组织行为的影响表现在以下几方面：

（1）影响组织目标的选择

在相同的环境中，对于相同的事物或行为，持有不同价值观的人会有不同的评价和反应；同样的事物和行为，对于持有不同价值观的群体和组织来说，会确定不同的目标，进行不同的决策，进而会影响其经济效益、社会效益和社会形象等。因此，为了获得更好的效益并树立和维护更好的社会形象，组织在选择目标时，必须考虑其内部成员形形色色的价值观，在整合、平衡各种价值观的基础上，选择合理的组织目标。

（2）影响组织规章制度的制定

当员工的价值观与企业内部的规章制度以及群体观念一致时，可以提高管理效率。首先，组织通过员工的价值观来明确组织的规章制度和人力资源管理方法，用以进一步约束员工的价值观；其次，企业通过内部约定俗成的群体观念来约束员工的行为，在企业核心价值观的指导下，根据企业愿景、组织目标建立全体员工认可的制度体系，形成行为规范和工作准则，保证组织的有效运营。

（3）影响组织文化的形成

在组织核心价值观的引领下，根据组织的使命、任务，通过模范人物的示范效应，企业逐步形成了员工认可的组织文化。

新思想与价值观4-1

党的二十大报告指出：“社会主义核心价值观是凝聚人心、汇聚民力的强大力量。弘扬以伟大建党精神为源头的中国共产党人精神谱系，用好红色资源，深入开展社会主义核心价值观宣传教育，深化爱国主义、集体主义、社会主义教育，着力培养担当民族复兴大任的时代新人。”

第二节　态度与行为

一、态度概述

1.态度的概念

（1）态度的定义

态度是指个体对外部事物的一种较为持久而又一致的内在心理和行为倾向。人们在认识客观事物时或在工作和人际交往中，总是对人或事产生不同的反应，做出各种各样的评价，如赞成或反对、亲近或疏远、喜欢或厌恶、接近或排斥等。这种对客观对象所表现出来的积极、肯定的或消极、否定的心理倾向，是一种内在的心理准备状态，它一旦变得比较持久而稳定，就会成为态度。

（2）态度的构成

态度主要由认知、情感和行为三种成分构成。认知成分是指人对某种事物与对象的看法、评价及带评价意义的叙述。叙述的内容包括个体对某一对象的认识、理解以及肯定与否定的评价。例如，一位学生认为他的老师是善良正直、知识渊博、乐于助人的，这些都属于他对老师态度的认知成分，反映了学生对老师的评价。情感成分反映的是个体对客观事物的主观感受、态度以及由此产生的情绪体验，如喜欢和讨厌、崇拜和蔑视。行为成分是指个体对不同的人或事所表现出来的具体反应。

构成态度的三种成分中，认知成分是基础，情感成分是核心；在此基础上，态度的情感成分对认知成分和行为成分起到了调节和控制的作用。

2.态度的特征

（1）社会性

人们在社会生活中形成自己的态度，同时也在社会生活中不断完善和发展自己的态度。人们对待某事物或事情的态度并不是天生就有的，而是在后天的社会生活中形成的。一个人的态度一旦形成，就会反作用于他生活的环境、身边的人或者事，也会影响、改变他人的态度。

（2）特定性

态度是针对某个特定对象产生的，针对不同的对象，态度也是不同的，如对顾客的态度、对家庭的态度、对上司的态度、对同事的态度。态度针对的对象可能是具体的人、事物，也可能是抽象的概念、对象等。

（3）内隐性

态度是存在于人的内心之中的，不能被直接观察到，但是可以通过分析一个人的神情、语气、举止，来判断个体对客观对象的态度。

（4）稳定性

个体的态度一旦形成，在一定期限内是不会改变的。态度的形成需要一段时间孕育，态度一旦形成，就会成为一个人个性结构中的重要成分，在某些情况下，有些态度甚至会一直伴随着个体，展现出持久的稳定性。

（5）一致性

人总是会自动地在各种态度之间以及态度与行为之间寻求一致性，所以态度可以作为对行为进行预测的依据。

二、态度对行为的影响

态度属于行为的指导和动力系统，对人的行为有直接且深远的影响。

1.态度影响认知和判断

认知影响态度的形成，而态度一旦形成，又会对认知产生作用，既有正向作用，也有负向作用。由正确的价值观所形成的科学态度，对人的社会认知、判断产生积极的正向影响。但如果态度的形成使人产生心理上的惰性，则会干扰、妨碍认知和判断的准确性，使人产生偏见，导致判断失误。

2.态度影响行为效果

一个人热爱自己的工作，以积极的态度对待工作，就会在态度持续的时间内努力提高工作绩效。此外，一个人以积极、主动的态度对待学习，就容易激发出强烈的求知欲望，使人感知敏锐、观察细致、思维活跃，有利于提高学习效率；反之，如果一个人对学习有厌恶感，产生抗拒的态度，其学习效率就会降低。

3.态度影响忍耐力

忍耐力是指对挫折的忍受和适应能力，忍耐力与个体对所从事活动的态度有密切关系。例如，追求真理、热爱科学的人，对试验的失败有较强的忍耐力，对团体有认同感；抱有忠诚态度的员工，当团体遭遇挫折时，能够与团体休戚与共、风雨同舟，表现出较强的忍耐力。相反，不抱有忠诚态度的员工，当团体出现挫折时，就会抱怨甚至辞职离去。

4.态度影响相容性

在与人交往的过程中，一个人对自己、对他人、对集体的态度往往影响他与群体的融合程度。同样，团体成员之间的相互态度也会影响团体的相容性和凝聚力。一般来说，如果人与人之间只有真诚、友好、热情、谦和、宽容、互助的态度，那么社会成员之间会和睦相处，形成很高的相容性，组织内也会形成很强的凝聚力；反之，虚伪、冷漠、敌视、傲慢、苛求的态度则会导致人际关系紧张、凝聚力降低。

5.态度与生产率的关系复杂

布罗伊菲尔德（A.H.Broyfield）和克罗克特（W.H.Crockett）进行了数十年的研究，以问卷法、量表法、谈话法等调查了许多职工的态度及相应的生产率，发现员工的态度与生产效率之间并无一定的关联。对工作感到满意的职工，工作效率很高；对工作感到不满的职工，工作效率也可能很高。对工作持积极态度的员工，他们的工作效果可能很好；对工作持消极态度的员工，其工作效果也可能很好。

三、态度改变及其理论

态度改变是指个体形成的态度在有关信息和意见等因素的影响下，向新的态度转变的过程。

1.海德的平衡理论

平衡理论是由美国学者海德（Fritz Heider）提出来的一种态度改变理论，又被称为“P-O-X理论”，P与O各代表一个人，X是第三者或态度对象（如某项规章制度、某一本书、某个观念等）。海德认为，某人（用P表示）与别人（用O表示）的关系是通过某些事情（用X表示）形成的。

该理论的前提假设是：个人总是努力追求认知上的连贯和意义，就是一种平衡状态；对不平衡状态产生紧张，并产生恢复平衡的力量。海德认为，人们普遍地有一种平衡、和谐的需要。一旦人们在认识上有了不平衡和不和谐，就会在心理上产生紧张和焦虑，从而促使人们的认知结构向平衡与和谐的方向转化。

（1）态度的平衡状态

态度的平衡状态共有四种，如图4-1所示。

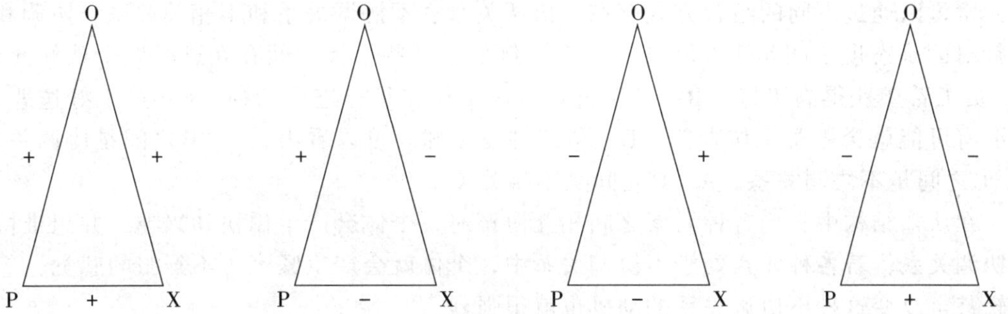

图4-1　态度的四种平衡状态

例如，P是推销员小张，O是销售经理老赵，X是一项促销活动。小张对老赵和促销活动有下列四种平衡状态：

第一种平衡状态：小张尊敬老赵，老赵支持促销，小张也支持促销。

第二种平衡状态：小张尊敬老赵，老赵反对促销，小张也反对促销。

第三种平衡状态：小张讨厌老赵，老赵支持促销，小张反对促销。

第四种平衡状态：小张讨厌老赵，老赵反对促销，小张支持促销。

（2）态度的不平衡状态

态度的不平衡状态也有四种，如图4-2所示。

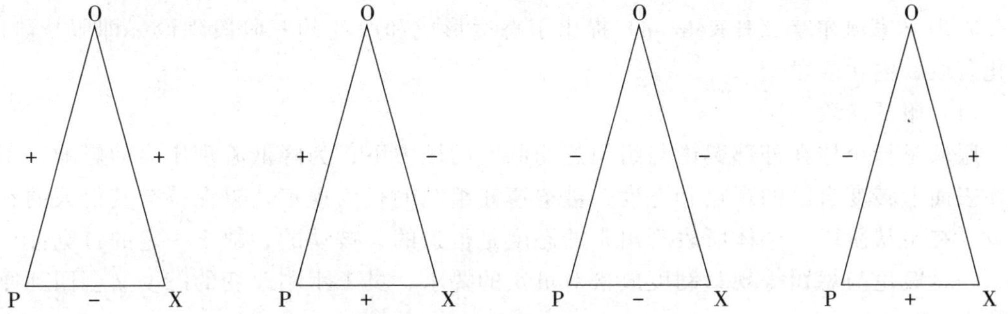

图4-2　态度的四种不平衡状态

第一种不平衡状态：小张尊敬老赵，老赵支持促销，小张却反对促销。

第二种不平衡状态：小张尊敬老赵，老赵反对促销，小张却支持促销。

第三种不平衡状态：小张讨厌老赵，老赵反对促销，小张也反对促销。

第四种不平衡状态：小张讨厌老赵，老赵支持促销，小张也支持促销。

海德认为，P、O、X三者之间的关系符号（+或-）相乘结果是正号时，三者处于平衡状态；相乘结果是负号时，则三者不平衡。不平衡会使人产生焦虑，驱使人恢复平衡。实验证明，人们认为平衡关系比不平衡关系更令人愉快，不平衡状态比平衡状态更易改变。

2.费斯廷格认知失调理论

认知失调理论是美国学者费斯廷格（Leon Festinger）提出来的。认知失调理论认为，认知元素是态度的基本单位，认知元素可以指人心中的信念、观点、价值观等。认知元素可以通过不同的组合方式存在：协调关系、不协调关系和不相关关系。协调和失调针对的是态度之间是否存在矛盾而言。例如，某些个体之间存在这样四个认知元素：A：员工希望获得高工资；B：员工喜欢本职工作，具有进取精神；C：员工好逸恶劳，只要有可能就会逃避工作责任；D：员工钟爱足球。可以看出，A、B之间是协调关系，A、C之间是不协调关系，A、D之间是不相关关系。

在认知结构中，当各种元素之间相互协调时，个体会产生愉快和兴趣，并想维持这种协调关系；若各种元素处于不协调关系中，个体就会产生紧张、不舒服的感觉，想要减轻甚至改变这种不协调关系的动机也就很强烈。

认知失调理论认为，减轻或者改变不协调关系的方法主要有下面几种：

（1）改变认知元素。如果有两个认知元素之间存在矛盾，产生了不协调关系，那么只要改变其中一个认知元素，就会使两个认知元素趋于一致，就能将不协调关系转变为协调关系。

（2）改变两个认知元素之间的相对重要性。因为不同的个体有不同的认知结构，可以通过改变某个认知元素的重要性来减少失调。

（3）增加一个新的认知元素。如果是由于两个认知元素之间有矛盾产生了不协调关系，那么可以通过增加新的认知元素来降低失调程度。

3.凯尔曼态度改变三阶段理论

心理学家凯尔曼（H.Kelmen）提出了态度形成和改变的三阶段理论，即服从阶段、同化阶段、内化阶段。

（1）服从阶段

服从是指个体在外部舆论与组织惩罚制度的压力下，为降低心理压力的影响，不得不在表面上转变自己的观点和态度，被迫遵守组织的行为规范，以保持与其他人的态度一致。在服从阶段，个体所表现出来的态度是被迫的、被动的，缺乏一定的自觉性，所以，一旦舆论与惩罚等规章制度放松对员工的要求，员工刚刚改变的态度又会回到原来的状态。

（2）同化阶段

在同化阶段，态度由服从阶段的不自觉向自觉转变。具体表现为对组织规章制度等的认同，自愿接受别人提出的观点、信念和行为规范，并努力使自己在这方面的想法与之相一致。同化阶段的态度比服从阶段前进了一步，但只限于自愿接受他人或群体的影响，对为什么接受、接受有什么意义等，尚待进一步提高。所以，同化阶段的态度还不是稳定可靠的态度。

（3）内化阶段

内化是指人们发自内心地相信和接受他人的观点，并将其纳入自己的价值体系，成为自己态度体系中的一个有机组成部分。一个人的态度只有到了内化阶段才是稳固的、持久的、难以转化的。

态度的形成过程是从服从阶段到同化阶段再到内化阶段的过程。服从阶段的态度没有了外力约束就会发生改变；同化阶段的态度没有了认同对象也不能保持；内化阶段的态度则是个体把外在观点自觉植入个人的观念体系中，成为其观念体系的组成部分，具有稳定、不易改变的特点。

四、态度改变的方法

1.信息沟通法

通过信息沟通来说服他人改变态度是最常用的方法。信息沟通的效果受沟通者的特点、沟通方式、接受者的特点、沟通情景等因素的影响。

（1）沟通者的特点

沟通者作为信息源，本身所具有的某些特点影响劝说的效果。

①沟通者是否是某领域的专家、权威。一般来说，专家、权威传播的信息比其他人传播的信息更易被人接受，更令人信服。

②一般而言，人们都喜欢外表、人格等有魅力的人，以及和自己有相似之处的人，人们容易接受自己喜欢的人的影响。

（2）沟通方式

沟通方式也制约着沟通的效果。

①恐惧唤醒是人们常用的改变态度的方式。

②当接受者原有的态度与沟通者的观点一致时，单向沟通效果好；反之，双向沟通效果好。当接受者对所讨论的问题缺乏信息或意见时，单向沟通效果好；反之，双向沟通效果好。

③有新颖的观点并适当地重复，容易给人以较深的印象。

（3）接受者的特点

接受者的特点，如原有态度、人格特质等影响信息沟通的效果。

①接受者原有态度与沟通信息的差异制约着说服的效果。研究发现，中等差异度引起的态度变化最大。

②接受者已有态度的特点也影响沟通的效果。例如，从小形成的、根据亲身经历形成的、高度承诺的态度不易改变，独立性强的人、智商高的人、自信心强的人不易改变态度；反之，则容易被改变。

（4）沟通情景

沟通情景方面的一些因素或多或少地影响态度改变。

①欢快、愉悦的气氛会对态度的改变起强化作用。

②预先告知会使人产生防御心理。

③在沟通时，如果有情景因素使接受者分心，就会影响沟通的效果。

2.群体影响法

群体影响法是指一个人所在的群体通过规范、压力等约束他的一言一行，迫使其行为和态度符合群体成员的期望。

3.活动参与法

活动可以改变一个人的态度。例如，角色扮演法就是通过扮演者设身处地地理解他人的心理，来达到改变态度和行为的目的。员工通过参与活动与他人进行交往，并在和他人交流的过程中受到他人的影响，从而转变自己的态度。活动参与法分为两种：强迫参与法和诱导参与法。强迫参与法是不管个体是否愿意，规定其一定要参加某些活动，来改变其态度的一种方法。诱导参与法是通过某些方法，让员工对某些活动感兴趣，自愿参与活动后改变其态度的一种方法。一般来讲，诱导参与法对员工态度的转变有更好的效果。

第三节　工作满意度

一、工作态度、工作满意度的含义

1.工作态度的含义

工作态度是指员工对工作任务的一种较为持久而又一致的内在心理和行为倾向。组织行为学常常将工作态度集中在工作满意度、工作参与度和组织承诺上。

工作满意度是指个人对他所从事的工作的一般态度，是一组员工对本职工作各个方面的积极或消极的感情。

工作参与度是指员工从心理上对工作的认可程度，反映员工认为工作绩效好坏对其个人自我价值实现的重要程度。

组织承诺是指员工对特定的组织及组织目标产生认同，并且希望维持自己组织成员的身份。

2.工作满意度的含义

如上所述，工作满意度是指个人对他所从事的工作的一般态度，是一组员工对本职工作各个方面的积极或消极的感情。工作满意度无疑是一种工作态度，只不过强调了态度的感情成分，即是否喜欢自己的工作。若一个员工的工作满意度高，他对工作就可能持积极的态度；对工作不满意的人就可能对工作持消极态度。当人们谈论员工的态度时，更多的是指其工作满意度。因此，组织行为学认为工作满意度是非常重要的。

二、影响工作满意度的因素

影响员工工作满意度的因素很多，主要有员工个性心理特征、同事和领导的影响、来自工作本身的影响三个方面。

1.员工个性心理特征

当员工个性心理特征与其所选择的职业要求相一致时，他会发现自己有合适的才能和能力适应工作的要求，并且在工作中更有可能获得成功，因此他会获得较高的工作满意度。

2.同事与领导的影响

（1）融洽的同事关系

支持性的同事关系会提高员工对工作的满意度。社会交往是组织成员在工作中追求的另一种满足，许多员工宁愿接受较少的报酬，在一个温馨的组织中获得更强的归属感与认同感，也不愿意挣更多的钱而忍受冷漠、势利眼、敌对的同事关系。

（2）以员工为中心的领导

领导的行为是影响员工工作满意度的主要因素，主要表现在上级是否以员工为中心、是否关注员工、是否允许员工参与组织中的一些活动。若领导是善解人意的、友好的并对高绩效员工进行表扬、倾听员工的意见，对员工表现出足够的关注，员工工作满意度会提高；领导允许员工参与一些影响组织决策的活动，让员工参与组织的决策，也会提高员工工作满意度。

3.来自工作本身的影响

（1）具有一定挑战性的工作

没有挑战性的工作会使员工感到厌烦，而太有挑战性的工作会使员工感受到挫折；只有那些具有一定挑战性的工作，员工才可以在工作任务中施展自己的能力和技术，展现自己的价值，而这会满足员工的自尊心并给员工带来更强的成就感，能让员工在工作中体验到愉快和满意。

（2）公平的报酬

与绝对报酬数量相比，员工更看重自己的付出和别人的付出相比，以及与行业整体水平相比后公平与否。因此，如果员工觉得分配制度公平、公正，自己的报酬合情合理，他们就容易在工作中体验到满足感。

（3）良好的工作环境

员工希望工作环境是安全的、舒适的、安静的，良好的工作环境会让员工感受到更高的工作满意度，在工作上也更加积极。

三、工作满意度与行为

1.工作满意度与流动率

员工工作满意度低会带来更高的员工流动率，因为导致员工工作满意度低的因素可能是以下几个：组织不能给员工提供具有挑战性的工作，不能为员工提供公平、公正的报酬和晋升空间，不能为员工提供良好的工作环境，或者工作强度太高而员工不能完全适应。这些因素都可能导致员工对组织的评价较低，工作满意度也较低，进而造成员工想换岗甚至想离职的心理，他们想寻求新的工作环境或岗位以改变目前的工作状态，因此造成了员工的高流动率。

2. 工作满意度与缺勤率

虽然不满意的员工更可能出现缺勤的情况，但也有其他因素影响两者之间的关系。例如，如果组织给员工的病假提供慷慨的福利，为员工提供任意病假，那么就在无形中鼓励一部分满意度高的员工在工作中选择缺勤；当不满的员工能够从多种工作中进行选择的时候，不满的员工缺勤率就会高，甚至会随时跳槽；如果没有太多工作可以选择，他们的缺勤率会和满意度高的员工一样。

3. 工作满意度与生产率

提高员工工作满意度，可以提高其工作热情，使其具有更高的工作自主性，员工会主动、高效地为组织工作，从而提高企业的竞争力和生产效率；工作满意度较高的员工会主动帮助组织中的其他员工，使员工之间友好协作，养成良好的团队合作精神；工作满意度高的员工在工作中表现出激情和敬业精神，在工作中也更具有创新精神，进而影响组织的创新绩效，促使组织实现更高的劳动生产率。

本章小结

同步测试

同步测试答案

一、单项选择题

1. 在态度的构成中，(　　) 是指个体对不同的人或者事所表现出来的具体反应。

A. 情感成分　　B. 认知成分

C. 动机成分　　D. 行为成分

2. 根据格瑞夫斯的价值层次论，下列选项中，(　　) 种价值观喜欢刨根问底，把事情弄得清楚明白，而且渴望别人能接受自己的价值观。

A. 反应型　　B. 顺从型　　C. 自我为中心型　　D. 操纵型

3. (　　) 是指个人对他所从事的工作的一般态度，是一组员工对本职工作各个方面的积极或消极的感情。

A. 工作满意度　　B. 态度　　C. 组织承诺度　　D. 工作参与度

4. (　　) 提出了态度形成和改变的三阶段理论，即服从阶段、同化阶段、内化阶段。

A. 凯尔曼　　B. 费斯廷格

C. 海德　　D. 勒温

5. 关于影响员工工作满意度的主要因素，以下描述正确的是 (　　)。

A. 员工个性心理特征　　B. 工作本身

C. 同事和领导的影响　　D. 以上都是

二、多项选择题

1. 甲、乙是组织中的成员，M是一项活动，假如甲讨厌乙，根据海德的认知平衡理论，(　　) 会使态度保持平衡。

A. 乙支持M，甲支持M　　B. 乙支持M，甲反对M

C.乙反对M，甲支持M　　　　D.乙反对M，甲反对M

E.以上都不会

2.改变员工态度的方法有（　　）。

A.群体影响法　　B.角色扮演法　　C.信息沟通法

D.强迫参与法　　E.活动参与法

3.态度的构成中包含（　　）。

A.认知成分　　B.行为意向成分　　C.情感成分

D.判断成分　　E.价值成分

三、判断题

1.价值观包括内容属性和强度属性。（　　）

2.员工从事具有一定挑战性的工作时工作满意度高。一定挑战性的工作就是员工从事的工作挑战性越高越好。（　　）

3.员工工作满意度影响组织的流动率、缺勤率和生产率。（　　）

4.根据态度改变的三阶段理论，个体把外在观点自觉植入个人的观念体系中，成为其观念体系的组成部分是在同化阶段。（　　）

5.工作满意度无疑是一种工作态度，只不过强调了态度的认知成分。（　　）

四、思考题

1.什么是价值观？价值观有哪些类型？

2.什么是态度？对比态度的认知成分和情感成分。

3.价值观、态度与行为之间的关系是怎样的？

4.试述态度改变的理论和方法。

5.什么是工作满意度？影响工作满意度的因素有哪些？

6.快乐的工人是生产率高的工人吗？工作满意度与缺勤率、流动率的关系是怎样的？

第五章

个性心理特征与行为

学习目标

知识目标：

1.了解个性的概念和特点。

2.掌握气质类型及其应用。

3.掌握不同的性格理论及其应用。

4.掌握能力差异及其应用。

5.掌握霍兰德个性与工作匹配理论及其应用。

能力目标：

1.提升分析气质、能力和个性的能力。

2.提升运用个性理论，解决管理问题（选人、用人等）的能力。

素养目标：

培养学生全面分析员工个性心理特征的职业精神。

引导案例　　谁更适合当科长

C是一家金融机构理财中心部的产品科科长。产品科的日常工作是负责研发新的、更适应市场需求的金融产品，并将新产品及政策及时传导给部门中的一线销售人员和下设分支机构；在与相关政府部门、企业等召开对接会时进行产品宣讲和介绍。所以产品科的工作是一个富于挑战、需要批判性精神和创新思维，对于产品政策把握要求非常高的工作。产品科原本不是单独的科室，而是由于部门升级、人员的扩充、业务扩大等原因新成立的。

作为一个新成立的科室，产品科的编制仅有2人。一个是来自部门一线的业务营销人员C；另一个是来自审计部门的审计员Q。

C原本为部门一线的业务营销人员。他待人和气，人际关系较好，但对待工作比较懒惰，创新思维和工作能力较弱。由于与领导、同事间的关系较好，部分掩盖了自身的缺点。经原主管领导的推荐，在升级后的理财中心中担任产品科科长一职。

Q是一位女同志。她是在成立产品科时应聘到这个部门的。到理财中心的时间比C晚半年时间。Q与C的特点正好相反，Q的工作能力和创新思维能力都很强，只是由于性格比较“直爽”，所以人际关系不太理想。Q原工作岗位是这家金融机构的审计部门。审计部门是对各项业务的合规性进行审计和检查的部门，需要掌握大量的相关文件和规范，一般审计部门的人员业务素质都较高。Q在审计部门中也属于水平较高的人员，一直担任一个审计检查小组的组长。

……

经过一段时间工作后（发生了很多事情）……领导慢慢对C的工作能力产生了怀疑，认为C不具备当科长的能力，没有将产品科带到正轨上，不利于今后部门业务的发展。但C与其他同事之间的沟通较为顺畅，可以从一线营销人员口中得知更多的信息。Q虽然很快熟悉产品科业务，工作能力很强，但对于人际关系的处理不妥当，与同事经常有矛盾产生。两个人各有利弊，究竟由谁来当科长，领导还需要认真考虑考虑。

资料来源　王锐．谁更适合当科长［C］．长春：吉林财经大学，2012.

第一节　个性与行为概述

世界上没有完全相同的两片树叶，同样也没有完全相同的两个人，不同的人在外在形式上会有高矮胖瘦之分，在内在心理方面，有的人安静，有的人活泼；有的人冲动，有的人稳重；有的人懦弱，有的人坚强。人在内在的心理方面的差异叫作个性。因此，要使组织中的每个员工人尽其才，发挥作用，就必须了解其个性，预测个性的发展趋势，引导个性向好的方面发展。

一、个性的概念

广义讲，个性是指在先天遗传因素基础上，通过一定的社会实践形成的稳定的、区别于他人的个体意识倾向性和个体心理特征。个性意识倾向性包括需要、动机、兴趣、理想、信念、价值观等心理成分，这些倾向性决定了个体对待外界的态度，决定了个体为实现目标所进行努力的程度；个性心理特征包括能力、气质、性格等。

狭义的个性就是个性心理特征。本章所讲的个性就是狭义的个性。

二、个性的特点

1.组合性

个性不是一个孤立的心理特征，而是一组心理特征的有机组合。因此，要准确描述某个人的个性，就必须说出一组心理特征才行，仅有某个特征是不够的。例如，你看到某人进行了一次充满激情的演讲，就断定此人是外向型，这是不够的，还必须观察他是否好动、乐于交往、热情开朗等。

2.独特性与共同性

个体的独特性是指任何一个人的个性心理都有与其他人不同的特点，每个人都有与其他人区别开来的气质、性格和能力等，是个体在社会关系中作为特殊形式存在的特征。虽然人的个性具有独特性，但也包含着其所在群体的一些共同特征。在同一文化环境中成长的人，其个性特征总有着本民族的思维方式、文化传统和习惯等共同特征，例如东方人的个性比较内敛、含蓄，而西方人的性格比较张扬、开放，这都体现了不同文化氛围的人们所具有的本民族的共同心理特征。所以，个性是独特性与共同性的统一。

3.稳定性与可变性

个性不是一朝一夕就能形成的，是个体在长期的社会劳动生活中所逐渐形成和发展起来的，它的形成受多种因素的影响，所以，个性一经形成，就具有稳定性的特征。正是由于人的个性具有稳定性，我们才可以根据一个人的个性来预测他的行为习惯。但是人的个性是在社会生活中逐渐发展起来的，因此，它很有可能会根据社会环境的变化而发生变化。例如，一个人在生活中发生的重大事件都可能对这个人的性格产生重大的影响，使其性格发生改变。

4.自然性与社会性

人的个性心理不一定都是环境作用的结果，虽然社会环境对个性的形成和发展影响很大，个性具有社会属性，但是不一定特定的环境就会产生特定的性格，个性还包含着人的自然属性。例如，在个体的生存发展中，首先需要满足的就是生存需要，在此基础上才有了人际交往的需要，最后才形成了人类社会。因此，社会关系中的个体存在着差异性，在很大程度上是由于人的自然属性所致。

三、个性（人格）与工作的匹配

心理学家霍兰德（J.Holland）提出了人格-工作适应性理论（Personality-Job Fit Theory），又称个性与工作匹配理论。他指出，员工对工作的满意度和流动的倾向性，取决于个体的人格特点与职业环境的匹配程度。

1.霍兰德六种基本的人格类型

这六种人格类型包括：现实型、研究型、社会型、传统型、企业型和艺术型。

（1）现实型：现实型的人不喜欢与人打交道，不善言辞，社交方面稍微欠缺，一般喜欢独立做事，喜欢能够使用机器、设备、工具等操作性的工作，动手能力强，并且具有害羞、真诚、持久、稳定、实际等个性特点。

（2）研究型：抽象思维能力强，求知欲旺盛，善于动脑思考问题，喜欢对各种客观事物进行观察、分析和推理，并且进行科学的、系统性的研究。动手能力弱，喜欢从事独立性强和富有创造性的工作。知识渊博，有真才实学，不善于领导他人，做事理性。

（3）社会型：平易近人，喜欢结交不同的人，善于言谈，愿意教导帮助他人，关注社会现象，渴望发挥自己的社会作用，重视社会义务和社会道德。

（4）传统型：做事喜欢按照计划进行，处理事情细心有条理；愿意接受其他人的领导，尊重权威，但是不争取领导职位；愿意遵守规章制度；为人处世谨慎小心，重视细节；缺乏创造性，不喜欢冒险和竞争，具有自我牺牲的精神。

（5）企业型：对权力、物质和财富有野心，具有领导才能，喜欢竞争，敢于冒险，为人处世很现实，做事喜欢衡量利益得失，目的性较强。

（6）艺术型：富有想象力，创造性，渴望与众不同，展示自己的独特性，希望实现自己的价值。做事理想化，不注重实际。

2.六种人格类型与工作的匹配

表5-1对六种类型分别进行了描绘，列举了它们的人格特点以及与之匹配的职业范例。

表5-1 **霍兰德的人格类型与职业范例**

类型	人格特点	职业范例
现实型偏好需要技能、力量、协调性的体力活动	害羞、真诚、持久、稳定、顺从、实际	机械师、钻井操作工、装配线工人、农场主
研究型偏好需要思考、组织和理解的活动	分析、创造、好奇、独立	生物学家、经济学家、数学家、新闻记者
社会型偏好能够帮助和提高别人的活动	社会、友好、合作、理解	社会工作者、教师、议员、临床心理学家
传统型偏好规范、有序、清楚明确的活动	顺从、高效、实际、缺乏想象力、缺乏灵活性	会计、业务经理、银行出纳员、档案管理员
企业型偏好那些能够影响他人和获得权力的言语活动	自信、进取、精力充沛、盛气凌人	法官、房地产经纪人、公共关系专家、小企业主
艺术型偏好那些需要创造性表达的模糊且无规则可循的活动	富于想象力、无序、杂乱、理想、情绪化、不实际	画家、音乐家、作家、室内装饰家

霍兰德的研究表明：员工的工作满意度与流动倾向性，取决于个体的人格特点与职业环境的匹配程度。当人格和职业相匹配时，会产生最高的满意度和最低的流动率。例如，社会型的个体应该从事社会型的工作，传统型的个体应该从事传统型的工作，以此类推。一个现实型的人从事现实型的工作比从事研究型的工作更为和谐，社会型的工作对于现实型的人则可能最不合适。

总之，总结霍兰德个性与工作匹配理论得出：

（1）个体之间在人格方面存在着本质的差异；

（2）工作具有不同的类型；

（3）当工作环境与人格类型协调一致时，会产生更高的工作满意度和更低的离职可能性。

第二节　气质与行为

一、气质的概念和类型

（一）气质的概念

气质是心理活动的动态特征，它与日常所说的“脾气”“秉性”相近。“江山易改，秉性难移”说的是气质。气质是人典型的、稳定的心理特点。是人天生的、表现在心理活动动力方面的个性心理特征。

（二）气质的类型

根据心理活动过程的速度、稳定性、强度和指向性不同，我们将气质分为四种类型。在此，我们主要介绍四种气质类型及其特点。

1.胆汁质

胆汁质，情绪兴奋性高，反应迅速，心境变化剧烈，抑制能力较差。易于冲动，热情直率，不够灵活。精力旺盛，动作迅猛，性情暴躁，脾气倔强，容易粗心大意。感受性较低而耐受性较高，外倾性明显。

在工作中，这类人通常会下定决心做某事，也会全力以赴，但是他们往往对本职工作没有那么上心，不会长时间待在同一个工作岗位，喜欢跳槽，渴望成为自由职业者。比如《水浒传》中的李逵、《三国演义》中的张飞都是胆汁质类型的人。

2.多血质

多血质，情绪兴奋性高，思维言语动作敏捷，心境变化快但强度不大，稳定性差。活泼好动，富于生气，灵活性强。乐观亲切，善交往，浮躁轻率，缺乏耐力和毅力，具有可塑性。外倾性明显。

这类人在工作中具有事业心，愿意从事合乎实际的工作，能够迅速适应新事物，对工作展现出强烈的兴趣和积极性，但是如果工作不顺心，会迅速失去热情，并且很迅速找到新的吸引自己的工作并投身其中。典型的多血质特点的人物代表：《红楼梦》中的王熙凤、《三国演义》中的曹操。

3.黏液质

黏液质，对外界刺激的感受能力低；对外界刺激在时间和强度上的耐受性低；不会随意对外界刺激做出反应；情绪稳定性高；反应速度慢并且不灵活。这类人的特点是：稳重，考虑问题全面；沉默，善于克制自己，善于忍耐；注意力不容易被转移，内倾性明显。

黏液质的人在做任何工作前都会进行细致谨慎的思考，能够坚定地执行对于工作所做出的决定，不会因其他原因而分心，能够有条不紊地进行自己的工作计划并且不轻易流露感情，能控制自己的脾气，不会轻易发脾气，也不会特意显示自己的才能。但是不适应新的工作，往往做事缺乏灵活性，容易死板守旧。典型的黏液质特点的人物代表：《水浒传》中的林冲、《西游记》中的沙和尚。

4.抑郁质

抑郁质，感受性很强，善于觉察细节，见微知著，细心谨慎，敏感多疑。内心体验深刻但外部表现不强烈，行动迟缓，不活泼。易于疲劳，疲劳后也易于恢复。办事不果断和缺乏信心。内倾性明显。

在工作中，抑郁质的人责任感会很强，会尽全力完成交代给自己的工作，但是不擅长人际交往，总是会感觉很孤独。他们很少表现自己，反应不灵活、行动缓慢。典型的抑郁质特点的人物代表：《红楼梦》中的林黛玉。

在现实生活中，大部分个体都是接近某一气质类型，但是同时身上又具备其他气质类型的特点。

二、气质在组织管理中的应用

气质会影响个体心理活动的速度、强度和方向。

1.气质没有好坏之分，每一种类型的气质特点，各有其长短

在社会实践活动中，要注意气质与工作、事业、生活的心理适应性，扬长避短，使气质能够熠熠闪光。管理者首先要明确这一点，做到公平对待每一种气质类型的员工。

2.根据员工气质特点合理安排工作岗位

每项工作都有其自己的特点，每个员工也有独特的气质类型，管理者在给员工安排工作岗位时，要考虑员工的气质类型是否与工作相匹配。只有当人的气质特征与工作岗位相协调时，才能做到人尽其用，才能最大限度地提升员工工作绩效，才能调动员工工作积极性，为企业发展做贡献。例如，在一般情况下，管理者可以安排多血质的人从事一些社交活动多的工作；安排胆汁质的人从事具有开拓意义的工作；安排黏液质的人从事核算监督（如会计、统计等）的管理工作，安排抑郁质的人从事研究性质的工作。

3.根据员工气质类型合理调整组织结构

人的气质特征都有其积极的一面，也有着消极的一面。例如多血质的人活泼开朗，善于人际交往但是也可能有浮躁轻率，缺乏毅力的缺点。抑郁质的人敏感，洞察力强，但是也可能多愁善感，容易情绪低落。管理者应当合理调整组织中各个气质类型的员工数量，形成可以相互克服气质类型的消极影响、气质互补的一个集体，从而增强员工凝聚力，提高管理活动的有效性。

4.根据员工气质类型合理做好思想工作

每个人都有着自己的气质类型，不同的气质类型又有着特殊的性格特点，每个个体对待困难、挫折、压力、批评、惩罚等都有着不同的接受忍耐程度。因此，管理者在管理实践中，应当针对不同气质类型的员工采取不同的思想教育方式。例如：多血质的员工热情活泼，接受适应能力强，对待这类员工，管理者可以采取批评与劝说相结合的方式；抑郁质的员工敏感脆弱，对待这类员工不能公开进行批评，要在关怀鼓励中进行说服教育。

第三节 性格与行为

一、性格的概念和特征

1.性格的概念

性格是个体对现实状况的态度和习惯性的行为中所表现出来的具有稳定性的心理特征。简单地说，性格是人对现实的稳定态度和习惯化的行为方式。不同的人对待人、对事情、对社会实际上都会有自己的态度并反映在行为上。经过社会实践以及人们心理认知的不断变化，这种态度逐渐会稳定下来，在个体未来的社会生活中不断地表现出来，慢慢会形成个体的行为方式，性格则是一个人对现实的态度以及行为方式的结合体。

2.性格的特征

（1）性格是个体对社会环境较稳定的态度和行为方式。每个人对人、对事、对社会总会有自己的态度并见诸行动，经过长期的社会生活实践和人们的心理认知活动，这种态度与行为逐渐巩固下来，在以后的社会活动中自然地、反复地表现出来，形成了个人的一种习惯方式。性格是一个人现实态度和行为方式的统一。

（2）性格是稳定的、独特的心理特征。社会中没有两个性格完全相同的个体，性格总是某个个体的性格。即使是同一性格特征的人，不同人表现也会不一样。例如，同是勇敢、鲁莽的性格，张飞粗中有细，李逵横冲直撞、不顾后果。性格一旦形成就比较稳定，在个体的生活实践中经常表露出来。

（3）性格是个体的本质属性，在个体心理特征中起核心作用。气质是心理过程的动力特征，能力是个体完成所面临的某项活动所必备的心理特征，只有性格才能使它们带有一定的意识倾向性，作用于客观现实。

性格对气质和能力的影响是很大的，它能使三者结合成个体心理特征这一有机整体。

（4）性格有复杂的结构。现实世界多姿多彩，因而人就会产生形形色色的态度以及相应的行为方式，形成各种各样的性格特征。构成性格的特征可以依据态度体系、情绪、意志、理智等来划分。

二、性格的不同类型

由于人性格的复杂性，关于性格的分类有很多种。

1.机能类型说

机能类型说是由英国心理学家培因（A.Bain）和法国心理学家李波（T.Ribot）提出来的。由于这种类型分类的依据是情绪、理智和意志在个体性格结构中占优势的心理机能，因此被称为机能类型说。机能类型说将性格分为：

理智型：处理问题从理智的角度出发，自己的行为受理智支配。

情绪型：行为举止受到情绪影响，处理事情喜欢感情用事。

意志型：具有明确的目标，意志力坚定，具有主动性和积极性。

除了上述标准的类型外，还有介于三种类型之间的中间型，如情绪-理智型，意志-理智型等。

2.向性说

它是瑞士心理学家荣格（C.G.Jung）提出的，向性说是按照个体心理活动的倾向来划分性格类型的学说。

内向型性格：沉静谨慎，深思熟虑，顾虑多，反应缓慢，适应性差，情感深沉，交往面窄，较孤僻；长处是内在体验深刻，具有自我批评精神。

外向型性格：主动活泼，情感外露，喜欢交际，热情开朗，不拘小节，独立性强，对外界事物比较关心；但比较轻率，缺乏自我分析和自我批评精神。

荣格在测验中发现，多数人是介于二者之间的中间型。

3.独立-顺从说

独立-顺从说是奥地利心理学家阿德勒（A.Adler）提出来的，是按照个体的独立性程度来划分性格类型的学说。

独立型：善于独立思考，有个人坚定的信念，有主见，能够独立发挥自己的力量；但喜欢把自己的意志强加于人。

顺从型：独立性差，易受暗示，缺少独立见解，容易盲从、随波逐流、屈从权势，遇到重大事件往往惊慌失措，逃避现实。

4.特性（特质）分析说

美国心理学家卡特尔（R.B.Cattell）受化学元素周期表的启发，用因素分析法对人格特质进行了分析，提出了基于人格特质的一个理论模型，该模型把人格特征分为两类："表面特性"和"根源特性"。"表面特性"是经常发生、从外部可以观察到的行为，而"根源特性"则是制约"表面特性"的潜在基础。

16种根源特性分别是：乐群性、聪慧性、情绪稳定性、恃强性、兴奋性、有恒性、敢为性、敏感性、怀疑性、幻想性、世故性、忧虑性、激进性、独立性、自律性、紧张性。卡尔特认为，这16种性格特征是彼此独立的，普遍存在于不同文化背景和年龄的人体中，只是在每个人身上的表现程度有所不同，这16种特质共同构成了个体的性格特征。

知识拓展5-1　　**大五人格模型**

迈尔斯·布里格斯类型指标（MBTI）和大五人格模型是目前应用最广泛和最著名的人格框架。

大五人格模型（Big Five Model）提出了五个基本维度，它们是其他所有维度的基础，并包含了人格特质中最重要的变量。对这些特质的测试很好地预测了人们在不同现实情形中的表现。而且，对个人而言，这些特质随着时间的推移会有一些变化，但总体能够保持相对稳定。

这五个维度是：责任心（conscientiousness）。这一维度是对个人一致性和可靠性的测量。情绪稳定性（emotional stability）。这一维度刻画的是个体承受压力的能力。外倾性（extraversion）。这一维度描述的是我们在社交世界建立关系的方式。经验开放性（openness to experience）。这一维度针对个体对新奇事物的兴趣和热衷程度。随和性（agreeableness）。这一维度描述的是个体服从别人的倾向性。

——根据资料整理而成：《组织行为学》，斯蒂芬·罗宾斯等，2021年1月版

三、性格在组织管理中的应用

管理者应该了解员工性格特点，针对性格特点进行差异化管理，并且在管理中注重培养员工优秀的性格。

1.管理者要明确员工性格特点，进行差异化管理

管理者可以通过以下途径了解员工性格：①通过员工在企业中进行的实践活动来了解；②通过对员工进行调查来了解其性格特点；③通过心理测验得到员工性格特点。

2.注重培养良好的职业性格

职业性格是各行各业的人们做好本职工作，胜任本职工作的心理动力。结合各行各业的管理，研究对各行各业的管理有关的职业性格，培养人们良好的职业性格以推动组织效能的提高。例如，培养教师的热情、外倾、理智、独立的性格；培养律师的客观、公正、正直的性格；培养工程技术人员的认真、严谨、探索的性格；培养运动员的顽强、自制、勇敢、果断的性格。

3.选人、用人考虑岗位和员工性格的匹配

例如，根据机能类型说，理智型的人适合做规划、商业谈判等工作；意志型的人能够胜任需要耐力的工作，如科学研究；情绪型的人适合做广告、公关等工作。根据向性说，外向的人适合做与外界接触多的工作，如营销、管理等；内向型的人适合做稳定性强，与人接触不多的工作，如资料保管员、技术人员等。

4.对员工进行思想管理时，要考虑性格特点，因人而异进行管理

例如，针对脾气暴躁的员工进行思想教育时，要耐心引导，让其认识到自己的性格缺点，培养员工沉稳的性格。而对敏感脆弱的员工进行思想教育时，既要维护其自尊心，又要热情提供帮助，引导其性格开朗。

第四节　能力与行为

每个人都是独一无二的，每个人的能力都是不同的。有的人有着美妙的歌喉，在唱歌方面有才能，那他可能成为歌唱家；有的人在写作方面有能力，文字掌控能力突出，那他可能成为作家；有的人思维能力强，擅长数学推导演算，那他可能成为数学家……在组织活动中，管理者能够发现并且合理利用每个人的能力，成为提升企业管理效率的关键所在。

一、能力的概念和类型

1.能力的概念

在心理学中，我们将能力定义为能够直接影响个体活动效率并且能够使活动顺利完成的个性心理特征。由此可见，能力和活动是密不可分的，能力是不能被直接看出来的，但是可能通过活动反映出来。

2.能力的分类

依照不同的分类标准，能力可以被分成不同的类型。在一般情况下，可将能力分为一般能力与特殊能力。

（1）一般能力

一般能力是个体完成各类实践活动都必须具备的基本能力，通常包括记忆能力、分析能力、思考能力、洞察力、想象力、思维能力等等，这其中思维能力是一般能力的核心。

（2）特殊能力

特殊能力是指从事某项特殊活动时必须具备的能力。比如耐心、语言表达、书面表达能力是从事教育事业必须具备的能力；观察力、色彩分辨能力是从事美术绘画所必须具备的能力；爆发力、耐力是从事竞技类体育活动所需要的能力；数学运算能力、逻辑推导能力是从事数学相关活动所需要具备的能力。这些能力在某些专业领域发挥了巨大的作用，但在从事其他活动时，作用效果可能不明显。

二、能力差异

不同的人能力是有差别的，这是不以人的意志为转移的客观存在。认识到这种差异，就能选贤举能，促进事业发展。人的能力差异是多方面的，主要有以下几种：

1.能力类型的差异

如上所述，能力可以分为一般能力和特殊能力，而个体之间能力类型的差异既表现在一般能力上，又表现在特殊能力上。个体之间一般能力的差异具体体现在开展相同活动或者面临相同困难时，不同的人会运用不同的能力。比如，有的人擅长抽象思维，有的人擅长具象思维；有的人擅长正向思考问题，有的人擅长逆向思考问题。特殊能力的差异则表现在不同的人所擅长的方面不同，具有不同的能力优势，这也就是通常所说的“人各有所长”，比如有的人能言善道，语言表达能力强，有的人绘画能力强，有的人文字表达能力强等等。

2.能力发展水平的差异

能力发展水平的差异指的是即使是同种能力，不同个体之间能力水平也是有高有低的。一般能力水平通常用智商来衡量，智商表示人的聪明程度，智商越高，人越聪明。人类的智商呈现正态分布，表现为智商特别高或者智商特别低的人都属于人群中的少数，大部分人处于中间部分。

3.能力发展早晚的差异

不同个体之间在能力发展的时间问题上，也是有差异的。有的人在儿童时期就展示出优秀的才能，能力发展水平远远超过其他人。古今中外，这种例子屡见不鲜。唐代诗人王勃聪敏好学，6岁能文，下笔流畅，被赞为“神童”。9岁时，读秘书监颜师古《汉书注》，作《指瑕》十卷，以纠正其错。16岁时，进士及第。音乐神童莫扎特3岁发现三度音程，5岁作曲，6岁登台演出，12岁创作大型歌剧。相反，也有一些人是在年龄较大时能力才发展到较高水平，并且做出了杰出的贡献。例如，达尔文50岁出版了书籍《物种起源》，为科学界立下新标杆；吴承恩50岁左右写了《西游记》。少年得志固然让人羡慕，但是大器晚成同样值得尊重，前者有天分和机遇在，后者主要是个人后天努力，这就体现了能力发展的早晚会因人而异。

三、能力在组织管理中的应用

不同人之间能力各不相同，通常表现在能力类型的差异、能力发展水平的差异以及能力发展早晚的差异。因此，在企业管理活动中，企业管理者要充分认识到员工能力方面的差异，对员工进行差异化管理，扬长避短，从而提升企业管理的效率，使组织效益最大化。

1.善于发现员工的长处

用人关键是发挥所有人的能力，就是用人所长，避其所短。全面了解人的能力特点，不拘一格，择优选拔。

2.合理招聘人才，量才录用

一个好的管理者并不是谋求把能力最优者聚集在自己的周围，而是正确确定本企业所需要的能力标准，谋求适应本企业能力标准的人才。只有这样才能既不浪费人才，又能提高工作效率。

3.做好人岗匹配，人尽其才

在为员工安排工作时，要使员工个人的能力与岗位要求相一致，防止大材小用和小材大用两种情况。如果一个员工的工作能力很强，可以胜任很复杂的工作，但是真正安排给他的工作过于单调乏味，会让该员工认为自己没有得到重用，从而会产生挫败感，那么他很难在工作中得到成就感和价值感，长此以往，会造成工作绩效下降。相反，如果一个人能力有限，但是让他担任很重要的职责，表面看是对员工委以重任，实际上这是拔苗助长，他很难胜任自己的工作。

4.团队中个体能力互补，形成合力

人与人之间的能力是有类型差异的，这种差异不仅是客观的，而且是普遍的。在一个团体中，特别是领导班子中，要有不同能力特点的人互相搭配，相得益彰。要有“运筹于帷幄之中，决胜于千里之外”、指挥有效、控制有方的“帅才”；要有能率部下冲锋陷阵的“将才”；要有“泥瓦匠式”的协调人才；要有具备一技之长的专门人才。只有这些人才的能力能形成有效的“合力”，才能保证组织战斗力。

5.根据企业实际，合理制订员工的培训计划

企业需要不断进行变革，与之相适应的是员工所需要能力也处于不断更新中。企业需要通过制订合理的培训计划，定期对员工进行培训，使员工不断提升自己的能力，以确保组织变革的顺利进行。

本章小结

同步测试

同步测试答案

一、单项选择题

1.一个人经常出现的、比较稳定的、区别于他人的个性倾向性和个性心理特征的总和是（　　）。

A.气质　　B.个性　　C.能力　　D.性格

2.朝气蓬勃、活泼开朗、热情真诚、喜欢人际交往等描述的都是（　　）气质类型。

A.多血质　　B.胆汁质　　C.黏液质　　D.抑郁质

3.气质类型中的胆汁质个体的一般特征是（　　）。

A.深思熟虑　　B.敏感多疑　　C.性情暴躁　　D.灵活性强

4.现实世界多姿多彩，因而人就会产生形形色色的态度以及相应的行为方式，形成各种各样的特征。这描述的是性格的（　　）特征。

A.稳定的　　B.独特的

C.个体的本质属性　　D.复杂的结构

5.根据气质的分类，一般适合做会计工作的人属于（　　）。

A.多血质　　B.胆汁质　　C.黏液质　　D.抑郁质

二、多项选择题

1.下列属于个性特点的有（　　）。

A.组合性　　B.独特性与共同性

C.稳定性与可变性　　D.自然性

E.社会性

2.能力的个体差异表现在（　　）方面。

A.能力类型的差异　　B.能力发展水平的差异

C.稳定性的差异　　D.能力发展早晚的差异

E.以上都不是

3.向性说是瑞士心理学家荣格（C.G.Jung）提出的，是按照个体心理活动的倾向来划分性格类型的，分为（　　）。

A.理智型　　B.情感型　　C.意志型

D.内向型　　E.外向型

三、判断题

1.广义的个性包括两方面内容：个体意识倾向性和个体心理特征。（　　）

2.有些人在能力发展过程中“早熟”，有些人则“晚熟”。这种能力差异属早晚

差异。 (　　)

3.外向型性格比内向型性格好。 (　　)

4.多血质个性特征是好的，抑郁质个性特征是不好的。 (　　)

5.霍兰德个性与工作匹配理论认为：当人格和职业相匹配时，会产生最高的满意度和最低的流动率。 (　　)

四、思考题

1.简述个性的概念和特点。

2.霍兰德划分的六种人格类型是什么？霍兰德人格与工作匹配理论的主要结论是什么？

3.什么是气质？简述气质的四种类型。如何管理气质？

4.什么是性格？描述几种有代表性的性格类型理论并谈谈组织管理中应如何应用。

5.什么是能力？个体能力差异包括哪些？如何使能力与工作相匹配？

第六章

激励与应用

学习目标

知识目标：

1.了解激励的概念和不同的激励模式（机制）。

2.熟悉内容型激励理论、过程型激励理论、强化型激励理论和综合激励模式各自的特点和相互关联。

3.掌握内容型激励理论、过程型激励理论、强化型激励理论和综合激励模式中有代表性的学说。

4.熟悉激励理论在组织（企业）中的应用。

能力目标：

提升运用不同的激励理论，调动员工积极性的能力。

素养目标：

培养学生针对不同对象采取不同激励措施的思维方式和职业素养。

引导案例　　永辉超市激励机制

永辉超市是福建省的一家民营股份制大型公司集团，也是中国首批将生鲜农产品引进现代超市的流通公司之一。超市行业的人员流动性大是很多公司难以坚持下去的主要问题。由于永辉生鲜经营的灵活性、岗位设置的细致度以及精细化管理，导致公司对一线员工的工作质量非常依赖。在这个问题上，永辉找到了自己的解决办法。

为了进一步激发基层员工的积极性和满意度，提高员工的行为绩效，永辉设立了“合伙人”制度。这个制度以总部和门店合伙人为代表，根据历史数据和销售额预测，制定一个业绩标准，一旦实际经营业绩超过了设立标准，增量部分的利润按照既定比例在永辉和合伙人之间进行分配，有别于常规的绩效考核制度，对一线员工实行“合伙人”制度，根据“人人都是经营者”的思维，将部分经营业绩直接和员工联系在一起，增加员工的薪酬，充分调动了员工的积极性……

新生代员工在获得报酬时，关注的除了自己的绝对量外，还关心报酬的相对量。有很多公司直接规定员工之间不能互相询问工资，避免员工心里产生不满。但这样的方法并没有用，不合理的工资依然会影响到员工日后的工作积极性。因此，公司有明确的薪酬机制，多劳多得，按贡献大小给予报酬，从而激发新生代员工的自我价值实现倾向。公司还营造亲和良好的工作氛围，简单说就是满足新生代员工的情感诉求。简单的人际关系与和谐的工作伙伴会带给他们舒适感，并提供多样交流的机会，倾听员工的心声。除此之外，给予新生代管理人员更多参与决策与管理的机会，平等地融入公司决策管理层，形成一种主人翁意识，将公司看作“家”一样的地方。

激励新生代员工的方式有很多，最重要的是挑选适合他们的那一种，满足他们的具体需求。合理的激励方式更能调动其工作积极性。激励方式是什么不重要，重要的是要抓住新生代管理人员的心理诉求，充分调动自主性和积极性，从而提高公司的竞争力。

资料来源：胡华成．人力招聘与培训全案［M］．北京：清华大学出版社，2019：174.

第一节　激励概述

一、激励的含义和作用

1.激励的概念

从心理学角度讲，激励是指通过某种内部和外部的刺激，激发人的动机，使人产生一股内在的动力，从而调动其积极性、主动性和创造性，使其朝预定目标前进的一种活动。从管理学角度讲，激励是指激发员工的工作动机，也就是用各种有效的方法调动员工的积极性和创造性，使员工努力去完成组织任务，实现组织目标。

2.激励的作用

对一个企业来说，科学的激励制度至少具有以下几个方面的作用：

（1）吸引优秀的人才到企业来

在许多企业中，特别是那些竞争力强、实力雄厚的企业，通过各种优惠政策、丰厚的福利待遇、快捷的晋升途径来吸引企业需要的人才。

（2）开发员工的潜在能力，促进在职员工充分发挥其才能和智慧

美国哈佛大学的威廉·詹姆斯（William James）教授在对员工激励的研究中发现，按时计酬的分配制度仅能让员工发挥20%~30%的能力，如果受到充分激励，员工的能力可以发挥出80%~90%，两种情况之间约60%的差距就是有效激励的结果。

（3）留住优秀人才

彼得·德鲁克（Peter F.Drucker）认为，每个组织都需要三个方面的绩效：直接的

成果、价值的实现和未来的人力发展。缺少任何一方面的绩效，组织注定非垮不可。在三方面的贡献中，对“未来的人力发展”的贡献就是来自激励工作。

（4）造就良性的竞争环境

科学的激励制度含有一种竞争精神，它的运行能够创造出一种良性的竞争环境，进而形成良性的竞争机制。在具有竞争性的环境中，组织成员就会受到环境的压力，这种压力将转变为员工努力工作的动力。

二、激励的模式

在心理学上，激励可以有三个方面的理解，根据三种不同的理解，激励有三种不同的模式。

1.激励模式一

从诱因和强化的观点看，激励就是将外部适当的刺激（诱因）转化为内部心理动力，从而强化（增强或减弱）人的行为。

因此激励模式一的基本组成部分是：刺激（内外诱因）、个体需要、动机、行为、目标、反馈等，如图6-1所示。

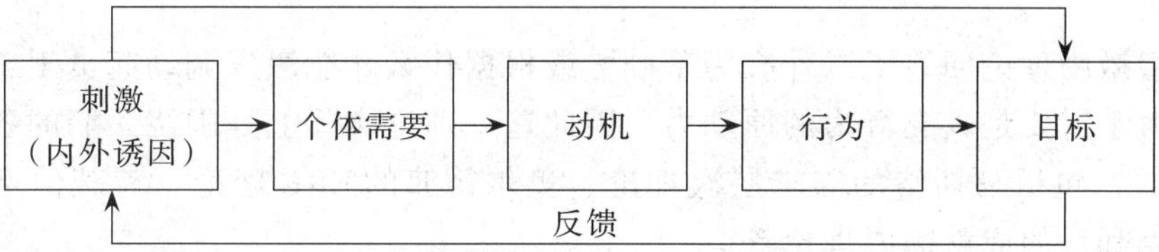

图6-1　激励模式一

2.激励模式二

从内部状态来看，激励即指人的动机系统被激发起来，处于一种激活状态，对行为有强大的推动力量。

因此激励模式二的基本组成部分是：需要（或愿望、欲望、动力）、行为、目标、反馈等，如图6-2所示。

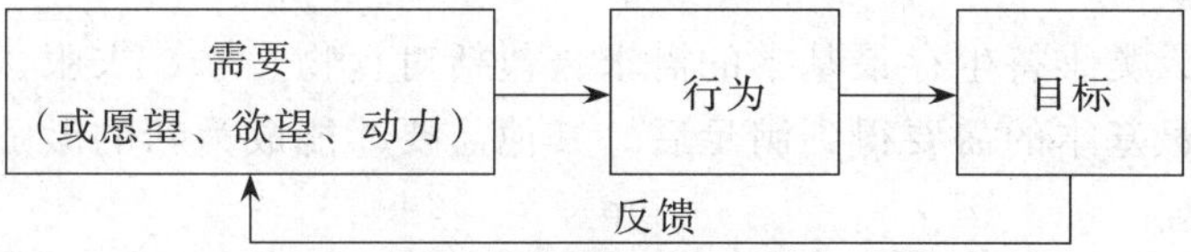

图6-2　激励模式二

3.激励模式三

从心理和行为过程来看，激励主要指由一定的刺激激发人的动机，使人有一股内在的动力，向所期待的目标前进的心理和行为过程。未满足的需要是激励过程的起点，由此而引起个人内心的激奋，使个人做出满足需要的某种行为，达到了目标，需要得到满足，激励过程也就宣告完成。然后新的需要产生，又引起新的行为和新的激励过程。

因此激励模式三的基本组成部分是：未满足的需要、心理紧张（愿望、驱动力）、动机、目标导向、目标行为、未满足的需要、需要满足紧张解除、产生新的需要、反馈等，如图6-3所示。

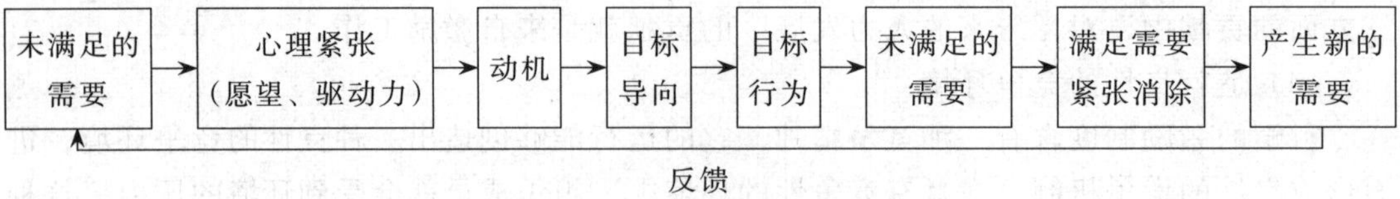

图6-3 激励模式三

激励模式三和第二章中的个体工作行为产生的动力系统相吻合，这也恰恰说明了积极性被激发的机制，所以又常常称为激励机制。

三、激励理论的分类

自20世纪二三十年代以来，国外许多管理学家、心理学家和社会学家结合现代管理的实践提出了许多激励理论。这些理论按照形成时间及其所研究的侧面不同，可分为内容型激励理论、过程型激励理论、强化型激励理论和综合型激励理论四大类。

第二节 内容型激励理论

内容型激励理论回答了以什么为基础，或根据什么才能激发调动起员工工作积极性的问题。由于需要是人类行为的原动力，因此这一理论实际上是围绕人们的各种需要来进行研究的，包括马斯洛的需求层次理论、奥尔德弗的ERG理论、赫茨伯格的双因素理论和麦克利兰的成就需要理论等。

一、马斯洛的需要层次理论及应用

马斯洛（Abraham.H.Maslow）在1943年出版的《人类动机的理论》一书中提出了需要层次论，把人类纷繁复杂的需要分为生理需要、安全需要、社交需要、尊重需要和自我实现需要五个层次。

（1）生理需要

生理需要是人类维持生存最基本的需求，包括对食物、水、衣服、睡眠和性等的需要。只有当这些最基本的需要得到满足后，其他需要才能成为新的激励因素。

（2）安全需要

安全需要包括人身安全、财产安全以及对职业保障、生老病残保障等方面的需求。人们的储蓄、保险习惯以及国家针对有关方面的立法，都体现了这方面需要的重要性。

（3）社交需要

社交需要反映的是爱和归属的需要，人需要在一定的群体中生活，希望得到友谊和爱情，如果这方面的需要得不到满足，会使人产生孤独感和压抑感。

（4）尊重需要

一般人都有给予自己高评价的倾向，并希望得到他人的认可和尊重，由此产生两方面的需要：第一，渴望有能力、有成就、独立而自由；第二，渴望得到名誉和声望。尊重需要的满足，使人增强自信心，觉得自己在社会上有地位和价值，有发展前途。

（5）自我实现需要

自我实现需要是指按照自己的意愿，发挥自己的优势和潜能，创造价值，成就一番事业的需要。

对于马斯洛需要层次理论，需要着重指出以下几点：

第一，上述各需要层次之间是有内在联系的，需要的五个层次之间依次递进，如图6-4所示。当低一层次的需要“相对”满足之后，追求高一层次的需要就会成为主导需要。同一时期，一个人可能有几种需要，但每一时期总有一种需要占支配地位，对行为起决定作用。各层次的需要相互依赖和重叠，高层次的需要发展后，低层次的需要仍然存在，只是对行为影响的程度大大减弱。

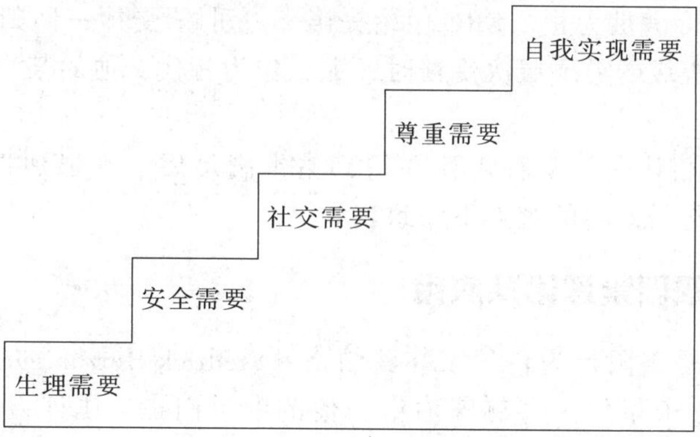

图6-4　马斯洛需要层次模型

第二，需要满足的难易程度与需要层次、社会发展水平有关。生理需要、安全需要和感情需要都属于低一级的需要，较低层次的需要偏重于物质生活方面，需要弹性较小；尊重的需要和自我实现的需要属于高级需要，较高层次的需要偏重于精神生活方面，需要弹性较大。在社会发展水平较低的情况下，生理、安全、社会需要都是很重要的需要，同时也是比较难满足的需要；在社会发展水平较高的情况下，尊重需要、自我实现需要往往成为重要的需要，同时也是比较难满足的需要。在管理实践中，当员工的低层次需要普遍成为主导需要时，不能忽视个别员工高层次需要的满足；当员工的高层次需要普遍成为主导需要时，不能忽视个别员工低层次需要的满足。

第三，五个层次的需要在某种程度上反映了人类的共同需要特征，但并不完全适用于每一个个体，对于不同的社会文化以及个体性格特征而言，例外的情况并不鲜见，因此管理者在采用需要层次理论解决实际问题时要灵活应用。

二、奥尔德弗的ERG理论及应用

美国耶鲁大学的奥尔德弗（Clayton Alderfer）在马斯洛提出的需要层次理论的基础上，进行了更接近实际经验的研究，从而提出了一种新的人本主义需要理论。

奥尔德弗认为，人们共存在三种核心的需要，即生存（Existence）的需要、相互关系（Relatedness）的需要和成长发展（Growth）的需要，因而这一理论被称为“ERG”

理论。生存的需要与人们基本的物质生存需要有关，它包括马斯洛提出的生理和安全需要；相互关系的需要指人们对于保持重要的人际关系的要求，与马斯洛的社会需要和自尊需要分类中的外在部分是相对应的；成长发展的需要是个人谋求发展的内在愿望，包括马斯洛的自尊需要分类中的内在部分和自我实现层次中所包含的特征。

与马斯洛需要层次论相比，ERG理论的特点有：

（1）马斯洛的需要层次是一种刚性的阶梯式上升结构，即认为较低层次的需要必须在较高层次的需要满足之前得到充分的满足，二者具有不可逆性。ERG理论并不强调需要层次的顺序，认为某种需要在一定时间内对行为起作用，而当这种需要得到满足后，可能去追求更高层次的需要，也可能没有这种上升趋势。

（2）马斯洛认为当一个人的某一层次需要尚未得到满足时，他可能会停留在这一需要层次上，直到获得满足为止。ERG理论提出了一种“受挫—回归”的思想，认为当一个人在某一更高等级的需要层次受挫时，那么作为替代，他的某一较低层次的需要可能会有所增加。

（3）ERG理论还认为，某种需要在得到基本满足后，其强烈程度不仅不会减弱，还可能会增强，这与马斯洛的观点不一致。

三、赫茨伯格的双因素理论及应用

保健因素理论是美国行为科学家赫茨伯格（Fredrick Herzberg）提出来的，又称双因素理论。20世纪50年代末，赫茨伯格和他的助手们在美国匹兹堡地区对二百名工程师、会计师进行了调查访问。访问主要围绕两个问题：在工作中，哪些事项是让他们感到满意的，并估计这种积极情绪持续多长时间；又有哪些事项是让他们感到不满意的，并估计这种消极情绪持续多长时间。赫茨伯格以对这些问题的回答为材料，着手去研究哪些事情使人们在工作中快乐和满足，哪些事情造成不愉快和不满足。结果他发现，使职工感到满意的事情都是属于工作本身或工作内容方面的；使职工感到不满的事情，都是属于工作环境或工作关系方面的。他把前者叫作激励因素，把后者叫作保健因素。

保健因素包括公司政策、管理措施、监督、人际关系、物质工作条件、工资、福利等。保健因素的满足对职工产生的效果类似于卫生保健对身体健康所起的作用。保健从环境中消除有害于健康的事物，它不能直接提高健康水平，但有预防疾病的效果；它不是治疗性的，而是预防性的。当这些因素恶化到人们认为可以接受的水平以下时，就会产生对工作的不满意。但是，当人们认为这些因素很好时，它只是消除了不满意，并不会导致积极的态度，这就形成了某种既不是满意、又不是不满意的中性状态。

那些能带来积极态度、满意和激励作用的因素叫作“激励因素”，是那些能满足个人自我实现需要的因素，包括：成就、赏识、挑战性的工作、增加的工作责任，以及成长和发展的机会。如果这些因素具备了，就能对人们产生更大的激励。

从这个意义出发，赫茨伯格认为传统的激励假设，如工资刺激、人际关系的改善、提供良好的工作条件等，都不会产生更大的激励，它们能消除不满意，防止产生问题，但这些传统的"激励因素"即使达到最佳程度，也不会产生积极的激励。在赫茨伯格看来，管理者应该认识到保健因素是必需的，不过它一旦使不满意中和以后，就不能产生更积极的效果。只有激励因素才能使人们有更好的工作成绩。

双因素理论促使企业管理人员注意工作内容方面因素的重要性，特别是它们同工作丰富化和工作满足的关系，因此是有积极意义的。赫茨伯格告诉我们，满足各种需要所引起的激励深度和效果是不一样的。物质需求的满足是必要的，没有它会导致不满，但是即使获得满足，它的作用往往是很有限的、不能持久的。要调动人的积极性，不仅要注意物质利益和工作条件等外部因素，更重要的是要注意工作的安排，量才录用，各得其所，注意对人进行精神鼓励，给予表扬和认可，注意给人以成长、发展、晋升的机会。随着温饱问题的解决，这种内在激励的重要性越来越明显。

四、麦克利兰的成就需要理论及应用

成就需要理论又称激励需要理论，是20世纪50年代初期，美国哈佛大学的心理学家麦克利兰（David C.McClelland）集中研究了人在生理和安全需要得到满足后的需要状况，特别是对人的成就需要进行了大量的研究，从而提出的一种新的内容型激励理论。

麦克利兰认为，在人的生存需要基本得到满足的前提下，成就需要、权力需要和归属需要是人的最主要的三种需要。

（1）成就需要（Need for Achievement）：追求卓越、获取成功的需要。麦克利兰认为，具有强烈的成就需求的人渴望将事情做得更为完美，提高工作效率，获得更大的成功，他们追求的是在争取成功的过程中克服困难、解决难题、努力奋斗的乐趣，以及成功之后的个人的成就感，他们并不看重成功所带来的物质奖励。

（2）权力需要（Need for Power）：影响或控制他人且不受他人控制的需求。不同人对权力的渴望程度也有所不同。权力需求较高的人对影响和控制别人表现出很大的兴趣，喜欢对别人"发号施令"，注重争取地位和影响力。他们常常表现出喜欢争辩、健谈、直率和头脑冷静，善于提出问题和要求，喜欢教训别人，并乐于演讲。权力需求是管理成功的基本要素之一。

（3）归属需要（Need for Affiliation）：建立友好亲密的人际关系的愿望，即寻求被他人喜爱和接纳的一种愿望。高归属需要的人更倾向于与他人进行交往，至少是为他人着想，这种交往会给他带来愉快；喜欢合作而不是竞争的工作环境，希望彼此之间的沟通与理解，他们对环境中的人际关系更为敏感。

麦克利兰发现高成就需求者有三个主要特点：

① 高成就需求者喜欢设立具有适度挑战性的目标，不喜欢凭运气获得的成功，不喜欢接受那些在他们看来特别容易或特别困难的工作任务。他们不满足于漫无目的地随波逐流和随遇而安，而总是想有所作为。他们总是精心选择自己的目标，很少自动地接受别人（包括上司）为其选定目标。除了请教能提供所需技术的专家外，他们不喜欢寻求别人的帮助或忠告。他们要是赢了，会要求应得的荣誉；他们要是输了，也勇于承担

责任。

② 高成就需求者在选择目标时会回避过分的难度。他们喜欢中等难度的目标，既不是唾手可得没有一点成就感，又不是难得只能凭运气。他们会揣度可能办到的程度，然后再选定一个难度力所能及的目标——也就是会选择能够取胜的最艰巨的挑战。对他们而言，当成败可能性均等时，才是一种能从自身的奋斗中体验成功的喜悦与满足的最佳机会。

③ 高成就需求者喜欢能立即给予反馈的任务。目标对于他们非常重要，所以他们希望得到有关工作绩效的及时明确的反馈信息，从而了解自己是否有所进步。

麦克利兰的成就需要理论对管理的启示：首先，在人员的选拔和安置上，通过测量和评价一个人动机体系的特征对于如何分派工作和安排职位有重要的意义。其次，由于具有不同需求的人需要不同的激励方式，了解员工的需求与动机有利于合理建立激励机制。再次，麦克利兰认为动机是可以训练和激发的，因此可以训练和提高员工的成就动机，以提高生产率。

第三节 过程型激励理论

过程型激励理论着重研究人从动机产生到采取行动的心理过程，主要包括：亚当斯的公平理论、弗鲁姆的期望理论和洛克的目标设置理论。

一、亚当斯的公平理论及应用

亚当斯的公平理论又称社会比较理论，由美国心理学家亚当斯（John Stacey Adams）于1965年提出。公平理论认为员工的激励程度来源于对自己和参照对象的报酬和投入的比例的主观比较感觉。公平理论包括三个方面内容：

（1）公平是激励的动力

公平理论认为，人能否受到激励，不但受到他们得到了什么而定，还要受到他们所得与别人所得是否公平而定。如果得失比例和他人相比大致相当时，就会心理平静，认为公平合理心情舒畅。比别人高则令其兴奋，是最有效的激励，但有时过高会带来心虚，不安全感激增。低于别人时产生不安全感，心里不平静，甚至满腹怨气，工作不努力、消极怠工。因此分配合理性通常是激发人在组织中工作动机的因素和动力。

（2）公平理论的模式（即方程式）

比较有两种，一种称为横向比较，一种称为纵向比较。

横向比较，即一个人要将自己获得的“报偿”（包括金钱、工作安排以及获得的赏识等）与自己的“投入”（包括教育程度、所作努力、用于工作的时间、精力和其他无形损耗等）的比值与组织内其他人作比较，只有相等时他才认为公平。如下式所示：

$O_P/I_P=O_c/I_c$

式中：O_P表示自己对所获报酬的感觉；O_c表示自己对他人所获报酬的感觉；I_P表示自己对个人所作投入的感觉；I_c表示自己对他人所作投入的感觉。

当上式为不等式时，可能出现以下两种情况：一是前者小于后者。他可能要求增加自己的收入或减少自己今后的努力程度，以便使左方增大，趋于相等；第二种办法是他可能要求组织减少比较对象的收入或让其今后增大努力程度以便使右方减少趋于相等。此外，他还可能另外找人作为比较对象以便达到心理上的平衡。二是前者大于后者。他可能要求减少自己的报酬或在开始时自动多做些工作，久而久之他会重新估计自己的技术和工作情况，直到觉得他确实应当得到那么高的待遇，于是产量便又会回到过去的水平了。

纵向比较，即把自己目前投入的努力与目前所获得报偿的比值，同自己过去投入的努力与过去所获报偿的比值进行比较，只有相等时他才认为公平。如下式所示：

$$O_P/I_P = O_H/I_H$$

式中：O_H表示自己对过去所获报酬的感觉；I_H表示自己对个人过去投入的感觉。当上式为左边小于右边时，人会有不公平的感觉，这可能导致工作积极性下降。当上式中左边大于右边时，人不会因此产生不公平的感觉，但也不会感觉自己多拿了报偿从而主动多做些工作。

（3）不公平的心理行为

当人们感到被不公平对待时，心里会产生苦恼，表现出紧张不安，导致行为动机下降，工作效率下降，甚至出现逆反行为。个体为了消除不安，一般会出现以下一些行为：通过自我解释达到自我安慰，造成一种公平的假象，以消除不安；更换对比对象，以获得主观的公平；采取一定行动，改变自己或他人的得失状况；发泄怨气，制造矛盾；暂时忍耐或逃避。

公平理论对管理的启示：首先，影响激励效果的不仅有报酬的绝对值，还有报酬的相对值。其次，激励时应力求公平，使等式在客观上成立，尽管有主观判断的误差，也不致造成严重的不公平感。最后，在激励过程中应注意对被激励者公平心理的引导，使其树立正确的公平观，如认识到绝对的公平是不存在的，不要盲目攀比，不要按酬付劳等。

二、弗鲁姆的期望理论及应用

期望理论又称作“效价-手段-期望理论”，是著名心理学家和行为科学家弗鲁姆（Victor.H.Vroom）于1964年在《工作与激励》中提出来的激励理论。期望理论认为激励（Motivation）取决于行动结果的价值评价（即“效价”Valence）和其对应的期望值（Expectancy）的乘积，即：

$$M=V\cdot E$$

式中：M表示激发力量，指调动一个人的积极性、激发内部潜力的强度；V表示目标价值（效价），指达到目标对于满足个人需要的价值；E表示期望值，是人们根据过去经验判断自己达到某种目标的可能性的大小，即能够达到目标的概率。

这个公式说明：假如一个人把某种目标的价值看得很大，估计能实现的概率也很高，那么这个目标激发动机的力量就很强烈。

在这个期望模式中，需要处理好三个关系：

(1) 努力和绩效的关系。这两者的关系取决于个体对目标的期望值。期望值又取决于目标是否适合个人的认识、态度、信仰等个性倾向，及个人的社会地位，别人对他的期望等社会因素，即由目标本身和个人的主客观条件决定。

(2) 绩效与奖励的关系。人们总是期望在达到预期成绩后，能够得到适当的奖励，如奖金、晋升、提级、表扬等。如果没有相应的有效的物质和精神奖励来强化，时间一长，积极性就会消失。

(3) 奖励和满足个人需要的关系。奖励要适合不同人的不同需要，要考虑效价。要采取多种形式的奖励，满足各种需要，最大限度地挖掘人的潜力，提高工作效率。

期望理论对于有效地调动人的积极性具有一定的启发和借鉴意义：第一，管理者应该同时注意提高期望概率和效价。第二，管理者应该提高对绩效与报酬关联性的认识，将绩效与报酬紧密结合起来。第三，管理者应该将物质奖励与精神奖励结合起来。期望理论表明，目标的吸引力与个人的需要有关，价值观的差异会产生需要的差异。因此，管理者应该了解自己的管理对象，在可能的情况下，有针对性地采取多元化的奖励形式，使组织的报酬在一定程度上与工作人员的愿望相吻合。

三、洛克的目标设置理论及应用

美国马里兰大学管理学兼心理学教授洛克（Edwin A.Locke）于1967年最先提出“目标设置理论”，认为目标本身就具有激励作用，目标能把人的需要转变为动机，使人们的行为朝着一定的方向努力，并将自己的行为结果与既定的目标相对照，及时进行调整和修正，从而实现目标。这种使需要转化为动机，再由动机支配行动以达成目标的过程就是目标激励。

总结目标设置理论的大量研究，可以概括为：

(1) 目标有两个最基本的属性：明确度和难度。

从明确度来看，目标内容可以是模糊的，也可以是明确的。明确的目标可使人们更清楚要怎么做，付出多大的努力才能达到目标。目标设定得明确，也便于评价个体的能力。

从难度来看，目标可以是容易的、中等的、难的，或者是不可能完成的。难度依赖于人和目标之间的关系，同样的目标对一个人来说可能是容易的，而对另一个人来说可能是难的，这取决于他们的能力和经验。一般来说，目标的绝对难度越高，人们就越难达到它。

(2) 目标设置的要求是：

①明确、具体的目标有利于提高工作绩效。目标必须明确，最好是能够清楚地衡量是否达到目标，“尽力”“尽快”都不是良好的目标。明确的目标本身就具有激励作用。

②目标的难度必须适中，太容易达到的目标使人失去对工作的兴趣；相反，太困难的目标也会使人对目标的完成失去信心。因此，目标最好是比员工的现有表现高一些，

不但提供了挑战性，同时使员工感到有达到目标的可能。

有研究发现，绩效与目标的难度水平之间存在线性关系：任务越难，绩效越好。当然，前提条件就是完成任务的人有足够的能力、对目标又有高度的承诺。在此前提下，人们可以根据不同的任务难度来调整自己的努力程度。

③在工作进行过程中应当为员工提供反馈。因为反馈可以使员工知道自己的工作进度，以及离目标还有多远，这样能起到激励的作用。

④设定目标时应该由上级独自决定还是与员工一起商讨，并无定论。研究表明：在执行简单的工作时，上级应该给员工指定目标；在执行复杂的工作时，应该让员工参与目标的设置。一方面，上级独自决定目标不但可以节省时间，还可以避免不必要的争执；另一方面，员工在参与设定目标的过程中，可以更加了解工作的内容与方法，因而可以改善工作表现。

第四节 强化型激励理论

强化理论也称操作性条件反射理论，是由美国心理学家和行为科学家斯金纳（B.F. Skinner）首先提出的。强化理论认为人或动物为了达到某种目的，会采取一定的行为。当这种行为的后果对他有利时，这种行为就会在以后重复出现；当这种行为的后果对他不利时，这种行为就会减弱或消失。人们可以用正强化或负强化的办法来影响行为的后果，从而修正其行为。

斯金纳所倡导的强化理论是以学习的强化原则为基础的理解和修正人的行为的一种学说。强化，从其最基本的形式来讲，指的是对一种行为的肯定或否定的后果（报酬或惩罚），至少在一定程度上会决定这种行为在今后是否会重复发生。

一、强化的基本方式

在管理中，应用强化理论改造行为一般有以下四种方式：

1.正强化

正强化又称积极强化。当人们采取某种行为时，能从他人那里得到某种令其感到愉快的结果，这种结果反过来又成为推进人们趋向或重复此种行为的力量。例如，企业用某种具有吸引力的结果（如奖金、休假、晋级、认可、表扬等），以表示对员工努力工作的行为的肯定，从而增强员工进一步努力工作的行为。

2.负强化

负强化又称消极强化。它是指某种不符合要求的行为引起不愉快的后果，并且对该行为予以否定。若员工能按所要求的方式行动，就可减少或消除令人不愉快的处境，从而也增大了员工符合要求的行为重复出现的可能性。例如，企业安全管理人员告知工人不遵守安全规程，就要受到批评，甚至得不到安全奖励，于是工人为了避免此种不期望的结果，而认真按操作规程进行安全作业。

3. 自然消退

自然消退又称衰减。它是指对原先可接受的某种行为强化的撤消。如果在一定时间内不予强化，此行为将自然下降并逐渐消退。例如，企业曾对员工加班加点完成生产定额给予奖酬，后经研究认为这样不利于员工的身体健康和企业的长远利益，因此不再发给奖酬，从而使加班加点的职工逐渐减少。

4. 惩罚

在消极行为发生后，以某种带有强制性、威慑性的手段（如批评、行政处分、经济处罚等）给人带来不愉快的结果，或者取消现有的令人愉快和满意的条件，以表示对某种不符合要求的行为的否定。

二、强化理论的启示

（1）强化方式的正确选择——应以正强化方式为主，采用负强化特别是惩罚手段要慎重。

在企业中设置鼓舞人心的工作目标，是一种正强化方法，但要注意将企业的整体目标和员工个人目标、最终目标和阶段目标等相结合，并对在完成个人目标或阶段目标中做出明显绩效的贡献者，给予及时的物质和精神奖励（强化物），以求充分发挥强化作用。负强化应用得当会促进工作，应用不当则会带来一些消极影响，可能使人由于不愉快的感受而出现悲观、恐惧等心理反应，甚至发生对抗性消极行为。因此，在运用负强化时，应尊重事实，讲究方式方法，处罚依据准确公正，这样可尽量消除其副作用。将负强化与正强化结合应用一般能取得更好的效果。

（2）正确选择强化物——因人而异，形式多样。

强化物就是用来作为刺激的东西。要使奖励成为真正的强化因素，就必须因人而异进行奖励。每个人都有自己的特点和个性，其需要也各不相同，如有的人更重视物质奖励，有的人更重视精神奖励。因而他们对具体奖励的反应也会大不一样。所以奖励应尽量不搞一刀切，应该根据个人的需要，形式多样化，只有这样才能起到奖励的效果。

（3）正确选择强化时间——及时与时间间隔适当。

强化时间对于强化的效果有较大的影响。一般而论，强化应及时，及时强化可提高行为的强化反应程度，但须注意及时强化并不意味着随时都要进行强化。不定期的非预料的间断性强化，往往可取得更好的效果。

第五节　综合型激励理论

综合激励理论认为，对于现实中复杂的激励问题，涉及人类行为的诸多方面，应该从各个方面加以考虑。波特和劳勒的综合激励模式是一种有代表性的综合激励理论。

一、波特和劳勒的综合激励模式

波特（Lyman W.Porter）和劳勒（Edward.E.Lawler）的综合激励模式所体现的关系主线是：员工的努力程度导致其工作绩效，而工作绩效将使员工获得组织给予的内在和外在奖酬，各种奖酬将影响员工的满足感。其基本思想如图6-5所示，在原有期望理论基础上，又增加了以下变量：

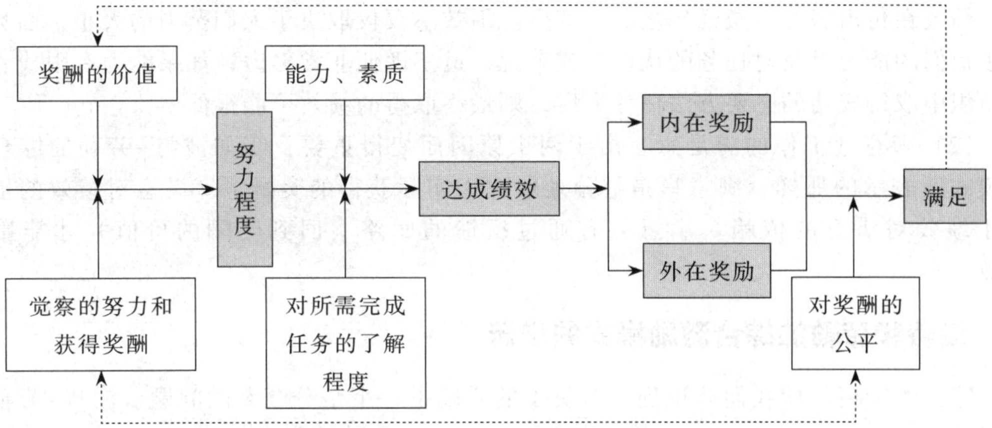

图6-5　波特和劳勒的综合激励模式

（1）奖酬的价值。每个人都希望从工作中得到数量不等的各种奖酬——同事们的友谊、晋升、因业绩而增加工资、成就感等等，但奖酬价值是有个体差异性的。奖酬的效价反映个人需求的满足程度，一个饥饿的人（有生理需求）会比一个刚吃饱的人认为食物更有价值。

（2）感知的努力与奖酬的关系。它是指一个人希望所付出的一定数量的努力能得到一定数量的奖酬。

（3）完成任务所需的能力、素质。根据波特和劳勒的观点，努力或者激励，并不直接影响绩效，而要经过个人能力及对自己任务认识的调节。

（4）对任务的认识。对任务的认识是指人们为成功地完成某项工作必须了解的活动。如果管理人员能向上级证明自己精通业务，那么他提高自己专业能力的努力就不会浪费。但是，如果公司的高层管理人员认为提拔下属的主要标准是有丰富的行政管理能力，那么努力提高专业技术的管理人员所从事的活动就不会导致晋升。总之，对任务的认识是指人们如何确定自己的工作范围以及如何确定出色完成任务的努力方向。

（5）奖酬（外在和内在奖酬）。外在奖酬包括上下级关系、工作条件、薪金、地位、工作保证以及额外的福利等这些与工作有关的奖酬，是组织给予的，也就是赫茨伯格所称的“保健因素”。内在奖酬包括成就感、因工作成功的自我认可、工作本身、责任和个人成长等等，这些因素受个人的控制，即赫茨伯格所称的“激励因素”。

（6）感觉到公平奖酬。人们认为某种水平的绩效应得的奖酬数量就是他们感觉到的公平奖酬。大多数职业都没有明文规定，按照要求的标准完成任务的人应得的奖酬数量。

综合型激励理论主要是将前述几类激励理论相结合，把内、外激励因素都考虑进去，系统地描述激励全过程，以期对人的行为有更为全面的解释，克服各种激励理论的片面性。

（1）将奖酬的效价和对努力与奖酬间关系的感知结合起来，就产生了对绩效的期望。绩效在付出努力（激励）之后才产生。绩效不仅仅取决于人们努力的大小，而且取决于他们的能力以及对任务的认识。或者说，员工即便非常努力，如果能力有限或者对在组织中取得成功的必要方法估计失误，则最终取得的绩效可能很低。

（2）满意（工作的满足感）由于两个原因而变得重要：①如波特-劳勒的综合激励模式所表示的那样，满意只是部分地取决于实际获得的奖酬；②满意对绩效的依赖高于绩效对满意的依赖。满意只有通过反馈的回路（回到奖酬的价值）才能影响绩效。

二、波特和劳勒的综合激励模式的启示

综合激励模式使我们认识到，对员工的激励是一个十分复杂的问题。波特-劳勒期望激励理论在20世纪60至70年代是非常有影响的激励理论，在今天看来仍有相当的现实意义。它告诉我们，不要以为设置了激励目标、采取了激励手段，就一定能获得所需的行动和努力，并使员工满意。要形成激励—努力—绩效—奖励—满足，并从满足回馈努力这样的良性循环，取决于奖励内容、奖惩制度、组织分工、目标导向行动的设置、管理水平、考核的公正性、领导作风及个人心理期望多种综合性因素。在企业管理工作中，针对员工的积极性方面出现的问题，我们要善于从不同的角度来考虑激励的方式，查出造成问题的原因。

知识拓展6-1

某公司是一家生产电信产品的公司。近年来，公司发展迅速，员工由原来的十几人发展到几百人，业务收入由原来的每月十来万元发展到每月上千万元。企业大了，人也多了，但公司领导明显感觉到，大家的工作积极性越来越低，也越来越计较。

该公司的老总黄明裁一贯注重思考和学习，他学习到松下幸之助的用人之道：经营的原则自然是希望能做到“高效率、高薪资”。效率提高了，公司才可能支付高薪资。但松下先生提倡“高效率、高薪资”时，却不把高效率摆在第一个努力的目标，而是借着提高薪资，来提高员工的工作意愿，然后再达到高效率。为此，该公司重新制定了报酬制度，大幅度提高了员工的工资，并且对办公环境进行了重新装修。

高薪的效果立竿见影，该公司很快就聚集了一大批有才华有能力的人。所有的员工都很满意，大家的热情高，工作十分卖力，公司的精神面貌也焕然一新。但这种好势头不到两个月，大家又慢慢恢复到懒洋洋、慢吞吞的状态。这是怎么啦？

资料来源　李剑锋. 组织行为学［M］. 3版.北京：首都经济贸易大学出版社，2020.

第六节　从理论到实践：关于员工激励的建议

一、认清个体差异，实行个性化激励

几乎所有的当代激励理论都承认员工并不是完全相同的，他们在需要、动机、态度、个性及其他重要的个人变量上各不相同。激励什么、如何激励要契合个体的差异性，采取不同的激励手段，实行个性化激励，最大限度地挖掘人的潜力。

二、确保个体认为目标是可达到的

目标设置理论告诉我们，管理者应确保员工拥有困难而具体的目标，并对他们工作的完成情况提供反馈。无论目标实际上能否达到，如果员工自己认为无法实现目标，他们就会降低努力程度。因为他们会想"再怎么工作也是毫无意义"。因此，管理者必须保证员工充满自信，让他们感到只要努力，就可以实现目标。

三、奖励与绩效挂钩

管理者能够支配的奖励办法包括加薪、晋升、表扬、提供理想的工作任务、使工作有自主性、在工作中拥有参与权。管理者必须使奖励与绩效相关联，当员工达到了特定目标时，应给予奖励，如加薪、晋升。管理者应当想办法增加奖励的透明度，以充分发挥它的激励作用。

四、物质激励与精神激励相结合

物质激励是从满足人的物质需要出发，具体包括工资、奖金、股权等。精神激励是从满足人的精神需要出发，对人的心理施加必要的影响，从而产生激发力，具体有荣誉、晋升、成就感等。物质激励虽然是调动积极性的基本因素，但精神激励可以更持久地发挥作用。

五、正激励与负激励相结合

正激励是用某种正面的结果，如认可、赞赏、增加工资、提升或创造一种令人满意的环境等，以表示对员工的奖励和肯定。而负激励是对员工的不良行为或业绩，采用某种负面的结果，如批评、扣发或少发工资、降级、处分等，来表示对员工的惩罚或批评。在实际的管理工作中，应该将正激励与负激励相结合，实行"奖惩结合""奖罚分明""批评与教育结合"的制度。

六、外在激励与内在激励相结合

根据员工绩效给予一定的工资、奖金、福利、提升机会以及各种形式的表扬、认可

和荣誉等，这些激励都与工作本身并不直接相关，是作为对于员工付出劳动的补偿，因而被称为“外在激励”。而人们“对工作本身的兴趣以及从中得到的快乐”才对人具有根本性的激励作用，这就是内在激励的概念，它包括人们对工作本身的兴趣、工作对人的挑战性、人在工作中体会到的责任感和成就感、人从工作本身中体会到的价值和意义等，这些激励属于工作本身，可以激发人们内在的积极性，因而被称为“内在激励”。这种从工作本身产生的内激励能较长久地维持，使人受激励的水平总是保持在一定水平上。在实际的管理工作中，有条件的时候要尽量根据员工的兴趣来安排工作，并尽量使工作丰富化，增加趣味性，从而让员工有自我管理工作的权力。

本章小结

同步测试

同步测试答案

一、单项选择题

1.在弗鲁姆期望理论的激励链条中，属于“效价”的是（　　）。

A.个人努力与个人绩效的关系　　B.个人绩效与组织奖励的关系

C.组织奖励与个人需要的关系　　D.个人努力与个人需要的关系

2.不仅提出需要层次的“满足—上升”，而且也指出“受挫—回归”现象的理论是（　　）。

A.需要层次论　　B.成就需要论　　C.ERG理论　　D.双因素理论

3.根据双因素理论，以下不属于保健因素的是（　　）。

A.职务保障　　B.工资待遇

C.工作职务上的责任感　　D.工作条件

4.期望理论属于（　　）。

A.过程型激励理论　　B.行为改造型激励理论

C.内容型激励理论　　D.综合型激励理论

5.公平理论是由（　　）提出的。

A.马斯洛　　B.弗鲁姆　　C.亚当斯　　D.斯金纳

二、多项选择题

1.以下（　　）属于内容型激励理论。

A.马斯洛的需求层次理论　　B.奥尔德弗的ERG理论

C.赫茨伯格的双因素理论　　D.麦克利兰的成就需要理论

E.洛克目标设置理论

2.过程型激励理论主要包括（　　）。

A.马斯洛的需求层次理论　　B.弗鲁姆的期望理论

C.赫兹伯格的双因素理论　　D.亚当斯的公平理论

E.洛克的目标设置理论

3.强化理论认为人或动物为了达到某种目的，会采取一定的行为。当这种行为的后果对他有利时，这种行为就会在以后重复出现；当这种行为的后果对他不利时，这种行为就减弱或消失。在管理中，应用强化理论改造行为一般有（ ）方式。

A.正强化　　B.负强化　　C.自然消退

D.惩罚　　E.奖励

三、判断题

1.综合激励理论认为，对于现实中的复杂的激励问题，涉及人类行为的诸多方面，应该从各个方面加以考虑。（ ）

2.赫茨伯格的双因素理论是过程型激励理论。（ ）

3.激励主要指由一定的刺激激发人的动机，使人有一股内在的动力，向所期待的目标前进的心理和行为过程。（ ）

4.洛克所倡导的强化理论是以学习的强化原则为基础的理解和修正人的行为的一种学说。（ ）

5.从管理学角度讲，激励是指激发员工的工作动机，也就是用各种有效的方法调动员工的积极性和创造性。（ ）

四、思考题

1.激励的概念和三种不同的激励模式。

2.激励理论主要有几种类型？每种类型的主要内容是什么？

3.内容型激励理论代表性的学说、观点及管理的启示。

4.过程型激励理论代表性的学说、观点及管理的启示。

5.强化型激励理论的主要内容及管理启示。

6.综合激励模式是什么？主要观点是什么？

7.如何建立高效的激励机制？

第三部分

群体心理与行为

第七章

群体行为的基础

学习目标

知识目标：

1. 了解群体的功能，掌握群体的概念和类型。
2. 熟悉非正式群体的作用，掌握如何管理非正式群体。
3. 熟悉群体的发展阶段及其每个阶段的特点。
4. 熟悉群体行为的主要变量（即群体规模、构成、规范、群体压力、凝聚力等）及其内容。
5. 掌握群体行为的规律（即社会助长与抑制、社会惰化、从众行为等）及其内容。

能力目标：

1. 提升对组织中的群体行为的分析能力。
2. 提升解决群体工作积极性的能力。

素养目标：

培养学生关注组织中的群体、非正式群体等职业精神。

引导案例

宁顿公司如何占领了电视游戏市场？其成功秘诀就是在员工以及签约商中产生高度凝聚力，并获得了高生产率与高利润的回报。例如，在宁顿公司的研究与开发中心，一群不修边幅的年轻工程师聚集在电视屏幕前，反复试验、操作电视游戏软件。有时，研究与开发中心的主任将其200名员工分成竞争小组，相互比赛。其结果是：工程师们学到了更多的诸如游戏是如何运行的、什么是有效的、什么需要改进等方面的知识。他们热爱自己的工作，那些不愿意因下班而中断工作的员工们得到的加班费相当丰厚。然而，宁顿公司并未将电视游戏的开发工作仅仅局限于自己的研究与开发中心的人员。90%的游戏来源于外面的签约商，他们承担着开发与营销新产品的风险。如果一个游戏被认定值得加进宁顿公司的产品线中，开发商要支付费用给宁顿公司，以生产游戏软件，开发商还承担营销与广告费用，并同意不将该游戏提供给其他公司生产。反过来，开发商在每一新项目中会得到一笔专利权税，数目可观。多年前，纳卡姆开发的“龙之问”销售了1 000多万份。今天的纳卡姆已是百万富翁，他自己的公司与宁顿公司合作密切。他仅仅是被称为“一群自我实现的百万富翁”中的一位。与宁顿公司一样，纳卡姆知道为了保持高凝聚力，应如何对待他的员工。最近，他带着自己的20名员工到夏威夷度假。

宁顿公司发现开发这些游戏如此地激动人心，以至于员工看来都投身于工作之中，未来的计划更是令人激动的挑战……但是公司并不准备放弃青年人的市场。宁顿公司近期向某理工学院支付300万美元用以研究孩子们是如何学习的。显而易见，公司希望客户与开发商和签约商一样为电视游戏而着迷。

那么，宁顿公司是如何在其研究与开发中心员工中激发起高度的凝聚力？

资料来源　胡君辰，等．组织行为学［M］．3版．北京：中国人民大学出版社，2021.

第一节　群体概述

一、群体的含义

1.定义

群体是指由两个或两个以上成员组成的、具有共同关注的目标、在行为上相互作用、在心理上相互影响的人群的集合体。这一定义明确了群体的本质特征：

（1）成员目标共同性。群体之所以能够形成，是因为它以若干人的共同的活动目标为基础，正是有了共同的目标，他们才能走到一起并彼此合作，以己之长，补他人之短，以他人之长，弥合自己之短，使群体爆发出超出单个个体之和的能量。群体的这一特性，也是群体建立和维系的基本条件。

（2）群体自身的相对独立性。群体虽然是由一个个的个体所构成的，但一个群体，又有自己相对独立的一面。它有着自身的行为规范、行动计划，有自己的舆论，而这些规范、计划和舆论，不会因为个别成员的去留而改变。

（3）群体成员的群体意识性。作为一个群体，它之所以能对各个成员产生影响，并能产生巨大的动力，是因为群体中的每个成员都意识到自己是生活在某一个群体里，在这个群体中，成员之间在行为上相互作用，互相影响，互相依存，互相制约。在心理上，彼此之间都意识到对方的存在，也意识到自己是群体中的成员。

（4）群体的有机组合性。群体不是个体的简单组合，而是一个有机的整体，每个成员都在这个群体中扮演一定的角色，有一定的职务，负一定的责任，并以做好自己的工作而配合他人的活动，使群体成为一个聚集着强大动力的活动体。

2.群体的构成要素

任何一个群体都包括以下三个因素：

（1）活动

这是指人们所从事的一般性活动。这种活动属于浅层外显活动，一般容易为他人所觉察，如交谈、工作、学习、社交等。

（2）相互作用

群体在完成任务时，人与人之间的行为相互影响。例如彼此之间语言行为和非语言行为的相互沟通和接触，以及对他人的活动进行分析，他人的行为与自己的关系等等。

（3）感情

这是指个人之间以及个人与群体、个人与活动之间的情感反应。这种因素是属于深层的内隐因素，一般不易直接观察到，但是，可以通过活动特点和与他人的相互作用的方式等来了解，从而进一步加深相互之间的认识，有利于更加密切地配合。

这三个因素之间相互影响：首先，必须有共同活动的内容，没有共同活动的内容，群体也就不可能存在下去；其次，活动的成败又取决于人们对活动的认识、态度和情感，同时为了使活动顺利进行而又必须得到人们的相互协作和密切的配合；最后，在群体中，人们的感情交往占有重要地位，它不仅与活动的顺利进行有关，而且与人们之间的交往有关，交往产生感情，感情促进交往和协作。

二、群体的功能

概括地说，群体具有两大功能：一是群体对组织的功能；二是群体对个人的功能。

1.完成组织任务

实现组织的目标是群体对组织而言的。作为一个群体，只能在活动中生存，它的活动，就是为了完成组织的任务。群体是一个由若干人组织起来的有机组合体，它具有单个人进行活动时所没有的优越性，成员之间为了共同的奋斗目标，互相协作，互发所长，互补不足，使群体产生巨大的动力，促使活动顺利进行，圆满地完成任务。

2.满足群体成员的多种需要

群体的这一功能，是指群体对个体而言的。群体形成后，其成员的各种需要，就以其为依托而得以满足。

（1）满足成员安全需要。作为一个个体，只有当他属于群体时，才能免于孤独的恐惧感，从而获得心理上的安全。

（2）满足成员归属需求。群体给人提供了相互交往的机会，通过交往，可以促进人际的信任和合作，并在交往中获得友谊、关怀、支持和帮助。

（3）满足成员成就感。在群体中，随着群体活动成功的增加，成员的成就感也得到了相应的满足，并从成就感中迸发出新的动力。

（4）满足成员自尊需求。在群体中，各人有各人的位置，处于不同位置的人，彼此尊重，每个人在群体中的自身活动，都是满足自尊的一种形式。

（5）满足成员权力需要。权力需要是单个人无法实现的，只有在群体活动中才能实现。

三、群体的类型

群体的种类很多。根据不同的标准，主要可以划分为以下几类：

（一）按照是否有明文规定分为正式群体与非正式群体

1.正式群体

正式群体指明文规定的群体，有一定的规章制度，有明确的目标、任务、结构和相应的机构、职能和成员的权责关系。例如，工厂中的车间、班组，军队中的班、排，学校中的班级、教研室等，都属于正式群体。正式群体是在组织中完成任务的主要群体，也是管理者接触最多的群体。正式群体具有以下特征：

（1）正式群体是为实现组织目标而建立起来的，其基本职能是完成组织任务。

（2）正式群体是按组织章程和组织规程建立起来的，列入组织的正式机构的序列之中。

（3）正式群体的成员有明确的编制，其领导者有正式的职务头衔，由组织赋予明确的职权与职责。

（4）正式群体是建立在组织效率逻辑和成本逻辑基础之上的，是按照组织的规程行事的。

2.非正式群体

非正式群体是员工为了满足社会交往的需要在工作环境中自然形成的群体，它既没有组织的明文规定，也没有正式结构。例如，集邮协会、自发形成的技术革新小组、业余文体活动队等，都属于非正式群体。非正式群体在现代组织中发挥越来越重要的作用。非正式群体有以下特征：

（1）人与人之间有共同的思想感情，彼此吸引、相互依赖，是自发形成的团体，没有什么明确的条文规定。

（2）非正式群体的最主要功能是满足个人不同的心理需要，自觉相互地进行帮助。

（3）非正式群体一旦形成，即产生各种行为规范，控制成员相互的行为，可以促进也可以抵制正式组织目标的达成。

（4）非正式群体的领袖并不一定具有较高的地位与权力，但他们具有现实的影响力，可能能力较强，或是经验较多，或是善于体恤别人。

（二）按照群体存在时间的不同，分为永久群体与临时群体

永久群体是指成立后长期存在的群体，如某部门或工作单位。

临时群体是指为了解决某一问题、执行某一任务而组建的群体，而问题解决后、任务完成后该群体便被解散。

（三）按照个体是否是其成员分为成员群体和参照群体

成员群体是指个体是其正式成员的群体。

参照群体是指个体向往成为其成员的群体或个体视其成员为行为典范的群体，又称标准群体、榜样群体。它的存在对人们有学习、借鉴和参照意义。

四、非正式群体的作用和管理

在组织中出现非正式群体，这是一种自然现象。一个人在工作群体中，一方面，为了完成组织所规定的各项任务，必须与群体内的其他成员配合、协调，彼此之间要发生工作上的联系，从而形成一定的工作关系；另一方面，群体成员之间，除了工作关系之外，必然还会有私人之间的接触和交往，这种交往的结果就形成了成员之间的亲疏不同的私人关系，即个人关系。

在一个组织内，非正式群体既可以起到积极作用，也可以起到消极作用。

1.非正式群体的积极作用

（1）协助工作

正式群体的工作计划和工作程序大多是事先制定，缺乏随机应变能力。而非正式群体则往往不受工作程序的约束，具有高度的弹性，对于临时发生的急迫问题常能寻求非正式途径及时而有效地解决，使整个组织更有效。

（2）减轻管理者负担

非正式群体可以分担正式组织和群体主管人员的领导责任，减轻领导负担。在非正式群体与主管人员保持良好关系并采取合作态度时，能自动工作并积极提供意见，主管人员不必躬亲，可节约许多时间与精力。

（3）增加满意感和稳定性

非正式群体的作用是给人一种吸引力，从而能增加稳定性，减少人员流动。

（4）消除员工不良情绪

非正式群体可作为职工受到挫折时发泄情绪的通道，并能协助解决困难，给予安慰。

（5）制约领导

非正式群体能矫正管理措施，使领导者必须对若干问题作合理的计划与修改，不敢滥用权力，即对领导有制约作用。

2.非正式群体的消极作用

（1）抵制变革

非正式群体是为了达到特定的个人目标与满足个人愿望而自由组合起来的，它的特点是比较保守，倾向于维持现状。因此当组织上采取变革措施或有人冒尖时，它易起阻碍作用。

（2）角色冲突

当个人利益与组织利益发生矛盾时，正式群体和非正式群体可能发生冲突，使个人处于左右为难的境地，增加了思想顾虑。

（3）滋生谣言

非正式群体越多，小道消息和谣言越多，这是因为非正式群体是以感情为基础，往往歪曲事实，无事生非。谣言的产生是由于情绪波动或者未满足个人需要所致，或者由于风气不正、正式信息流通渠道不畅所致。

(4) 管理控制弱

非正式群体的压力较正式群体的压力往往来得沉重，如讽刺、挖苦、打击、造谣等，这可能迫使个人脱离正式群体所要求的行为规范，降低了制度的作用等。

3.非正式群体的管理

在管理工作中要善于协调非正式群体与正式群体的活动，使非正式群体成为正式群体的一种补充力量；对不同性质、类型的非正式群体，要从实际情况出发，区别对待，因势利导，发挥它们的积极作用，限制它们的消极作用。具体讲：

(1) 正确认识非正式群体

不能把非正式群体和我们日常所说的小集团、小圈子、小宗派等同起来，更不要和非法组织混为一谈。对非正式群体的作用要一分为二，引导得法它将是正式群体的必要补充和支持。因此对非正式群体不宜采取消极限制的态度。

(2) 目标导向

要使非正式群体目标与组织目标更好地配合，增强其积极作用而减少其消极作用，就必须使组织目标对非正式群体的成员有较强的吸引力。同时通过启发诱导，使非正式群体目标逐步向正式群体和企业目标靠拢。

(3) 做好非正式群体的头头工作

做好头头的工作是做好非正式群体工作的关键。这些人身上有这样那样的缺点，但往往也有他们的长处。他们在小群体中有较高的威信和实际影响力，成员都爱听他的话。领导要以平等的态度，尊重他们，平时要接近他们，征求和听取他们的意见，并通过他们了解非正式群体成员的反应。

(4) 角色强化

让某个非正式群体头头在正式群体中担任适当的职务，强化其在正式群体中的角色作用。这样，就可以增强正式群体目标对他们的吸引力，而使非正式群体目标的吸引力减弱。

(5) 区别对待各种不同的非正式群体

非正式群体分为积极型、中间型、消极型和破坏型。尽可能鼓励员工参加正式群体的活动，但不反对员工参加积极型非正式群体；重视做好中间型、消极型群体的工作，对中间型和消极型的小群体，切忌采取冷淡、歧视的态度和粗暴、生硬、简单化的办法，对其成员要主动接近他们，关心他们，了解他们，与他们建立起感情，从中施加影响。对于破坏型非正式群体的成员要严肃处理。

五、群体发展的五阶段模型

群体发展五阶段模型认为群体的发展分为：形成阶段、震荡阶段、规范化阶段、执行任务阶段和中止阶段。

1.形成阶段

这个阶段的特点是群体的目的、结构、领导都不确定。群体成员各自摸索群体可以接受的行为规范。当群体成员开始把自己看作群体的一员时，这个阶段就结束了。

2.震荡阶段

这是群体内部冲突阶段。群体成员接受了群体的存在，但对群体加给他们的约束，仍然予以抵制。而且，对于谁可以控制这个群体，还存在争执。当这个阶段结束时，群体的领导层次就相对明确了。

3.规范化阶段

在这个阶段中，群体内部成员之间开始形成亲密的关系，群体表现出一定的凝聚力。这时会产生强烈的群体身份感和友谊关系，当群体结构稳定下来，群体对于什么是正确的成员行为达成共识时，这个阶段就结束了。

4.执行任务阶段

在这个阶段中，群体结构已经开始充分地发挥作用，并已被群体成员完全接受。群体成员的注意力已经从试图相互认识和理解转移到完成手头的任务。

5.终止阶段

对于长期性的工作群体而言，执行任务阶段是最后一个发展阶段；而对暂时性的委员会、团队、任务小组等工作群体而言，因为这类群体要完成的任务是有限的，因此，还有一个终止阶段。

在这个阶段中，群体开始准备解散，高绩效不再是压倒一切的首要任务，注意力放到了群体的收尾工作。

新思想与群体 7-1

培养造就大批德才兼备的高素质人才，是国家和民族长远发展大计。……加快建设国家战略人才力量，努力培养造就更多大师、战略科学家、一流科技领军人才和创新团队、青年科技人才、卓越工程师、大国工匠、高技能人才。……深化人才发展体制机制改革，真心爱才、悉心育才、倾心引才、精心用才，求贤若渴，不拘一格，把各方面优秀人才集聚到党和人民事业中来。

——摘自《中国共产党第二十次全国代表大会报告》

第二节　群体行为的解释——群体变量

在本书第二章中我们提到德国心理学家勒温（K. Lewin）的场动力理论，该理论最初只用于研究个体行为。1933年，勒温迁居美国后，又运用场动力理论研究群体行为，提出“群体动力”的概念。他指出，群体是一个整体，群体中的每个成员之间都会交互影响，每个成员都具有交互依存的动力。

一、群体规模

群体规模是指组成一个群体的人数多少。任何工作群体都应有其最佳人数，当群体规模达到这个最佳值时，人均效率最高。

1.群体规模的上限和下限

一些学者认为，小群体的下限应为3人，2人不能算是一个群体。至于小群体的上限应为多少人，则意见更加分歧。多数认为以7人为最佳，但也有不少人主张20人、30人甚至40人。此外，还有人提出，小群体最佳人数应为7±2人，即最多9人，最少5人。

群体规模应根据生产任务的特征而确定，应该：（1）群体规模的下限应保证能按时、定量地完成生产任务；（2）群体规模的上限应保证不会因规模过大而造成生产效率的下降；（3）必须努力寻求使其生产效率达到最佳水平的适度的群体规模。

2.群体组成人数的奇数和偶数问题

群体规模研究的另一个问题就是群体人数应是奇数还是偶数。主张人数为奇数的人认为，当群体成员发生意见分歧时，奇数群体可以采取投票表决方式使问题得到迅速解决，不会无休止地争论下去。主张人数为偶数的人认为，单靠表决会影响群体中人与人之间的关系，不是解决问题的好办法；当意见分歧的双方势均力敌时，应进一步进行协商，这样既可在深入讨论的基础上使问题得到解决，又可避免群体中人们之间的关系紧张。

3.群体规模对群体行为和绩效的影响

（1）群体内的相互作用

群体内成员的数目必然会影响到群体成员间的相互作用、相互交流。一般来说当群体成员超过8人时，群体中的每位成员就很难同时和其他各个成员进行相互交往并做出反应。因此，由5至7人组成的小组，往往有利于深入考虑某些特殊的需要决策的问题。

（2）群体规模对工作满意度的影响

工作群体的规模与工作满意度呈负相关，也就是说工作群体的规模越大，员工的满意度越低。

（3）群体规模对缺勤或旷工的影响

国外对蓝领工人的研究表明：工作群体规模与缺勤或旷工呈正相关。工作群体规模越大，缺勤率越高。而在白领管理人员的研究中没有发现二者之间有关系。

（4）群体规模对流动率的影响

国外研究表明：工作群体规模与离职率呈正相关。这也就是说工作群体规模越大，人们离职的可能性越大。

（5）群体规模对生产率的影响

群体规模与生产效率之间的关系比较复杂，受生产任务性质的影响。工作任务可以有两种性质：第一种是“相加性”工作，整个工作任务的总效果是由从事该工作的个体的工作相加得到的。例如，生产某种零件，1个人生产10件，那么10个人就是100件。第二种是联结性工作，在完成一项任务时，每个成员必须共同合作，例如组装一辆汽车。在第一类工作中，人越多工作成效越大。在第二类工作中，人过多工作效率反而会下降。

二、群体构成

根据群体组成成员的相同、相似程度不同，群体可分为同质性群体和异质性群体。

1.同质性群体

同质性群体是指群体成员之间有共同点和相似性。例如，群体成员有共同的奋斗目标、理想、信念；相同的需要、动机、兴趣与爱好；相同的民族及文化背景；相似的年龄、受教育程度、个性倾向性及个性心理特征等。

在以下情况下，同质性群体可以达到较高的生产率：（1）当工作比较单纯，而又不需要许多种类的资源来完成工作时，同质性群体有较高效率；（2）当完成某一件工作需要大量合作时，同质性群体往往有效；（3）如果一个群体在工作时需要连锁反应，那么群体的同质性对群体完成任务较有帮助。

2.异质性群体

异质结构指群体成员在年龄、性别、受教育程度、工作年限、性格、能力、知识等方面有很大差别。一般而言，异质性群体，是由不同的特征和技能等个体组成的群体，从而更可能拥有多种能力和信息，运行效率会更高。

在以下情况下，异质性群体会有较高的生产率：（1）异质性群体适合于完成复杂的工作；（2）当较短时间就做出解决问题的方案有可能产生不利后果时，异质性群体优于同质性群体；（3）凡需要有创造力的地方，由不同类型的成员组成的异质性群体较为有利。

同时，如果群体成员过于整齐划一，听不到不同意见，或有意见也不说，这样群体的智慧就很难充分发挥；与此相反，如果群体成员过于参差不齐，他们彼此之间就难以和谐地相互作用，因而抑制了生产率的提高。就预测群体成员的离职率这一点来说，群体的构成成分可能是一个重要的变量。差异本身也许不能预测群体成员离职率的高低，但一个群体内部存在巨大差异，就会导致群体成员离职率升高。

三、群体规范

规范，就是群体成员共同接受的一些行为标准。群体规范是每个成员必须遵守的已经确立的思想、评价和行为的标准，是人们共同遵守的行为方式的总和。群体规范既包括法律、纪律、道德、信仰和社会制度（规章制度）等成文的正式规范，又包括约定俗成的行为准则，也就是不成文的非正式规范。群体的正式规范是写入组织手册或规章制度的，规定着员工应遵循的规则和程序。但组织中的大部分规范是非正式的。

1.群体规范的类型

（1）与群体绩效方面的活动有关的规范。群体通常会明确地告诉其成员：他们应该多努力地工作，应该怎样去完成自己的工作任务，应该达到什么样的产出水平，应该怎样与别人沟通等等。

（2）与群体成员的形象方面有关的规范。这类规范包括如何着装，对群体或组织表现出忠诚感，在何时应该忙碌，在何时可以休息。有些组织制定了正规的着装制度，有些则没有，但即使是没有这类制度的组织，组织成员对于上班时该如何着装，也有些心照不宣的标准。

（3）非正式的社交约定。这类规范来自非正式群体，主要用来约束非正式群体内部成员的相互作用。比如，群体成员应该与谁一起吃午饭，上班时和下班时应该与谁交流等等，都受这些规范的制约。

（4）与资源的分配有关的规范。这类规范主要涉及员工报酬，困难任务的分配，新型工具和设备的分发等。

2.群体规范的形成途径和方式

一方面，人们在共同活动中，其心理存在着一种社会标准化的倾向，即人们在对外界事物的共同认知和判断上，发生类化过程，彼此接近，趋于一致，从而导致模式化、固定化，以便于遇到同类事物时尽快做出反应。另一方面，在群体成员的相互作用下，又会产生模仿、暗示、顺从等心理，这样就形成了群体意见的统一。规范正是在这两种因素的基础上产生的。

群体规范可以通过以下4种方式形成：

（1）群体成员所做的明确的陈述；

（2）群体历史上的关键事件；

（3）私人交谊；

（4）过去经历中的保留行为。

3.群体规范的管理

作为管理者，应强化那些符合组织目标的群体规范，而削弱那些不符合组织目标的群体规范。

（1）强化群体规范：①向群体成员解释群体的规范和他们的愿望基本一致，不需要牺牲多少东西；②奖励那些遵循群体规范的成员；③帮助成员了解他们是怎样为完成群体目标做贡献的；④在建立规范时，给所有成员发言的机会，因为只有自己建立的规范，自己才更愿意遵守；⑤让成员知道，不遵守群体的规范将受到驱逐（但也原谅悔过的成员）。

（2）削弱群体规范：①找出志同道合的成员，与他们联合起来；②与志同道合的成员讨论你的观点和计划，与他们建立联合阵线；③防止内部分歧；④坦言你的所作所为，不怕压力；⑤宣传与你合作的好处与报偿。

四、群体压力

群体压力，是指当一个人在群体中与多数人的意见或行为不一致时所感受到的心理压力。有时这种压力很强大，可以使个人在心理上难以违抗，它使成员倾向于做出为群体所接受的或认可的反应。

1.群体压力的产生

美国组织行为学家莱维特（H.J.Leavit）发现，当一个群体开会讨论有关问题而出现不同意见时，会经历以下过程。这也就是群体压力产生的过程：

（1）合理辩论阶段。群体的每个成员可以自由发表意见，个人对他人的不同意见也能耐心听取。这样，逐渐使大家的意见分成两派，一方为多数派，另一方为少数派。这时，当个人发现自己属于少数派时，便会开始感到群体的压力，但当时的群体气氛还允许个人自由争辩，因此仍抱有最终大家能认定自己主张的希望，据理力争。

（2）劝解说服阶段。多数派对持有不同意见的少数派的态度已由听取意见转为规劝、拉拢，努力进行劝解说服工作，好言相劝，诉之于感情，怂恿诱劝，劝其放弃自己的主张，接受多数人的意见。这时，持有不同意见的少数人感到压力越来越大，有些人开始放弃己见而顺从大家。但仍有个别人不听规劝，坚持己见。

（3）攻击阶段。对仍然坚持己见不肯妥协的人进行攻击；给其扣上“执迷不悟”“破坏合作”“对群体缺乏忠心”等的帽子。在这一阶段，个人会感到四面楚歌，压力极大，已无法坚持己见。但碍于面子，反而不容易在此时表示屈服。

（4）心理上的隔离阶段。当经过大家多次劝说、攻击之后，仍有人固执己见，大家便会采取断绝交往的办法，不理他，不和他说话，使其感到完全孤立。这时，个体深感自己已被群体所抛弃，那种孤独、无依无靠的感觉会使个人难以忍受。

2.群体压力的管理对策

（1）区别对待积极的和消极的群体压力。群体压力有积极的和消极的：从积极的方面看，群体压力可以保证群体行为的一致、目标的一致，有利于群体目标的实现。在管理工作中，要善于利用沿着正确方向发展的群体压力，对积极的压力要着力加以维护和强化。同时，要善于识别和消除压抑正确意见或创造精神的群体压力，对这种消极的压力要说服其他成员改变态度，尽力减少它的消极作用。

（2）保护和支持群体成员的独创精神。尽量避免用压制的方式对待群体成员的不同意见，识别不同的从众行为。

（3）要分析“不从众”者的情况，对于正确的要支持，对于执拗的要帮助教育。

五、群体凝聚力

群体凝聚力，是指群体成员之间相互吸引并愿意留在群体中的程度。群体对成员的吸引力是由多种因素结合而成的：群体中成员和成员之间的吸引力；群体活动对所属成员的吸引力；群体对满足成员个人需要的吸引力。高凝聚力群体成员表现的心理感受是对群体的认同感、归属感和力量感。

1.影响群体凝聚力的因素

（1）群体的领导方式

群体的领导们有其各自的领导方式，而不同的领导方式又对群体凝聚力的大小产生不同的影响。心理学家勒温（Kurt Lewin）和怀特（White）等人经过试验发现，采用“民主型”领导方式的小组比采用“专制型”和“放任型”领导方式的小组成员之间更友爱，思想更活跃，态度更积极，群体凝聚力更高。

（2）群体成员的共同性

如果群体成员有共同的目标、共同的需要、共同的兴趣爱好，则成员之间的行为表现容易达成一致，群体的凝聚力就更强。

（3）群体成员需求的满足

任何一个人参加一个群体，总希望群体能满足其一定的需求，既包括物质上的需求又包括精神上的需求。群体满足个人需求的程度越高，对成员的吸引力就越强。

（4）群体规模的大小

群体规模过大，成员之间相互接触的机会少，彼此之间的关系也会比较淡薄，易造成意见分歧，从而降低群体的凝聚力。若群体规模过小，群体力量不足，又会影响任务的完成。一般说，群体规模以7人为宜，既能保证群体的工作机能，又能维持群体的凝聚力。

（5）以前的成功经验

如果群体一贯有成功的表现，它就容易建立起群体合作精神来吸引和团结群体成员。一般来说，成功的企业与不成功的企业相比，更容易吸引和招聘到新员工。

（6）外部的威胁

研究证明，当群体遭到外部压力时，群体成员会放弃前嫌，紧密地团结起来一起抵抗外来威胁，从而有利于增强群体成员的团结精神，提高群体凝聚力。

（7）群体内部的奖励方式

研究证明，个人和群体相结合的奖励方式易增强成员的集体意识和工作责任，有利于增强群体的凝聚力。

2.凝聚力对群体生产率的影响

研究表明，一般来说，凝聚力高的群体比凝聚力低的群体更有效率，但凝聚力与群体效率的关系比较复杂，我们不能简单地说凝聚力高就好。首先，凝聚力高既是高生产率的起因，又是其结果；其次，二者的关系受群体绩效规范的影响。

在一个凝聚力高的群体里，如果群体目标与组织目标一致，则凝聚力越高，生产率越高（I）；如果群体的目标与组织目标不一致，则凝聚力越高，生产率越低（IV）。在一个凝聚力低的群体里，如果群体目标与组织目标一致，则这时群体的凝聚力虽然低，也能提高生产率（II）；如果群体的目标与组织目标不一致，但由于群体凝聚力低，因而它对生产率不会产生明显的影响（III），如图7-1所示。

生产率 \ 群体凝聚力	高	低
高	高生产率I	中等生产率II
低	低生产率IV	中低生产率III

图7-1　凝聚力与群体生产率的关系

第三节　群体行为的规律

一、社会助长作用和社会抑制作用

1.社会助长作用

社会助长作用又称社会促进现象，是指当他人在场或与他人一起活动时，个体行为效率有提高的倾向。也就是说，一个人单独做一项工作往往不如一群人一起做同样的工作效率高，这种现象称为社会助长作用。

2.社会抑制作用

心理学的研究还表明，当个人所从事的是比较复杂而又没有把握完成的工作，或者他对完成工作还缺乏熟练技巧，在这种情况下，有他人在场，反而会对他的工作效率起妨碍、干扰作用。这种现象称为社会抑制作用。

群体对个人是发挥助长作用还是抑制作用，这取决于活动的性质和个体技能熟练的程度。在复杂的脑力活动中，群体情境对个人有抑制作用；在简单机械活动中，群体情境对个人有助长作用。但即使在简单活动中，也只有在个体已经十分熟练地掌握了活动技能的情况下，群体才有助长作用，否则也有抑制作用。

二、社会惰化作用

社会惰化，是指一个人在群体中工作不如单独一个人工作时更努力的一种倾向。个人与群体其他成员一起完成某项任务时，或个人活动时有他人在场，往往个人所付出的努力比单独一个人工作时少，个人的活动积极性与效率下降，这种现象被称为社会惰化。

俗语“一个和尚挑水吃，二个和尚抬水吃，三个和尚没水吃”正是这种社会心理现象的具体形象化。

1.社会惰化产生的原因

（1）群体成员认为其他人没有尽到应尽的职责。如果你把别人看作是懒惰或无能的，你可能就会降低自己的努力程度，这样你才会觉得公平。

（2）群体责任的扩散。因为群体活动的结果不能归结为具体某个人的作用，个人投入与群体产出之间的关系就很模糊了。在这种情况下，个人就会降低群体的努力。换言之，当个人认为自己的贡献无法衡量时，群体的效率就会降低。

（3）感受到的外部压力和影响作用减少。群体活动中的每一个成员都是整个群体的一员，与其他成员一起接受外来的影响。当群体成员增多时，每一个成员所接受的外来影响就必然会被分散、减弱，因而，个体所付出的努力就降低了。

2.避免社会惰化的策略

工作群体中的这种社会惰化现象对于组织行为学来说，意义是重大的。社会惰化作用明显减弱了群体的工作效率。如果管理人员想借助群体的力量，来强化士气和工作团队，那么他们就必须提供衡量个人努力程度的手段。例如，在企业中开展绩效考核，而该绩效考核不仅仅是群体（部门）绩效考核更应该强调个人（岗位）绩效考核，调动每一个员工工作的积极性。

三、从众行为

当一个人在群体中与多数人的意见有分歧时，他会感到一种心理紧张，心理上产生一种压力。有时这种压力非常大，会迫使个体违背自己的意愿做出完全相反的行为。社会心理学中把这种行为称做从众行为。

1.从众行为的实验研究

对从众行为的早期研究，有美国心理学家阿希（S.E.Asch）设计的线段判断的典型实验。他把被试者置于一种群体压力之下，系统地观察了被试者在群体压力下的顺从行为，从而揭示了社会从众心理现象。

（1）实验材料：18套卡片，每套两张，其中一张卡上画有一根标准垂直线段，另一张卡片上画有三根长短不等的垂直线段，里边只有一条垂直线段与标准线段等长，如图7–2所示。

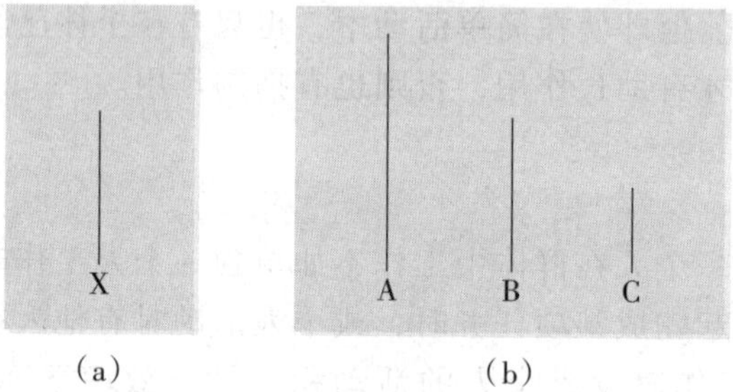

图7–2 研究从众行为的卡片举例

（2）实验对象：不同职业的成人都可以选为被试者，但在每组中只有一个真被试者，其他都为假被试者。

（3）实验步骤与方法：

第一步，主试者对被试者说：请你们从三条垂直线段中选出一条与标准垂直线等长的来。第二步，在实验中按控制的特殊情境实施：①每次实验只有一个真被试者参加，让其余假被试者一同参加实验；②主试者每拿出一套卡片，被试者逐一回答，但规定先由几个假被试者回答，真被试者总安排在最后回答；③18套卡片呈现18次，第1次至第6次，假被试者都做出正确选择，但从第7次开始，假被试者都故意做出错误选择；④认真观察真被试者的选择是从众还是独立。第三步，实验结束后，主试者要个别访问真被试者的态度，询问其发生错误的原因。

阿希曾组织了许多实验组进行这样的实验发现：在正常情况下，被试者都能做出正确判断，错误概率小于1%，但在合作者（假被试者）做出一致的错误判断情况下，被试者做出错误判断的概率提高到了35%。

所以，阿希所获得的结果表明：在多次实验中，有的被试者选择了与群体中其他成员的回答保持一致。也就是说，他们知道自己的答案是错误的，但这个错误答案与群体其他成员的回答是一致的。这就是典型的从众行为。

2.从众行为的分析

试验结束后，实验者对做出错误判断的被试者进行了调查，询问他们为何产生错误反应，根据他们的回答，大致可归纳为三种类型：

（1）出于知觉的歪曲。把多数人的错误判断看成是正确的，误认为是自己看错了。

（2）出于判断的歪曲。被试者对自己的判断缺乏自信，看到自己的判断与众不同，以为自己看错了，因而更改自己的看法，跟从大家，以求心安。此类情况占大多数。

（3）出于行为的歪曲。被试者相信自己的判断没有错，别人的判断是错误的，但因不敢“标新立异”，或怕别人讽刺、讥笑，因此采取了表面从众、内心保留的判断。

由以上分析可见，虽然在群众的压力下不少人会产生从众行为，但这些人的情况是不尽相同的。一个人的行为有表面反应和内心反应两个层面，内、外两个层面的反应，不一定都是协调一致的。它可以有下列四种情况：①表面从众，内心接受；②表面从众，内心拒绝；③表面不从众，内心却接纳；④表面不从众，内心也拒绝。

3.从众行为的管理对策

从众行为的作用，同样具有两重性，它既有消极的一面，又有积极的一面，在管理工作中必须区别对待。

（1）要充分利用从众行为的积极作用。从众行为有助于满足个体的安全感，有助于个体学习他人的经验并且保证群体和团队的统一认识和行动，增强团队的凝聚力和战斗力。例如，可发挥从众行为的积极作用，让企业员工接受并遵守企业规章制度、企业文化等。

（2）要警惕和防止从众行为的消极作用。从众行为会弱化自我意识，束缚独立思考，抑制开放、竞争、进取意识，扼杀创新精神和创造力等，进而阻碍个人的发展和群体甚至企业的发展。因此，我们的企业各项工作都面临着不断创新，就更需要警惕和防止这消极的作用。

（3）要防止在“表面一致”的情况下，匆忙地做出决策。“表面一致”是指：从表面上看，大家都“一致”，没有不同意见了，实际上却并没有一致，其中有些人是“假从众”，表面上从众了，内心却并未接受。所以，千万别被“表面一致”的假象所迷惑，要采取谨慎的态度，对群体成员的态度要作细心观察和深入分析，以免做出错误的估计。

（4）重视并善于倾听不同的、反面的意见。对管理者特别是高层管理者来说，要注意提高自己“运用反面意见的能力”。个别人的这种反面意见，恰恰可能是不从“众”的表现。

本章小结

同步测试

同步测试答案

一、单项选择题

1.以下特征属于正式群体的是（　　）。

A.暂时的利益一致

B.牢固的感情纽带

C.有自然形成的核心人物

D.群体的领导者由组织赋予明确的职权与职责

2.群体发展的（　　），群体内部成员之间开始形成亲密的关系，群体表现出一定的凝聚力。

A.形成阶段　　B.震荡阶段

C.规范化阶段　　D.执行任务阶段

3.被试者对自己的判断缺乏自信，看到自己的判断与众不同，以为自己看错了，因而更改自己的看法，跟从大家，以求心安。这种从众行为是（　　）。

A.出于知觉的歪曲　　B.出于判断的歪曲

C.不从众　　D.出于行为的歪曲

4.俗语“一个和尚挑水吃，二个和尚抬水吃，三个和尚没水吃”正是（　　）群体现象（规律）的具体形象化。

A.社会惰化　　B.抑制作用　　C.促进作用　　D.从众心理

5.在多数情况下，当群体受到外部威胁时，群体的凝聚力会（　　）。

A.降低　　B.增强　　C.不变　　D.不一定

二、多项选择题

1.在以下（　　）的影响下，群体凝聚力高。

A.群体规模适度　　B.外部威胁的存在

C.失败的群体　　D.领导者的民主作风

E.以个人为单位奖励

2.关于非正式群体，下述说法中正确的有（　　）。

A.非正式群体的存在，有可能增加组织变革的阻力

B.非正式群体可以减轻管理者负担

C.非正式群体的最主要功能是满足个人不同的心理需要

D.组织的目标主要是通过非正式群体来实现

E.鉴于非正式群体的多方面消极作用，应坚决予以取缔

3.在群体压力的作用下，个体有时会表现出与群体行为一致的行为倾向。这句话描述的不是（　　）群体变量和群体行为规律。

A.从众行为　　B.助长作用　　C.抑制作用

D.凝聚力　　E.社会惰化

三、判断题

1.凝聚力高的群体生产率一定高。（　　）

2.当组织采取变革措施或有人冒尖时，非正式群体易起阻碍作用。这描述的是非正式群体的消极作用。（　　）

3.社会惰化作用明显减弱了群体的工作效率，如果想借助群体的力量，必须提供衡量个人努力程度的手段。（　　）

4.一般而言，同质性群体，由于是由相同特征和技能的个体组成的群体，因此运行效率会更高。（　　）

5.从众行为在群体中的消极作用非常明显。所以，在管理工作中必须严加控制和避免。（　　）

四、思考题

1.简述群体的含义和类型。

2.什么是非正式群体？简述非正式群体的积极作用和消极作用。

3.如何管理非正式群体？

4.简述群体发展的五个阶段及其每个阶段的特点。

5.简述群体规范的类型和形成。如何管理群体规范？

6.群体压力是如何产生的？

7."群体的凝聚力越强，生产率就越高。"请判断此说法对错，并说明理由。

8.分析群体中的社会惰化行为及其产生的原因。作为管理者，应该如何避免或减少社会惰化行为？

9.试分析从众行为的表现有哪些？如何管理从众行为。

第八章

人际关系与冲突

学习目标

知识目标：

1. 了解人际关系的定义、作用，熟悉人际关系的类型。
2. 熟悉人际关系的影响因素。
3. 掌握人际关系的测量和改善人际关系的方法。
4. 了解冲突的定义和三种不同的冲突观。
5. 熟悉冲突的类型及其产生的原因。
6. 掌握冲突产生的过程。
7. 掌握冲突管理。

能力目标：

1. 提升处理人际关系的能力。
2. 正确认识冲突并具备管理冲突的能力。

素养目标：

培养学生正确的人际关系和冲突观。

引导案例

YT公司是一家专门从事通信产品生产和电脑网络服务的中日合资企业。公司自1991年7月成立以来发展迅速，销售额每年增长50%以上。与此同时，公司内部存在着不少冲突，影响着公司绩效的继续提高。

因为是合资企业，尽管日方管理人员带来了许多先进的管理方法。但是日本式的管理模式未必适合中国员工。例如，在日本，加班加点不仅司空见惯，而且没有报酬。YT公司经常让中国员工长时间加班，引起了大家的不满，一些优秀员工还因此离开了YT公司。与此同时，销售部经常抱怨研发部开发的产品偏离顾客的需求，生产部的效率太低，使自己错过了销售时机；生产部则抱怨研发部开发的产品不符合生产标准，抱怨销售部的订单无法达到成本要求。面对这些问题，公司经理一筹莫展。

资料来源：魏江，严进，等. 管理沟通：成功管理的基石［M］. 北京：机械工业出版社，2006：438.

第一节 人际关系与人际关系的测量

在实际生活中，任何一个人在这个社会中都不可能独立存在，人与人之间必定存在某种联系与一定意义上的社会交往，这种人与人之间的交往与联系就是人际关系。人际关系客观存在于每个人的生活中，例如父亲与儿子的父子关系、老师与学生的师生关系、管理者与被管理者的上下级关系、员工与员工的同事关系等等。人际关系影响人生的方方面面，研究人际关系以及如何处理好人际关系就成了关键。

一、人际关系概述

1.人际关系的含义

人际关系是指在社会生活中，人与人之间由于某种需要而形成的交往与联系。人际关系包括以下三层含义：

（1）人际关系存在于人与人的交往中

在人与人的实际交往中人际关系悄然形成，脱离社会交往人际关系便不复存在，这是人际关系的实质。人际关系通过交往双方的思想互动和行为互动表现出来。思想互动的过程是潜在的、不明显的，是一种内在交往，而行为互动则是外在的、明显的，是一种外在交往，并且思想互动决定行为互动。

（2）人际关系包含感情与意志

每个人都是有血有肉的，每个人都是有感情和意志的，所以，在人际交往的过程中总是包含着这样那样的感情，比如爱与恨、满意与不满、讨厌与喜欢、尊重和不屑等等。因此，人际关系是有感情有意志的人形成的社会关系，并反映着彼此之间的情感距离。

（3）人际关系具有社会性

每个人都处于一定的社会关系中，任何人都不能脱离社会而独立存在，因而任何人都受到各种社会关系的影响与制约。所以，人际关系也是在社会活动中所形成的关系，如亲属关系、同学关系、邻里关系等等，所有的关系都是在社会活动中联结而成的。

2.人际关系的类型

人际关系的类型是多种多样的，从不同的角度可以将人际关系分为多种类型。

（1）根据人际关系是否协调分为协调型人际关系与不协调型人际关系

协调型人际关系表现为人与人在社会交往中关系融洽，有较多的共同话题，对于某种事物的看法大体一致，基本不会发生争执，即使发生争执也在双方可控的范围内，这是最理想的人际关系类型。

不协调型人际关系表现为人际交往并不融洽，双方共同话题较少，认知上有较大的差异，对于某种观点的争执往往会不自觉地放大，经常出现矛盾与摩擦。

（2）根据人际交往时间的长短分为长期人际关系与短期人际关系

长期人际关系是指较长时间的人际交往中所形成的人际关系，如父母与孩子、老师与学生等。长期人际关系对个人的影响更为深刻。

短期人际关系是指在较短时间的人际交往中所形成的人际关系，如商品推销员与顾客、图书管理员与借书者等。短期人际关系对个人的影响相对来说是微不足道的。

短期人际关系与长期人际关系的界限并不那么明晰，甚至二者可以相互转化。

（3）根据人际交往中是否有工作交集分为工作关系与私人关系

工作关系是指在实际工作中形成的个人关系，这类关系往往由同事关系、合作方关系、竞争方关系三大类组成。工作关系的好坏主要反映在工作效率上，一般来说，工作关系较好，工作效率与工作满意度会越高，对组织绩效的贡献也就越大，反之亦然。

私人关系是指在工作以外的社会交往中所形成的人际关系，私人关系主要是以情感、需要为基础的，在私人关系中，更多的是情感上的交流。

二、人际关系的影响因素

人际关系的影响因素主要有以下几个方面：

1.个人特征

（1）个人品质

人们总是愿意同拥有优秀个人品质的人交往，优秀的个人品质是吸引他人与之交往的重要因素。优秀的个人品质指的是诚信、责任感、礼貌、素质等等。一个重诚信、负责任、懂礼貌、有素质的人，往往会吸引别人；同时，在与这类人交往的过程中，大家会感到舒适，因而更容易同其建立起亲密的人际关系。相反，一个品质不良的人总会让人诟病，同这样的人交往时大家常常会觉得没有安全感。

（2）个人价值观

价值观是指一个人对于周围客观事物的意义、重要性的总看法与总评价。价值观的形成需要很长的时间，一旦形成便很难改变。价值观具有显著差异的人不会成为朋友，这是因为对于事物认知的显著差异会导致争执，并且这种差异无法消除，即使有一方妥协往往也只是表面上的让步。

2.人际因素

（1）空间距离

空间距离是指在交往过程中，人与人之间空间位置上的远近。一般来说，交往过程中，空间距离越近越容易形成彼此之间的亲密关系；相反，空间距离越远也就越难形成亲密的人际关系。正所谓“远亲不如近邻”说的就是这个道理。尽管在科学技术高度发展的今天，空间距离遥远的双方可以通过互联网进行远程沟通，大大降低了这种由于空间距离带来的交际距离感，但是这种虚拟网络的交往还是远远不及邻近的交往，对于彼此之间的相互了解也不尽如人意。

（2）交往的频率

交往的频率是指人与人之间在社会交往中的频繁程度。交往的频率与空间距离有着紧密的关系：空间距离近的，交往的频率也就越高，双方也就越有机会建立起紧密的人际关系；空间距离远的，交往频率也就越少，人际关系也就越淡漠。但是，频繁的人际交往并不代表着可以建立起密切的人际关系。如果交往的双方缺乏诚意，只是简单的应酬，纵使交往再频繁也只能是貌合神离。比如，“同甘苦，共患难”的关系要比每天只打招呼的邻里关系亲密得多。

（3）个人的相似性

俗话说：“物以类聚，人以群分。”人总是在社会中寻找着自己的“同类”，这里“同类”指的是与自己相似的个体。个人相似性是指社会交往中各主体的相似程度。交往双方的相似度越高，双方的关系就越好，这是因为双方有着相似的特点、爱好、性格，在交流的过程中共同话题也就越多，相应地，这样的交往中发生争执的概率也就越低，更容易建立起亲密的人际关系。调查发现，人更加愿意与同自己相似的人交往。

3.心理因素

人是社会的动物，人在社会中生活总是在寻求着某些东西，人之所以交往就是为了满足其内心的某种需要，心理因素对人际关系的影响主要表现在双方需要的满足程度。根据美国心理学家舒兹的观点，人之所以寻求人际交往是出于以下三个原因：（1）满足容纳的需要；（2）满足控制的需要；（3）满足感情的需要。在社会交往的过程中，每个人都会对自己的需要以及满足程度进行评估，往往更加倾心于同能够满足自己未得到满足的需要的人或者可以给予自己更高满足程度的人交往，如果交往双方都认为自己的某种需要得到满足，通常可以建立起良好的人际关系。尤其是在双方的需要与对方所能给予的满足呈现互补状态，这时双方的吸引力达到最大值，交往会不断增加，形成更加亲密的人际关系。

三、人际关系的测量

在这个社会中，人与人之间的关系都是不尽相同的。从总体来看，人们对于人际关系进行评价时大都是以自我印象为依据。随着社会的发展，人际关系在日常生活和工作中的作用越来越重要，同样，对人际关系的测量也越来越重要。如今，测量人际关系的方法是多种多样的，如社交测量法、动机选择法、关系测量法等等。其中，20世纪40年代初，美国社会心理学家莫雷诺提出的社会测量法，不仅在美国广泛流行，而且为欧洲许多国家的心理学家所采用。

1.人与人之间相互关系的三种类型

前面在分析群体构成时曾提到活动、相互作用、感情是相互关联的构成群体的三个基本要素。人们在群体中不断地参与活动，在活动中不断地相互作用，在不断地相互作用中彼此之间会形成一定的感情和心理关系。

这种心理关系，概括起来，不外乎喜欢、厌恶、冷淡（或不关心）这三种。喜欢：属于满意的友好关系，即好感。厌恶：属于排斥的讨厌关系，即反感。冷淡（或不关心）：对对方既无好感，也无反感。

2.社交测量法和社会关系图

社交测量法，或称团体成员关系分析法，是最具影响力的人际关系测量方法。该方法采用的是问卷调查的方法，首先确定人与人之间的情感关系，然后通过数学分析将这种关系在图表中表示出来。通过社交测量法，可以在短时间内测量出群体内的人际关系。

社交测量法着眼于发现组织成员喜欢谁或不喜欢谁，愿意和谁在一起工作，不愿意和谁在一起工作。怎样才能获得这些信息呢？要通过面谈或问卷。例如，可以要求员工回答：在组织中，你愿意和谁一起去完成你的工作？或在组织中，你愿意和谁一起共度业余时间？请写出他们的名字。

这样得来的信息可以用来绘制社会关系图。所谓社会关系图，就是利用面谈或问卷得来的信息，用图示的形式表示组织成员的社交偏好的图形。人们只要看成员关系图，就可以对该群体的关系状况、心理气氛、情绪状态以及在工作上可能的表现，做出基本的判断。

社交测量法是一种比较适用于测量、分析小型群体中人与人之间心理距离（人际关系）的方法。如果成员数不多，这种关系图比较简单、直观，若群体成员的人数较多，则可用矩阵图来表示。

知识拓展8-1　　某9人小组的社交关系图

某9人小组的社交关系如图8-1所示。

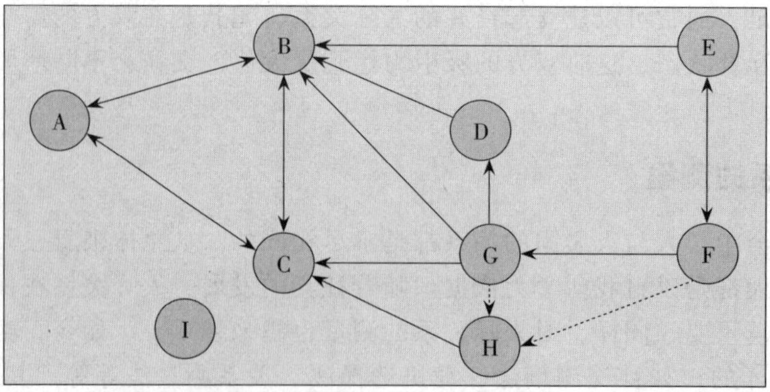

图8-1　某9人小组的社交关系图

从图8-1中可以看出几个有趣的现象：

A、B、C是个"小圈子"，是这个9人小组中的非正式群体；B是这个小组中的核心人物，A、C、D、G、E都对他有好感；C是第二号核心人物，A、B、G、H对他有好感；H是孤立分子，他对C有好感，但C对他并无好感。组内没有一个人对他有好感，却受到F、G的排斥；I是个游离分子。

一般来讲，在群体中凡是虚线多的，人际之间矛盾就多，团结情况必差，内聚力必低。凡是“孤立分子”担任了群体头头的，它肯定不会是有效率的群体，因为头头自身没有影响力，很难把群体带好。凡是“游离分子”多的，必定是个散漫的群体。如果群体中有两个或两个以上的非正式群体，就要看这些小群体之间的连接线是虚线还是实线，如果是虚线，说明彼此间相互排斥，这时，群体内部就会因“山头林立”而使矛盾、冲突纷起。

四、改善群体人际关系的方法

1.感受性训练法

感受性训练法又叫敏感性训练法、实验室训练法等，是一种改善人际关系的训练方法。其目的是使受训者体会到自己的情感并理解别人的情感。

训练方法是将处在不同岗位、不同级别、互不认识的组织成员组成十二三人的小组，并集中到远离工作场所的地方，进行1～2周的训练。在训练的过程中，为小组成员配备一名指导者（通常是行为科学家，所做的只是观察、记录），指导者通常要保持沉默，让参与者自由发表意见，畅所欲言，讨论自己所感兴趣的事物。

感受性训练法的特点是：（1）没有严格意义上的组织，无领导者，没有主题；（2）非定型的自由交谈，畅所欲言；（3）培训的指导人员仅起到记录的作用，扮演着不引人注目的角色。

感受性训练法的优点是：（1）可以使受训者更好地体会自己的消极情绪，并充分理解他人的情绪；（2）可以培养一个人发现问题的能力，扩大人际间的交往意识、自主的能力、自立的能力、解决问题的能力；（3）有利于组织目标和个人需求的实现。缺点是：（1）没有固定的话题，话题的选择对训练有较大的影响；（2）由于在训练中没有指导者对小组成员进行指导，小组成员的情绪可能会向不可控制的方向发展。

2.角色扮演法

角色扮演法是指让受训者扮演特定的角色，设身处地站他人的角度，用他人的思维去思考问题、看待事物，体会别人的处境。人们总是喜欢站在自己的角度思考问题，如果我们能够从他人的角度去考虑问题，我们更容易看清事物的全貌和真正的事实，增加对他人的理解与包容，拉近人与人之间的关系。

角色扮演法的运用可分为三个阶段：（1）准备阶段，明确实施角色扮演的目的以及对进行角色扮演的内容进行设计；（2）确定阶段，确定角色扮演素材、确定角色评分表以及选择主持人、观察评分人员；（3）具体实施阶段，观察员要注意观察评分，并将评分结果反馈给角色扮演者。

角色扮演法的特点：（1）自我代入感强，可以对自己所扮演的角色有更深的理解；（2）开放性强、操作范围较广，大多数情景可以用这种方法演绎；（3）在操作过程中，主持者需要缜密的思维；（4）效果有较强的不确定性，没有人可以预测到扮演者的具体行为。

角色扮演法的优点是：（1）主动性强，角色扮演是参与者主动地站在别人的立场去处理问题，从主观角度去接受别人的想法；（2）趣味性高，角色扮演可以给参与者不一样的体验；（3）实践性强，角色扮演法的可操作性高，易于实施。缺点是：（1）实际工作环境复杂多变，而模拟环境却是静态的、不变的；（2）对某些人来说，在接受角色培训时，表现出刻板的模仿行为和模式化行为，而不是反映他们自身的特征；（3）由于角色扮演时，大多数情况下有第三者存在，即使这些人并不参与具体活动，也会对受训者产生心理影响。

3.会谈训练法

会谈训练法又称会谈对话法，是指会谈双方以对话的形式进行意见沟通的方法。通过会谈，会谈者对对方的语言、行为、态度、反映的问题有所了解，为进一步开展工作提供依据，以协调双方的人际关系。双方约定好日期、地点、持续时间之后，按照约定对某些问题进行面对面的双向交流。

会谈训练法的优点：（1）主题明确、针对性强，在会谈开始之前就要对所需会谈的问题进行明确规定；（2）效率较高、效果较好，通过会谈，双方往往可以达到各自的目的，实现双赢的局面。缺点：（1）对于某些争执严重的问题，会谈法可能并不会奏效；（2）会谈法对于双方会谈能力、会谈技巧有较高的要求。

第二节　冲突概述

一、冲突的含义

冲突是指在人际交往中由于目标、认知、情感等方面的不一致所导致的抵触、争论和斗争。根据冲突的定义，可以归结出以下几点：

（1）冲突的主体是人，冲突的客体可以是情感、事物、价值观、性格等。其中，冲突的主体可以是一个人也可以是多个人。

（2）冲突是由于某种不一致所导致的，这种不一致是指主体对客体的认知在某些方面的差别。

（3）冲突中的双方始终在相互作用。冲突必须伴随着相互作用，若一方没有反应，冲突便不会产生，只有双方进行相互作用时，冲突才会出现。并且，在冲突中，一方采取行动，另一方必定会积极响应。

（4）冲突是一个过程。这个过程从潜在的不一致到认知冲突再到行为后果，是一个连续的过程。

二、三种冲突观的变迁

对于冲突的观点并不是一成不变的，从古至今，对于冲突的认识是不断加深的，概括起来冲突主要有以下三种观点。

1.传统冲突观

在20世纪30年代至40年代，占据主流地位的是这种消极的冲突观。此时，人们对冲突的认识还停留在其消极阶段，认为冲突是不良的、破坏性的，是破坏、低效、混乱的代名词，只能带来负面影响。

传统冲突观认为，冲突是一件坏事，冲突是破坏性的、消极的。冲突的存在会阻碍个人目标的实现，还会破坏人与人之间的关系，对于个人的成长是不利的。同样，对于一个组织来说，冲突意味着组织成员发生矛盾，组织沟通出现障碍，组织已经出现低效率，组织目标的实现受到阻碍。在这种观点的指导下，人们认为冲突与组织效率呈现显著的负相关，冲突越少越平静，组织效率就越高；冲突越激烈，组织效率越低。所以在这种观点下人们认为冲突不应该存在，应该消除冲突，这样才能使个人、群体、组织健康平稳发展。

2.人际关系冲突观

20世纪40年代末至70年代，人际关系冲突观占据主流地位。人际关系冲突观认为，冲突是不可避免的，对于所有群体和组织来说，冲突都是与生俱来的。在任何情况下冲突总是客观存在的，并且冲突并不一定总是带来消极影响，在某些情况下，冲突对组织的绩效、目标的达成起到积极作用。

由于冲突无法避免，人际关系学派建议接纳冲突，使它的存在合理化。

3.相互作用冲突观

20世纪70年代末开始至今，相互作用冲突观占据了主导地位。相互作用冲突观认为，冲突既有帮助组织实现目标、增加组织活力、促进组织发展的积极作用，也有破坏组织内人际关系、降低组织效率、抑制组织发展的消极作用。从相互作用观点可以看出，认为冲突都是好的或都是坏的看法显然并不恰当也不够成熟。冲突是好是坏取决于冲突的类型。

相互作用冲突观认为，冲突可以分为功能正常的冲突和功能失调的冲突。

功能正常的冲突，又称建设性的冲突，是指这些冲突支持群体的目标，并能提高群体的工作绩效。若一个组织存在适当的冲突水平，这种冲突表现为为实现组织目标而存在多种意见或者为促进组织发展有多种想法，这时的组织虽然有冲突，但是这种冲突存在的目的是促进组织的发展，并且这类冲突会使组织具有相当强的活力，这将有利于组织的变革、创新，以寻找更好的发展路径。

功能失调的冲突，又称破坏性的冲突，是指这些冲突阻碍了群体的工作绩效。如果一个组织内冲突水平过低，这样的组织是死气沉沉、缺乏活力的，会阻碍组织变革、组织创新以及组织发展；同样，如果一个组织内冲突水平过高，组织将无法得到正常的发展，组织成员常常会因为一点小事而面红耳赤，无法做到正常的沟通，这是组织效率最低的情况，也是组织最糟糕的情况。不论冲突水平过低还是过高，都会阻碍组织的发展，只有当组织冲突处于适当水平的时候才能促进组织发展。这就告诉管理者，在某些情况下，不仅不能消灭冲突，还要适当地激发冲突，以使组织保持足够的活力与生命力。

三、冲突的类型和产生的原因

1.个人心理的冲突与原因

个人心理的冲突是指由于自己内心的认知、情感、行动上的不一致，所造成的难以选择，这种个人心理冲突的出现会使个人情绪变得焦躁、不安。

德国心理学家库尔特·勒温（Kurt Lewin）根据人对目标的接近和回避将个人心理的冲突分成四种类型，即双趋式冲突、双避式冲突、趋避式冲突以及双重趋避式冲突。双趋式冲突是指一个人同时追求两个背道而驰的目标，这两个目标不可能同时达到时，个人内心的矛盾和不一致，这时能做的往往是选择其中一个目标或者同时放弃两个目标去选择折中目标。双避式冲突是指一个人想要同时躲避两件事，但是这两件事无法同时躲避时所产生的矛盾心理。趋避式冲突是指一个人想要达成某一目标，却又不想为达成这个目标付出代价进而回避这个目标时所产生的心理冲突。双重趋避式冲突是指一个人同时面临两个目标的选择，并且这两个目标都有利弊时所产生的矛盾心理。

这种心理冲突的产生与解决往往都来自个人对于事物的自我评估。

2.群体中个人冲突及其产生的原因

群体中个人冲突即人际冲突，是指群体中两个或者两个以上的个人由于目标、认知、情感等的不一致所造成的冲突。

人际冲突产生的原因大多都被归结为沟通因素和个人因素，如沟通不畅、认知差异、价值观不同、本位思想或个性差异。

（1）沟通因素

大部分冲突的产生都是由于沟通不良所导致的。引起冲突的沟通因素主要是语义理解上的困难、误解以及沟通中的“噪声”。首先，个人受教育水平的不同、知觉选择的差异以及信息的不对称都会导致误解的出现与语义理解上的困难。其次，人们在收集和传递信息的过程中不仅会有过滤行为而且还会加入自己的情感与理解，这也就导致了沟通的偏差，从而产生冲突的可能性。最后，根据研究发现，沟通也需要遵循适度原则，当沟通不足时，对于信息的了解不准确，双方对于同一事物的观点会产生较大差异进而产生冲突；当沟通增加到某一限度后，沟通的效果可能下降，甚至由于过度沟通产生冲突的潜在可能性。

（2）认知的差异性

认知是指个体对自己身边所发生的事件的意识观念。人们在看待自己身边所发生的事情时，总是习惯将它们分类，有的是建设性的、有益的，有的是破坏性的、有害的，还有的是与自己无关的。对于同一件事，有人认为是有益的，有人认为是有害的，有人鼓励其出现，有人抵制其出现，这种思想和行为上的不一致就会引起冲突。例如，管理者为提高绩效给下属提出意见时，对管理者来说，这是有意义的事，但是对某些员工来说，这会使自己的尊严受到侵犯，认为是对自己的不信任，从而导致管理者与员工之间的冲突。

（3）价值观不同

每个人由于成长环境、家庭背景以及受教育程度的不同会导致价值观的不同。在社会生活中，每个人总是根据自己的价值倾向来做出选择和决定，不同的个人会因价值观的不同采取不同的行动。在人际交往的过程中，人总是倾向于将自己的价值观强加给他人，由于每个人的价值观不同，这种强加的价值观会导致他人的不适，为日后的冲突埋下潜在的种子。

（4）个性差异

这个世界上没有两个人是完全一样的，人们的个性是各种各样、不尽相同的，有的人努力向前，有的人被动承受，有的人保持中立；有的人性格外向，有的人性格内向；有的人志向高远、积极向上，有的人不思进取、安常守故。有的员工乐意同其他人一起完成工作，而有些员工更乐意自己独立完成工作。有的人喜欢独立决策，对自己负责，而有的人更倾向于同他人共同决策，听取更多的意见。例如，一名员工对批评和建议的态度是积极的，认为其可以提高自己，而另一位员工可能对批评和建议做出激烈的反应。

3.群体间的冲突及其产生的原因

群体间的冲突，顾名思义是指两个或两个以上的群体之间的冲突。

群体冲突大致分为三类：第一，纵向冲突，即组织中处于不同级别的员工群体之间发生的冲突，主要表现为上级对于下级能力的质疑、下级对于上级命令的不服从；第二，横向冲突，即处于同一级别的员工群体之间的冲突，如销售部门与生产部门的冲突；第三，直线部门与职能部门的冲突，直线部门对组织成员直接领导，对组织成败负主要责任，职能部门的主要职责是为直线部门提供建议、咨询。对群体冲突来说，产生冲突的原因主要是结构因素、资源的分配不均、目标的不一致和本位思想。

（1）组织规模与任务专门化

研究表明，规模越大、任务专门化程度越高的组织产生冲突的可能性越高。一方面，因为组织规模越大，组织的层次相对越多，纵向沟通的效果越差，信息失真的可能性越高，对于信息解读的偏差越大，组织冲突越容易产生；另一方面，任务专门化程度越高，横向沟通的效果越差，对兄弟部门的了解越少，在相互配合的过程中产生的矛盾也就越多，组织冲突越容易产生。

（2）有限资源的争夺

不管是什么样的组织，在资源分配上必定会出现这样一个结果，即当一方所获得资源较多时，会使得另一方所获得资源的数量相对较少，甚至什么也得不到。在一个组织中，某一阶段内的资源总量是一定的，不管对这些资源如何分配，都无法使双方都满意，这是因为一方所得是另一方所失，双方都会感觉到对方对“自己”资源的剥夺。这种剥夺感意味着自己没有受到公平对待，这时便会试图改变现状。但是对资源分配者来说，资源分配已成定局并不愿做出改变，对资源获得者来说，已获得的资源不愿失去。那么，资源分配者、资源获得者、未获得资源者这三方思想的碰撞为冲突的产生提供了极大可能。

（3）目标的不一致

比如，组织高层重视长期目标，追求长期利益，而组织中低层重视短期目标，追求短期利益。多数情况下，长期利益的实现是以牺牲短期利益为前提的，所以在高层追求长期利益的同时会造成短期利益的损失，这就会引起组织高层和中低层之间的冲突。除此之外，组织内存在着各种不同的群体，其目标也不尽相同。

（4）本位思想严重

本位思想也是造成群体冲突的主要原因。在组织中，不同的部门总是会先考虑本部门的利益，例如，销售部门想要销售更多的产品，研发部门想要研发更好的产品，生产部门想要生产更多的产品。每个部门都将视角放在自己的部门，希望自己得到更多的资源以满足需要，如此必然会造成其他部门的损失，这就造成了冲突。

第三节 冲突产生的过程

在组织行为学领域，有关冲突产生过程的观点，应用较为广泛的是斯蒂芬·P.罗宾斯（Stephen P. Robbins）所提出的五阶段模型。

一、潜在的对立及不一致

冲突并非是凭空产生的，冲突产生的第一步就是冲突双方存在可能发生冲突的前提条件。这些前提条件不一定会导致冲突，但是它们却是冲突产生的必要条件，这些条件也可以称为“冲突源”。冲突源就是导致冲突的因素。对冲突的来源许多学者也做过总结，其中较为典型的就是罗宾斯的冲突根源分析。根据冲突根源分析，导致冲突的因素主要有沟通因素、个人因素和结构因素。沟通因素主要包括误解、语义理解上的困难和沟通渠道中的不一致；个体因素主要包括人格、情绪和价值观；结构因素主要包括群体的规模及专业化、职责划分等。上述因素在前文冲突产生的原因中有详细论述。

二、认知冲突

认知冲突是指双方对冲突的潜在条件（即彼此的对立和不一致）的认识及感知。在这一阶段，双方认识到彼此之间的对立和不一致，并对个人的情感产生了影响，此时，双方感到焦虑、紧张、受挫和敌对，双方都感知到了冲突的存在并情绪化，这就意味着冲突产生了。在此阶段，冲突双方会在感知到潜在的不一致和对立的基础上去定义冲突，并形成自己的认识和看法，不同主体对于冲突的定义方式会极大地影响后续过程。

值得一提的是，如果阶段Ⅰ中的对立和不一致未被双方所察觉到，冲突就不会直接产生。并且阶段Ⅰ与阶段Ⅱ虽存在某种联系，但并不是严格的先后顺序。

三、行为意向

行为意向是介于认知、情感和外显行为之间的状态，是冲突主体做出何种行为的行动指南，是冲突过程中影响冲突发展和走向的最重要因素。根据合作性（一方愿意满足他人愿望的程度）和坚持性（一方愿意满足自我愿望的程度）可以将行为意向分成五种类型（如图8-2所示）：竞争、合作、回避、迁就、妥协。

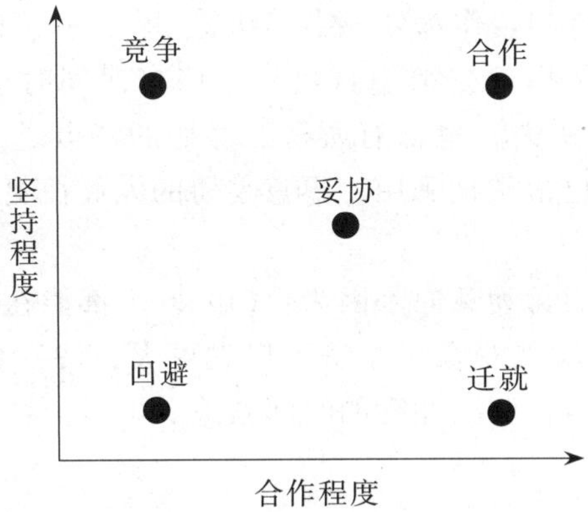

图8-2　冲突的行为意向

1.竞争型——自我坚持且不合作

“竞争”的行为意向是指冲突中冲突主体寻求自身利益的实现而不考虑对其他人的影响。这种情况只会造成输、赢两种结果。例如，以牺牲他人的利益为代价而满足自身的利益；当问题出现时，将责任推向他人；证明自己的观点是正确的而他人的观点是错误的。

一般而言，采取竞争的行为意向是因为：（1）目标对于自身极其重要；（2）在实现目标的过程中，对方对自己造成阻碍；（3）双方由于某些原因无法合作。

2.合作型——自我坚持但合作

“合作”的行为意向是指冲突主体希望大家的愿望都得以满足，并且寻求双方相互受益的结果。合作的结果通常是双赢。在合作中，双方通过不断地交流沟通，求同存异，找到解决问题的方法，并在此基础上达成一致，共同努力以实现目标。

一般而言，采取合作的行为意向是因为：（1）依靠自己无法实现目标；（2）与对方发生冲突对自身不利；（3）与对方合作可以使得利益最大化。

3.回避型——自我不坚持且不合作

“回避”的行为意向是指冲突主体认识到冲突，但是不愿意面对冲突从而逃避或抑制冲突。回避往往会在会造成两种结果：（1）冲突在回避中淡化、逐渐消失；（2）冲突隐藏起来，等待机会再次爆发。

一般而言，采取回避的行为意向是因为：（1）所面临的问题无关紧要或还有更加重要、紧迫的问题需要处理；（2）问题解决所带来的消极影响大于所得利益。

4.迁就型——自我不坚持但合作

“迁就”的行为意向是指冲突一方愿意放弃自己的利益以使他人利益得以实现。迁就的主要结果是可以同对方建立起良好的关系。

一般而言，采取迁就的行为意向是因为：（1）冲突一方认为，做出退步并与对方建立良好关系远比维护自身利益重要；（2）冲突一方认识到自己错误，想要学习对方以改善自身。

5.妥协型——自我坚持和合作都处于中等状态

“妥协”的行为意向是指双方都愿意放弃一些东西同时得到另一些东西。在妥协中，双方没有输赢，都有所失，也都有所得。妥协的特点是，双方都可以放弃一些东西。在现实生活中，妥协也常常被采用，愿意妥协的人往往更能与他人建立起良好的人际关系。

一般而言，采取妥协的行为意向是因为：（1）双方都能在妥协中得到某种程度的满足；（2）即使合作也不会出现双赢，竞争则损失更大；（3）相对于放弃的某些利益而言，目标的达成很重要；（4）解决冲突的时间紧迫。

四、行为

在冲突行为阶段，冲突双方会真正表现出一定的冲突行为，按由轻到重的程度可以分为：轻度的意见分歧或误解、公开的质问或怀疑、武断的言语攻击、威胁和最后通牒、挑衅性的身体攻击、公开有损对方等。

在这一过程中往往是一方提出要求，另一方进行争辩，你威胁我，我也反过来威胁你，这是一个相互作用的动态的过程，冲突各方的行为都是以对方的意向或行为为指导。

五、冲突结果

在这一阶段，冲突双方所做出的冲突行为产生结果，并且冲突结果又会直接或间接地影响冲突双方，这种影响会成为新的冲突的前提条件，酝酿新一轮的冲突。

在此阶段中，冲突会造成两种性质不同的结果：一是组织功能正常，组织绩效提高，即良性结果；二是组织功能失调，组织绩效下降，即恶性结果。

1.良性结果

决策质量得以提高，组织凝聚力提高，组织成员更加忠诚，组织充满活力，鼓励变革，激发组织成员创造力，此时，组织绩效与冲突水平呈正相关。

2.恶性结果

组织有效性下降，组织凝聚力下降，组织成员沟通迟滞、矛盾多发，组织功能紊乱，组织绩效下降。

第四节 冲突管理

根据上文的描述，冲突水平过高或者过低对于组织绩效都起到消极作用，只有当组织冲突保持在一定水平的情况下，才能使群体绩效达到最高。所以，所谓的冲突管理，是指采用一定的方式方法改变冲突的水平和形式，以最大限度地发挥其益处并抑制其害处。

一、解决冲突

解决冲突主要针对冲突水平过高的情境。解决冲突的方法主要有以下几种：

1.问题解决

问题解决是消除冲突最直接、最有效的方式，但也是解决冲突最有难度的方式。如果时间允许，在冲突产生后冲突双方应该找出问题的所在，通过解决问题来消除冲突，它可以用来解决某些具体问题。但是在现实生活中，通过解决问题来解决冲突的情况很少，这是由于解决问题需要耗费大量的人力、物力以及时间。

2.协商与谈判

协商与谈判是解决冲突最常见的方式，当冲突发生时，冲突双方可以就导致冲突的问题进行友好协商。双方要想在同一问题上达成一致就必须要放弃点什么，所以通过协商很难达到双赢的目的，但是可以缓和双方的矛盾。协商往往适用于解决那些对于冲突双方都很重要的问题，并且冲突双方都有意愿坐下来“谈谈”。当然，如果冲突中的其中一方不愿意做出让步，那么协商谈判就不再适用，在组织中，这种情况还可以寻求上级领导的帮助。

3.寻求上级领导帮助

在组织中，对于协商谈判无法解决的问题可以通过上级领导的强势插手来镇压冲突。这种解决冲突的方式往往比较依赖上级领导的能力，比如，问题的理解能力、判断力以及领导的公正性等等。上级领导的插手从本质上来说是一种强制性行为，冲突双方必须服从领导的安排，冲突可以在非常短的时间内解决，但是必定会留下隐患，冲突一旦再次爆发将会比之前更为严重。一个小建议就是，在上级用强制性力量解决冲突时，要将理由充分地讲述给下级，并且要听取下级的建议。

4.设置超级目标

由于目标不一致或者资源争夺所造成的冲突有时可以通过设置超级目标来解决。超级目标是指此目标单凭冲突一方的力量无法完成，必须冲突双方通力合作，资源共享才能完成。超级目标如果为冲突双方所接受则可以有效地解决冲突，并促进双方的相互了解，提高组织的凝聚力，同时在实现目标的过程中可以找到新的发展机会。

5.重构组织结构

在其他方法都无法缓解冲突的时候，可以考虑重构组织结构。对于那些由于组织权力、资源分配不均，职责不清、分工不合理所造成的冲突，改变组织结构可以打乱原有的布局，从根源上解决冲突。根据许多学者的研究发现，沟通的效果随着组织的成长而逐渐下降，适时地调整组织结构可以帮助组织改善沟通，可以在一定程度上起到预防组织冲突的效果。

二、激发冲突

很多情况下，组织低效、缺乏新思想、缺乏竞争力、阻碍变革力量的出现是由于组织冲突水平过低甚至是没有冲突所造成的。所以，管理者不仅要掌握解决冲突的方法，还要了解如何激发建设性冲突的方法。

1.鼓励相互之间良性竞争

当组织行为出现僵化时，可以从人员的晋升、薪酬的分配等方面引入竞争。在员工之间强调利益方面的差异，引导员工在消除这种差异中进行良性竞争，这种良性的竞争可以引发建设性冲突。需要注意的是，在引起竞争时要注意尺度，以免过犹不及，造成破坏性冲突的出现。

2.领导者风格的改变

在组织中，高度专制的领导者往往会压制来自下属的意见，这时可以通过委任一名开明的领导者来吸纳新的意见与想法，在组织内部形成一种开放性的氛围，在意见的碰撞中找到新的思路。同样，可以任命一名吹毛求疵者，他的意见往往与他人不同，这种情况下也可以引起冲突。

3.通过传递模糊性信息来制造一种紧张气氛

为了保证组织的有效运行，组织内信息的传播往往是清晰的、准确的。但是当组织内冲突水平过低时，可以通过传递模糊性的信息来改变这种情况，模糊性信息的传递会使组织成员产生不适、积极思考，以提高冲突的水平。对于所传递信息的选择要慎重，以免影响组织正常运行。

4.引入外来者给组织带来新鲜血液

在组织中引入与组织成员的价值观、行为方式、态度和背景格格不入的个体可以引起组织成员之间的冲突；并且，新人的引入会给组织成员带来不安感，这种不安感在组织中会造成紧张的气氛。

5.变革组织结构

变革组织结构是激发冲突的一种重要方式。部门的调整，部门成员的轮换，改变沟通路线，改变各部门的工作性质、工作范围和权力分配都会引起新的创意和矛盾，使组织充满活力。在组织结构变革后，新组织带来的价值观和行为方式也会对组织之前的习惯提出挑战。

本章小结

同步测试

一、单项选择题

1.人际关系是人与人在沟通与交往中建立起来的直接的（　　）的联系。

A.心理上　　B.行为上

同步测试答案

C.合作方面　　　　D.利益上

2.下面有关冲突的说法不正确的是（　　）。

A.相互作用冲突观认为冲突既有对组织有利的方面，也有对组织有害的方面

B.传统冲突观认为冲突中存在某种有益的方面

C.传统冲突观认为冲突是有害的，应当避免、消除

D.人际关系冲突观认为，在社会生活中，冲突是不可避免的

3.区分冲突是功能正常还是失调的指标是群体的（　　）。

A.竞争程度　　B.合作程度　　C.工作绩效　　D.凝聚力

4.（　　）指群体中两个或者两个以上的个人由于目标、认知、情感等的不一致所造成的冲突。

A.个人心理的冲突　　B.群体间的冲突

C.群体中个人冲突　　D.目标冲突

5.双方以对话的形式进行意见沟通。通过会谈，会谈者对对方的语言、行为、态度、反映的问题有所了解，为进一步开展工作提供了依据，且协调了双方的人际关系。这是改善人际关系的（　　）。

A.感受性训练法　　B.角色扮演法　　C.文件筐法　　D.会谈训练法

二、多项选择题

1.改善群体人际关系的方法有（　　）。

A.感受性训练　　B.角色扮演法　　C.会谈训练法

D.文件筐测试　　E.无领导小组

2.根据罗宾斯的观点，冲突过程中的行为意向包括（　　）。

A.妥协　　B.竞争　　C.合作

D.迁就　　E.回避

3.Z在本科毕业后应聘进入公司的行政部门，行政主管安排高中学历的L作为他的搭档。L是一个在公司工作了近7年的“老人”，在7年里，L兢兢业业，但是由于其只有高中学历而一直没能获得晋升，在看到许多工作没几年的年轻人都纷纷晋升后，L的心中愈发不满。在工作中，L不愿与年轻的Z有太多的交流，久而久之，Z也对L敬而远之，对抗情绪在两人之间愈发严重。事情发展到最后，行政主管将Z调到别的行政小组。根据人际关系的分类，Z与L之间所建立的人际关系属于（　　）。

A.工作关系　　B.私人关系　　C.短期人际关系

D.长期人际关系　　E.不协调型人际关系

三、判断题

1.人际关系测量通常使用社交测量法，社交测量法是一种比较适用于测量、分析小型群体中人与人之间心理距离（人际关系）的方法。（　　）

2.敏感性训练是通过结构小组的相互作用改变行为的方法。（　　）

3.小李想从国有企业流动到合资企业，他一方面认为可能到后者工作工资会高一点，另一方面觉得前者工作更有职业安全感。对小李而言，他面临的是趋避式冲突。

（　　）

4. 根据罗宾斯的观点，冲突的过程分为：潜在的对立与不一致、认知冲突、行为意向、行为、结果。（　　）

5. 冲突管理指的是消除破坏性冲突，也就是当群体的冲突水平过高时，解决冲突的各种管理对策。（　　）

四、思考题

1. 什么是人际关系？良好的人际关系的作用是什么？

2. 人际关系的影响因素有哪些？人际关系的类型有哪些？

3. 简述社交测量法。

4. 改善群体人际关系的方法有哪些？各有什么优缺点？

5. 简述三种不同的冲突观。

6. 冲突有哪些类型？各自的产生原因是什么？

7. 冲突是如何逐步形成的？

8. 企业管理中应如何管理冲突？

第九章

团队与团队建设

学习目标

知识目标：

1.了解团队的意义，熟悉团队的含义及构成要素。

2.掌握团队的三种类型。

3.掌握团队与群体的异同。

4.熟悉高绩效团队创建的要求。

能力目标：

1.提升对团队和群体的认知能力。

2.提升打造高绩效团队的操作能力。

素养目标：

培养学生团队意识和职业思维。

引导案例

生产管理部经理A先生所在的企业是一家生产日用消费品的制造业合资企业。A先生于5年前进入此公司并在生产管理部担任部门负责人，生产管理部共有4位员工，他们是进入公司1年的B先生和C小姐，进入公司3年的D先生与E小姐。在进入该部门两星期后，A先生了解到B先生做事有条理，交给他做的事总能有计划地完成，但是B先生在工作中主动性不够。C小姐活泼开朗，经常会在工作中提出一些新鲜的点子，但是做事条理性欠缺。D先生从公司刚成立就已在此部门工作，经验丰富，而且工作积极主动。E小姐与D先生同为公司资深员工，工作经验丰富，且公司人缘很好，在公司各个部门都有好朋友。

A先生利用业务流程重组的机会，将手下4位员工的工作职责进行了重新划分，经验丰富的D先生被安排负责制订生产计划与产能计划，同样经验丰富的E小姐负责制订分销资源计划。B先生负责安排日常生产排程，C小姐负责制订采购计划。由于部门内所有人在公司上ERP项目的时候都经过了系统、完整的培训，同时又都有一定的工作经验，所以大家很快熟悉并胜任了各自的工作。由于公司采用了目标管理工具，每个员工都要参与制定每个人各自的工作目标，所以大家都清楚知道个人及上级的工作目标。由于本部门的工作需要其他部门的配合，所有的工作都需要与人沟通才能完成，所以A先生在部门内部一直强调沟通的重要性，并积极提倡协同配合，使大家都清楚每个人的工作都需要部门内其他人员的帮助才能完成。而要做到这点，大家需要明白互相信任、互相帮助、开诚布公的重要性。A先生在部门中一直提倡创新观念，他本人就不断提出各种各样新的想法来帮助大家更好地完成工作。一般情况下，D先生会帮助A先生将他的想法落到实处，如制定操作程序等等，B先生和C小姐也经常会给这些想法提些建议，而E小姐则小心谨慎，她会考虑新想法对各方面的影响。

经过这几年的成长，生产管理部已成为一个工作绩效高、学习能力强、工作满意度高、内部凝聚力强的团队，部门内的成员都以在这个团队中工作为荣。

资料来源 改编自：丁宁，王馨.组织行为学［M］.北京：清华大学出版社，2010：157.

第一节 团队概述

20世纪70年代末，日本经济飞速发展，对美国经济霸主地位形成了强烈的冲击，引起美国管理学术界和企业界人士的关注。他们通过对日本企业进行调查研究，发现群体在日本企业中起了很大的作用。于是，经过总结和修正，美国管理学术界提出了建立企业团队的设想，并在企业中实施团队运作和团队管理，取得了令人满意的效果。这样，许多企业开始进行模仿，团队在企业中逐渐流行起来。

一、团队与群体

1.团队的定义

团队是由若干成员组成的群体，他们技能相互补充，基于共同的行为目标彼此承诺，并且保持相互负责的工作关系。在团队中，每个成员对完成任务都发挥着不同的重要作用，每个成员的工作都和其他成员的工作密切相关。

2.团队与群体的关系

（1）共同之处

群体与团队的共同之处在于：他们都是介于组织与个人之间的人群结合体，都是为了共同的目标才走到一起的；某个群体或某个团队形成之后就表现出自己的相对独立性，不会因为个别人员的流动而解体；无论是群体成员还是团队成员都能清楚地意识到自己是组织中的一员，成员之间在行为上相互作用，心理上相互影响，彼此间都能意识到对方的存在。

（2）不同之处

群体与团队虽然有如此之多的相同之处，但是也有着一些重要的不同之处，见表9-1。

表9-1 群体和团队的不同

项目	群体	团队
目标不同	相互独立，共享信息	相互依赖，集体绩效
责任不同	个体责任	个体责任和连带责任
技能不同	随机，不同	不同，相互补充
协同效应不同	中性（有时消极）	积极

第一，目标不同。群体往往是自发地存在于组织之中，团队则是在组织的直接参与下组建起来的。就其目的性而言，团队的目的更为集中，更为明确。团队的组建往往是以工作任务为目的，它十分重视其成员的共同努力并产生积极协同作用，而群体则不一定如此，它表明是一种人群的“结合”，群体中的成员不一定有机会参与到需要共同努力的集体工作中去。因此，群体的绩效，仅仅是每个群体成员个人贡献的总和，不能够使群体的总体绩效水平大于个人绩效之和。团队则不同，它通过成员间的积极协同作用，使团队的绩效水平远大于个体成员绩效的总和。

第二，责任不同。在群体中，成员通过相互作用，来共享信息，做出决策，帮助每个成员更好地承担自己的责任，工作绩效由个体负责，成员通常不对超出自己范围的结果负责。而在团队中，成员不仅要对自己的工作绩效负责，也要对团队整体的绩效负责；因为团队整体绩效的结果取决于团队成员协作的好坏，而协作是每一个成员的责任。这里的关键点在于，群体是对单个个体的管理，而团队是将所有的个体看作一个整体来管理。

第三，技能不同。群体成员的技能可能是不同的，也可能是相同的，而团队成员的技能是相互补充的。团队将不同知识、技能和经验的人综合在一起，形成角色互补，从而达到整个团队的有效组合。

第四，协同效应不同。协同效应是群体和团队最根本的差异，群体成员之间可能是中等程度的、例行公事性的配合，有时成员还有些消极或对立。而团队成员之间是一种积极的、有创造性的配合，能够形成一种齐心协力的氛围。

二、团队的构成要素

团队的构成要素是目标、人员、定位、权限、计划，即“5P”。

1. 目标（Purpose）

团队应该有一个共同的目标为团队成员指明方向，使每个成员知道要到哪里去。团队目标要和组织目标相一致，大目标分成小目标，然后分到每个成员身上，集中力量完成共同目标。

2.人员（People）

人员是构成团队的核心力量。因为目标是通过人员具体实现的，所以人员的选择是团队建设中非常重要的部分。在一个团队中可能需要有人出主意，有人制订计划，有人负责实施，有人协调不同的人一起去工作，有人去监督团队工作的进展。不同的人通过分工共同完成团队的目标，在人员选择方面要考虑人员的能力和经验情况。

3.定位（Place）

团队的定位包含两层含义：一是团队的定位，确定团队在组织中处于什么位置，由谁选择和决定团队的成员，团队最终应对谁负责，团队应采取什么方式激励和领导下属。二是个体的定位，确定成员在团队中扮演的角色，是制订计划还是具体实施。

4.权限（Power）

团队当中领导人的权力大小跟团队的发展阶段相关。一般来说，团队越成熟，领导者所拥有的权力相应越小，而在团队发展的初级阶段，领导权相对比较集中。

5.计划（Plan）

计划包含两层含义：一是目标最终的实现，需要一系列具体的行动方案。二是提前按计划进行，可以保证团队目标的顺利实现。只有在计划的操作下团队才会一步一步地靠近目标，从而最终实现目标。

三、团队的意义

1.可以提高工作绩效

采用团队形式能够简化组织结构，使领导与团队以及团队内部成员之间建立起友好合作，形成相互信任的关系。以这种良好的工作氛围为基础，团队成员一起努力，可以大大提高士气进而提高生产效率，使团队的绩效水平远大于个体绩效水平之和。

2.可以提高决策质量

一群有着不同背景、经历和经验的个人组成的团队，在看待问题的角度上要比单纯的个体宽广得多；与某一项工作最密切的人，最清楚该项工作的相关要求及问题；因此由团队进行决策，要比个体决策更有创意，决策的质量也会更高。

3.可以提高成员的凝聚力

在团队中每个成员不仅有各自的工作任务，还要对团队的整体目标负责，有利于形成相互信任、沟通良好的工作环境。尽管他们有那么多的不同，但共同的目标足以将他们凝聚成一个团队。这样可以提高成员的责任感和归属感，大大激发成员的工作积极性，增强成员的凝聚力。

知识拓展9-1

如果用现代管理学的角度观察，会发现《西游记》原来还是一部“古典团队建设理论”教科书，唐僧师徒组成的团队就是一个很成功的团队。组成这个团队的目的是到西天取经。团队一共由5人组成，唐僧是团队的核心，性格坚毅，不畏艰难；孙悟空本领超群，降妖伏魔；沙僧忠厚老实，做挑担等日常后勤工作；白龙马充当脚力；八戒基本上没出过什么力，但却起到了润滑剂的作用。

四、团队的类型

根据团队在组织中的不同作用，团队一般可以分为以下几种类型：问题解决型团队、自我管理型团队、多功能型团队。

1.问题解决型团队

问题解决型团队是最早的团队形式。常常是为了解决组织中的某些专门问题而设立的。团队一般由来自同一部门的5～12个人组成，他们每周用几小时的时间聚在一起，讨论并解决工作当中的某些具体问题。20世纪80年代，企业中非常流行的质量小组，就是典型的问题解决型团队。

问题解决型团队里由于人数少、人员的组成比较单一、目标明确，便于经常聚会和交流，提高了开会和办事的效率，能够迅速解决具体的实际问题。但是这种类型团队的劣势是一般没有权力根据所提建议单方面采取行动，而是需要把那些超出其控制范围的问题报告给管理层。

2.自我管理型团队

自我管理型团队的人数通常为10～15人，他们承担了一些原本是上级所承担的责任。一般而言，成员责任范围包括控制工作节奏和进度、决定工作任务的分配、安排工作时间、检查工作程序等。完全自我管理型团队甚至可以挑选自己的成员，并让成员相互进行绩效评估。

自我管理型团队起到了节约成本、提高生产率和员工满意度的作用，但是这种类型团队的局限是：由于主管人员的重要性下降甚至可以取消，部分自我管理型团队的成员缺勤率和流动率可能会随之增加。

3.多功能型团队

多功能型团队也是应用很广泛的一种团队类型。它由来自同一等级、不同工作领域的员工组成，他们为了完成一项共同任务来到一起。多功能型团队的兴盛是在20世纪80年代末。

实践证明，多功能型团队是一种有效的方式，它能使组织内不同领域的员工之间交换信息，激发新的观点，解决面临的问题，协调复杂的项目。但这种类型团队的缺点是团队在其形成的早期阶段往往要消耗大量的时间：一方面，成员之间尤其是那些背景不同、经历不同和观点不同的成员之间，建立起信任和真正的合作需要一定的时间；另一方面，团队成员要花费一定的时间来学会处理复杂多样的问题。

第二节 高绩效团队的创建

高绩效团队是指一种能自动变革、高效率朝着目标运转的团队。由于高绩效团队的优异表现，越来越多的企业希望把企业内部的群体、团队打造成高绩效团队。团队组建成功，只是向高绩效迈出了第一步，在团队运行过程中，还需要不断地调整和完善，只有这样，团队才能逐步成熟起来，朝着高效率的方向发展。

一、选人方面

1.适度的团队的规模

一个高绩效团队一般由5～11人组成，成员能够清晰地理解目标并保持一致，每个人都有自己的定位，但这并不影响对其他成员的工作的了解，以及提出自己的想法和建议。成员之间有很多的互动，彼此之间沟通顺畅，大家有着积极的工作热情，形成一股强大的凝聚力。在这种良好的团队氛围下，每个成员都能够充分发挥出自己的技能水平，从而使团队产出相当高的绩效。当团队人数呈算数级数增加时，团队之间产生的问题和摩擦会随之呈几何级数增加。通常团队成员多于12人时，团队的凝聚力和相互信任度就会下降，也很难在讨论问题时达成一致，这种状态保持一段时间后，团队就会解散。所以说如果一个群体本身较大，又想让这个群体达到团队的效果，可以考虑把群体分成几个小的团队，通过对这几个小的团队的管理，实现较高的绩效水平。

成员总数为奇数的团队通常比总数为偶数的团队要好。以自我管理型团队为例，由于团队承担了一项工作的全部责任，决策不是一个人的事情，团队的全体成员都要对做出的决策负责。成员总数为奇数时，可以降低投票时发生僵局的可能性，从而提高决策的效率。

2.强有力的团队领导

高绩效的团队离不开强有力的领导者的带领，他能够让团队成员跟随自己共同度过最艰难的时期，指引成员找到正确方向的核心所在。他向成员详细地说明变革的可能性，鼓舞成员的信心，帮助他们更充分地了解自己的潜力。高绩效团队的领导者在团队当中往往担任教练和后盾的角色，他们不是试图去控制整个团队，而是给团队提供一定的支持和帮助。

一个强有力的团队领导往往在知识、能力、素质上特别突出，在领导风格上既重视团队绩效，又重视人际关系，能在完成团队目标和满足个人的需要之间保持动态平衡；还能充分调动成员的积极性、主动性和创造性，能把工作热情传播到整个团队当中，并使之长时间保持。

一个强有力的团队领导需要做到以下几点：

（1）作为领导者要懂得如何管人、育人、用人。成员是团队的核心力量，领导者要能够将合适的人员安排到合适的岗位上，并且充分了解每个人的性格特点，不断发掘成员的潜力。

（2）作为领导者要加强自身能力的修炼，要善于学习，勤于学习，把握事物发展的方向，做到运筹帷幄。事情是处于不断变化发展之中的，对企业来说更是这样，机会稍纵即逝，领导者为了能够带领团队成员走在前面，就必须经常学习，发现变革征兆、实行革新，使团队保持一种与时俱进的活力。

（3）作为领导者还要加强自身的德行修养，懂得以德服人，善于采纳团队成员的意见，不断提高领导水平。领导者的人生观和价值观能够影响团队的发展方向，因此领导者要注重自身的道德修养，在管理中充分发挥个人魅力，把团队成员的智慧集中到一起，以一种潜移默化的方式带领团队取得更好的绩效。

3.互补性的团队成员

高绩效的团队，其成员具有互补性，包括年龄、性别、受教育程度、专业背景、性格、能力等多方面的互补。如在成员年龄结构层次问题上，不能只看重老技术人员的经验和实力就一味地选择他们，还要把年轻的有活力的“新鲜血液”注入到团队当中，为团队带来新的技术和思想。在一个高绩效的团队中，不同的性格也可以实现取长补短。

对于高绩效团队来说，成员能力优势互补显得尤为重要。一般来讲，在挑选团队成员时，需要三种不同技能类型的人：一是具有技术专长的成员，并且成员间的技术不重叠。二是具有解决问题和决策的技能的成员。他们能够敏锐地发现问题，提出解决问题的建议并权衡这些建议，然后做出有效的选择。三是协调内外关系的成员，他们善于聆听、反馈，能够协调团队内部成员之间的合作关系，同时能够处理外部环境对团队的影响，给团队创造良好的发展空间。

4.多样化的团队角色

高绩效团队需要员工承担不同的角色，所以要求组织者尽量能够使员工角色丰富化。一系列研究已经证明，在团队中人们通常扮演9种角色。

（1）创造-革新者。一般来说，这种人富有想象力，善于提出新观点和新概念，他们独立性较强，喜欢自己安排工作时间，按照自己的方式和节奏工作。

（2）探索-倡导者。他们乐于接受、支持新观点，在创造-革新者提出新创意之后，他们擅长利用这些新创意，并找到资源支持新创意。他们的弱点是不一定有耐心和控制能力来使他人追随新创意。

（3）评价-开发者。他们有很高的分析技能，在决策前，如果让他们去评估、分析几种不同方案的优劣，是很合适的。

（4）推动-组织者。他们喜欢制定操作程序，以使新创意成为现实。他们会设定目标，制订计划，组织人力，建立起种种制度，以保证按时完成。

（5）总结-生产者。与推动-组织者相似，他们也关心活动成果，但他们的着眼点主要在于：坚持必须按时完成任务，保证所有的承诺都能兑现。他们引以为荣的是自己生产的产品合乎标准。

（6）控制-核查者。这种人最关心的事情是规章制度的建立和贯彻执行。他们善于核查细节，并保证避免出现任何差错。他们希望核查所有事实和数据，希望保证任何细节没有错漏。

（7）支持-维护者。这种人对做事的方式有强烈的信念。他们在支持团队内部成员的同时，会积极地保护团队不受外来者的侵害。他们对团队而言非常重要，因为他们能够增强团队的稳定性。

（8）汇报-建议者。他们是很好的听众，不把自己的观点强加于人。他们愿意在做出决策之前得到更多信息。因此，他们在鼓励团队做出决策之前充分收集信息，在决策方面起着非常重要的作用。

（9）联络者。最后一种角色与其他角色有重叠。联络者倾向于了解所有人的看法，他们是协调者，是调查研究者。他们不走极端，而是尽力在所有团队成员之间建立起合作关系。他们认识到，其他团队成员可以为提高团队绩效做出各种不同的贡献，尽管可能存在差异，他们会努力把所有团队成员的活动整合在一起。

在一个团队中，每一种角色都很重要，对完成团队目标、取得高绩效成果发挥着各不相同的作用，我们不能因为在某一阶段某种角色承担的任务多了，就认为这种角色很重要。团队中的角色没有高低贵贱之分，每种角色都处于平等地位，管理者和成员应该一视同仁，通过团队的密切合作更好地完成目标。同时，团队中没有哪个角色是完美的，有各自的优势也有各自的不足。高绩效团队也是这样，创造-革新者的创新能力很强，但是会忽视很多细节；总结-生产者能够认认真真地完成任务，但是会缺乏创新精神。

二、用人方面

1.明确团队的目标

在塑造高绩效团队的过程中，通用汽车公司曾经在企业内部做过一项调查，询问团队里的成员最希望领导者做什么，超过70%的成员回答希望领导者能够为他们确立目标、指引方向；又询问团队领导最希望成员做什么，超过80%的领导者回答希望团队成员能够按照既定目标完成任务。可以看出，有一个明确的目标是大家都关心的事情，对于塑造高绩效团队来说显得尤为重要。

（1）高绩效团队有一个大家共同追求的目标

这个共同目标能够为团队成员指明方向，提供推动力，是团队的灵魂和核心，使团队成员愿意为它贡献自己的力量。高绩效团队的管理者和领导者通常会用大量的时间和精力来讨论、修改和完善共同的目标，以使目标在个人层面和集体层面上都能被大家接受。这种共同的目标一旦为团队所接受，在任何情况下都能起到为团队指引方向的作用。

（2）高绩效团队的目标是有效的

高绩效团队不仅有共同的目标，而且能够保证该目标是有效的，有效的目标通常遵循SMART原则，即具体的（Specific）、可衡量的（Measurable）、可实现的（Attainable）、结果导向的（Result-focused）和有时限的（Time-bound）。

（3）团队成员对目标的期望强度高

高绩效团队的成员具有强烈的成功欲望，对目标的期望强度高达100%。在目标的指引下，他们会不惜一切代价，不达目的不罢休，能够在关键时刻排除万难，坚持到底，寻找到成功的方法并完成目标。对他们来说，目标是一种使命更是一种信念，他们的归属感和荣誉感格外强烈，为更好地完成目标奠定了坚实基础。

2.提高团队的信任度

成员之间的相互信任是高绩效团队的显著特征，没有信任，就没有成员的高绩效。

团队信任有五个维度：

①正直：诚实，可信赖。

②能力：具有技术技能与人际关系知识。

③一贯：可靠，行为可以预测；在处理问题时，具有较强的判断力。

④忠实：愿意为团队维护和保全尊严。

⑤开放：愿意与别人自由地分享观点和信息。

这五个维度的重要程度是相对稳定的，通常其顺序是正直、能力、一贯、忠实、开放；并且正直程度和能力水平是判断一个人是否值得信赖的两个最关键的因素。

下面介绍几种提高团队信任度的方法：

（1）团队领导者要加强自身品德修养。如果团队领导者能够做到始终如一、可以预见并且能够经常向员工解释所做的决策，就能激发出团队成员更大的信任感。此外，领导者必须在行动中体现诚信，做到言出必行而且是切切实实的行动。

（2）把自己视为团队的一员。当你把自己看作团队的一部分时，如果团队或团队成员受到外来者攻击，你就会采取语言或者行动维护他们的利益，这样做能说明你对团队是忠诚的。

（3）替他人保守秘密。人们都信任那些值得信赖的人，如果一个人愿意把秘密分享给你，那他一定相信你不会跟别人来讨论这些问题。如果人们认为一个人总会把秘密泄露给其他人，那人们肯定不会信任这个人。

（4）在团队中展示个人的能力。在沟通、团队建设和其他人际交往方面表现出你的技术、专业才能。只有自己的能力被领导、队友认可，才能获得他们的仰慕和尊敬，领导才会把重任交付给你，同伴在遇到问题的时候才会向你请教。

3.公平的绩效考评与奖酬体系

高绩效团队中员工的薪酬是与团队绩效挂钩的，并且对团队做出重大贡献的行为也会被给予重奖，在较大程度上杜绝了社会惰化现象。因此，管理者想要提升团队的绩效，就必须提供有效的衡量个人努力程度的手段，形成适当的绩效考评体系，并将团队成员报酬与团队绩效挂钩。

（1）制定完善的绩效考评体制。制定一个完善的绩效评估体制是有效实施绩效薪酬、实现公平的重要环节。首先让员工参与业绩评估标准的制定，使团队为其制定的绩效目标更客观、更公正；其次要克服绩效评估中各种主观性的错误，如第一印象等，确保评估的公平。

（2）选择合理的考评方法。团队应根据自身情况进行合理的评估方法选择，在对成员进行绩效评估时，要根据考核内容、考核原因以及不同的分工等因素进行合理的思考并制定出考核评估的方法，避免一些不当的评估方法产生负面影响。每种评估方法都有各自的优缺点，团队应根据自身实际情况和成员特点选择适合自己的评估方法。

（3）实行秘密薪酬制度。员工的公平感是通过比较获得的，反之，员工对薪酬的不公平感也是通过比较得来的。那么，实行秘密薪酬制度，避免比较也就成为实现薪酬公平的一个方法。

本章小结

同步测试

同步测试答案

一、单项选择题

1.（　　）在员工参与决策方面权力缺乏，功能不足。

A.问题解决型团队　　B.多功能型团队

C.自我管理型团队　　D.以上都不是

2.按照团队角色理论，具有“善于提出新观点和新概念”这一特点的团队角色类型是（　　）。

A.创造-革新者　　B.探索-倡导者

C.推动-组织者　　D.总结-生产者

3.（　　）由来自同一等级、不同工作领域的员工组成，他们为了完成一项共同任务来到一起。

A.问题解决型团队　　B.自我管理型团队

C.多功能型团队　　D.创新型团队

4.群体往往是自发地存在于组织之中，团队则是在组织的直接参与下组建起来的。就其目的性而言，团队的目的更为集中，更为明确。这表述的是团队与群体的（　　）不同。

A.责任　　B.目标　　C.技能　　D.协同效应

2.高绩效的团队，其成员具有互补性，包括年龄、性别、受教育程度、专业背景、性格、能力等多方面的互补。这是高绩效团队打造的（　　）要求。

A.适度的团队规模　　B.强有力的团队领导

C.互补性的团队成员　　D.多样化的团队角色

二、多项选择题

1.团队的构成要素有（　　）。

A.目标　　B.人员　　C.权限

D.定位　　E.计划

5.团队信任度的维度包含（　　）。

A.正直　　B.能力　　C.一贯

D.忠实　　E.开放

3.下面几个群体中，（　　）是团队。

A.足球队　　B.旅行团　　C.龙舟队

D.候车旅客　　E.等待过马路的行人

三、判断题

1.所有的团队都是一个群体，所有的群体都是团队。（　　）

2.当团队的绩效等于或小于个体绩效之和时，团队开始进入成熟期。（　　）

3.高绩效团队的成员越多越好，可以集中力量办大事。（　　）

4.多功能型团队的优点是使组织内不同领域的员工之间交换信息，激发新的观点，

解决面临的问题，协调复杂的项目。 ( )

5.采用团队形式进行决策，要比个体决策更有创意，决策的质量也会更高。 ( )

四、思考题

1.什么是团队？谈谈团队和群体的异同。

2.有哪三种团队类型？其各自的优缺点如何？

3.如何创建高绩效团队？

第十章

信息沟通与管理

学习目标

知识目标：

1.掌握沟通的概念，了解沟通的重要性。

2.掌握有效沟通的要素和沟通的过程。

3.熟悉沟通类型和沟通网络的形式。

4.掌握有效沟通的障碍及其克服。

能力目标：

提升与各种不同对象有效沟通的能力。

素养目标：

培养学生在与人打交道的过程中注重有效沟通的职业精神。

引导案例

太平洋西方航空公司做了一次员工调查，主要目的是了解员工对公司内部相互沟通状况的看法，当调查结果送到董事长兼首席执行官莱斯·伊顿手里时，他不禁大吃一惊。这份员工调查显示，大部分员工对公司内部相互沟通的状况表示不满，伊顿知道必须迅速采取措施来缓解这种危机。

由此，公司高层开始研究讨论设立一个新的部门：内部沟通部。内部沟通部成立的时候，公关部制定了1个内部沟通政策以及1项行动计划，这项行动计划的一项重要内容就是员工沟通调查。为了方便员工内部沟通，公司在过去几年中已经建立了一些正式沟通渠道，如“航空杂志”“快讯”“新闻热线”等。

当公司内部沟通部开始组建时，伊顿感觉到员工中间存在着严重的忧虑和不安。为了缓解员工的不安情绪，他决定向全体员工发表一份公开声明。这份声明设计得别出心裁，它不同于一般的书面公告，而是一些录音录像的组合，生动而亲切。这份声明的第一部分是伊顿先生讲话的录像；第二部分是公司一些高层管理人员会议的讨论纪要，并配有卡通图画；声明的最后一部分是5分钟的现场录像，描述了太平洋西方航空公司职员在各自岗位上辛勤工作的情景，用以激励员工努力工作，而且还附有管理人员回答员工各种提问的录像……

资料来源　龙立荣．组织行为学［M］．4版．大连：东北财经大学出版社，2019：221-222.

第一节　沟通概述

一、沟通的概念和重要性

1.定义

广义的沟通是指人与人之间的交流过程，是指信息的发送者将其想法、观念、意见、思想、情感等信息通过媒介（如语言、文字、表情、姿态或语调等）传达给对方（信息的接收者）并获得反馈，以达到目标行为过程。

2.沟通的重要性

（1）沟通对员工的重要性

通过沟通，员工可以更好地理解自己工作的职责和要求，明确规章制度，彼此之间互相帮助、监督与制约，从而更好地完成组织任务。

对一个组织的员工来说，沟通还能起到很好的情绪表达作用。在公司内部，员工因为不同的兴趣爱好、个人背景、工作职责等结成自己的“小圈子”，其成员通过沟通来表达自己的情绪——发泄情绪或分享喜悦，这时，沟通就很好地起到了情绪表达的作用。

（2）沟通对管理者的重要性

沟通是通过影响群体中的个人行为来实现其控制功能的，比如公司每周举行例会，各项目负责人汇报各自项目的完成情况，这就是正式沟通的控制作用。在非正式沟通中，同样存在着这种控制功能，例如一个公司的主管苛待员工，公司内关于该主管的小道消息迅速传播，那么主管顾忌形象就会收敛自己的行为。

沟通可以通过奖惩的途径来激励员工，比如当组织中有人不思进取、工作散漫进而影响到公司效益的时候，管理者往往会采取通报批评等惩罚方式，而业绩突出的员工会在公司大会上受到管理者的表扬，管理者通过这种正向或负向的反馈来实现强化激励的作用。

（3）沟通对组织的重要性

首先，沟通所起到的信息传播作用能促使组织做出正确的决策。沟通为个体和群体的决策提供了所需要的信息，使决策者能够进行权衡，从而做出决策，使整个组织完成任务、向更好的未来迈进。

其次，沟通还能加深组织内部成员之间的关系，培养组织的团结力和合作能力，一个组织内部如果成员之间彼此不了解，是很难建立起深厚的感情的，所谓的培养工作契合度、增强团队精神也就无从谈起。

二、沟通的类型

1.按照信息传播的方向不同，分为纵向沟通、横向沟通和斜向沟通

（1）纵向沟通

纵向沟通是指组织内部上下级之间的沟通，包括管理者对员工所进行的自上而下的沟通，或者是员工对管理者所进行的自下而上的沟通，具体分为上行沟通、下行沟通。

上行沟通是指信息在组织中由低层次的一方传递给高层次的一方，如公司内部的民意调查，就是把基层员工的意见传递给管理层，还有公司员工向高管做出的工作汇报等，都属于上行沟通。它的优点是能使高层了解基层的意见与想法、了解制度的执行情况，从而更好地进行公司决策，也有利于树立上级的权威性；缺点是因为信息是逐级向上传递的，所以容易造成信息的搁置、扭曲。

下行沟通与上行沟通相反，是指信息在组织中由高层次的一方传递给低层次的一方，是组织中最重要也是最常见的沟通类型。下行沟通多见于传统的直线式组织中，方式有下达口头命令、下达文件、通报表扬或者批评、绩效反馈等。其优点是上级可以为下级指明政策、意图，明确下级的职责与权力；缺点是如果长期使用下行沟通，会使得下级容易依赖上级，不容易培养下属的责任感。

（2）横向沟通

横向沟通是指信息在组织中同一层次之间传递，该沟通类型侧重于沟通的双方在组织中的地位是平级的。其优点在于：沟通双方地位平等使得横向沟通具有双向协同作用，能加强组织内各部门的了解，有效地增强组织合作、减少摩擦，促进组织内部团结。其缺点是容易造成组织内各部门相互扯皮、推诿等现象。

（3）斜向沟通

斜向沟通是指信息在组织中不同部门、不同层次之间的传递，它强调沟通的双方是不属于同一部门且没有上下级隶属关系的。其优点是能够缩短沟通距离，加快信息传递，使本来需要通过复杂手续才能传递的信息直接传递给了不同部门不同层次的员工，弥补了横向沟通的不足，提高了工作效率；缺点是沟通双方可能不了解对方的状况，对沟通造成一定阻碍。

2.按照沟通时是否出现反馈，分为单向沟通与双向沟通

单向沟通是指信息接收者没有反馈给沟通者的传递形式，一方只负责发送信息，另一方只负责接收信息。其优点是传递信息速度比较快，而且因为不允许有反馈，所以使得信息更具有权威性；缺点是因为没有反馈，所以这种形式传递的信息较少，容易造成信息的扭曲与失真，准确性差，而且也容易使接收者产生抗拒情绪。

双向沟通是指信息接收者在接收信息之后反馈给传递者的信息传递形式，这种反馈一直持续到接收者能够理解发送者所传递的信息为止，形式有协商、面谈、见面会等。其优点是传递的信息较多，因为有反馈环节所以不易造成信息的失真与扭曲，接收者可

以通过反馈的环节表达自己的意见与见解，能够促进信息传递过程的和谐性；缺点是接收者可能会在反馈环节提出对发送者的质疑，从而影响发送者的权威性，而且这种方式传递信息比较慢。

在组织中，应更多地运用双向沟通的方式，因为双向沟通更注重员工之间的人际关系，更加人性化。

3.按照沟通的载体不同，分为语言沟通与非语言沟通

（1）语言沟通

语言沟通，顾名思义，就是使用正式语言符号作为表达方式的沟通类型，它包括口头信息沟通与书面信息沟通。

口头信息沟通是指以言语作为沟通载体的沟通形式，比如口头交流、演讲等都属于口头沟通。书面信息沟通是指以文字作为沟通载体的沟通形式，如写邮件、下通知、写文件都属于书面沟通。二者相比，口头沟通更加灵活且简便易行，也能更好地传递感情；而书面沟通则更加正式，能更好地记录沟通的细节，利于信息的保存。随着科技的发展，电子化与影像形式的沟通在现代管理中占据越来越多的位置，如网络会议等，其实质是口头沟通与书面沟通在电子化载体下的新形式。

（2）非语言沟通

非语言沟通是指借助非语言符号，即并不使用书面或者口头的词汇所进行的沟通。口头语言和书面语言容易掩饰人的内心，而身体语言却往往会流露出真实的信息。常见的非语言沟通有身体语言沟通、副语言沟通、物体的操纵三种。

身体语言沟通就是利用社会上潜移默化的一些肢体语言来传递信息、表达含义，比如不同的手势、面部表情都带有不同的含义，表10-1列举了一些常见的身体语言及其含义：

表10-1 **常见的身体语言及其含义**

常见的身体语言	含义
不正视对方	紧张、害怕、说谎、不礼貌
双臂交叉在胸前环抱	紧张、防卫
跷起二郎腿	放松、不戒备、不礼貌
身体前倾	感兴趣、认真倾听
发抖	紧张、生气、兴奋
玩弄头发或衣角	冷淡、紧张、说谎
抬起下巴	感兴趣、自信、高傲
嘴角向下	不愉快、蔑视、苦恼、烦躁
竖大拇指	赞赏、鼓励

副语言沟通，如言外之意、语气语调，也会影响沟通的过程。比如不同语气语调对沟通的影响：主管对下属安排工作，用急促严厉的语气会让下属感觉这件事非常紧迫重要，必须尽快完成；主管批评下属时，用温和的语气会使下属不感到太难堪，下属易于接受才能促使沟通顺利达成；同样的一句话，陈述句、疑问句、反问句，不同的语调也会表达不同的含义，进而影响到沟通的结果。

物体的操纵，如中国古代文人讲究的“端茶送客”，主人想结束与客人的谈话，但直接说出显得不礼貌，让客人难堪也有失自己的风度，那怎么办呢？就是通过端起茶杯的方式在暗示客人“这场谈话结束了”，客人心领神会就会起身告辞。它的优点在于能隐晦地传递信息，最大限度地维持沟通双方的和谐氛围；它的缺点在于准确性欠佳，因为这项沟通方式会受到不同国家、地区、民族以及风俗文化的影响，同样的行为在不同的情况下可能具有不同的含义，如果在不了解对方状况的情况下使用，可能会造成信息传递的扭曲，破坏沟通过程中的良好氛围。

4.按照沟通的渠道不同，分为正式沟通与非正式沟通

（1）正式沟通

正式沟通是指组织内部明文规定的信息沟通，比如正式的规章制度，正式下达的指令、文件、通知、公告等，以及组织内部上下级及同事之间因工作需要的一系列的正式的接触。

正式沟通的优点在于，沟通的双方因为需要遵守组织的规章制度而使得沟通的过程天然具有约束力、保密性和权威性；缺点是信息要通过层层传递，沟通速度慢，信息在传输的过程中也容易发生失真与扭曲。

（2）非正式沟通

非正式沟通是指以社会关系为基础，与组织内部规章制度无关的，无组织、非正式的沟通形式。比如员工因为相似的背景、兴趣爱好等聚集在一起，由一些人向其他人传递小道消息。茶余饭后的闲聊、公司员工的私下交往等也都属于非正式沟通。

与正式沟通相比，非正式沟通的优点在于形式灵活、简洁明了，不必经过正式沟通中复杂烦琐的程序，所了解到的信息更加真实准确，不仅满足了员工的社交需求，而且补充了正式沟通的不足；非正式沟通的缺点是，在公司内部传播的不具有真实性的小道消息会对公司造成一些影响，而且如果任由员工组成自己的“小圈子”，公司内可能会因此加剧派系斗争，影响公司的稳定。

三、沟通的网络

不管是正式沟通还是非正式沟通，组织中的沟通都需要一定的渠道网络才能进行。

所谓网络，在沟通中指的就是一群人保持联系、传递信息的一种形式。在组织中每一个人都会与周边的人保持联系，没有一个人能成为一座孤岛，每个人都会成为网络中的一员，这就构成了沟通网络。

1.正式沟通中的网络

在正式沟通中沟通网络有以下几种形式，如图10-1、图10-2所示。

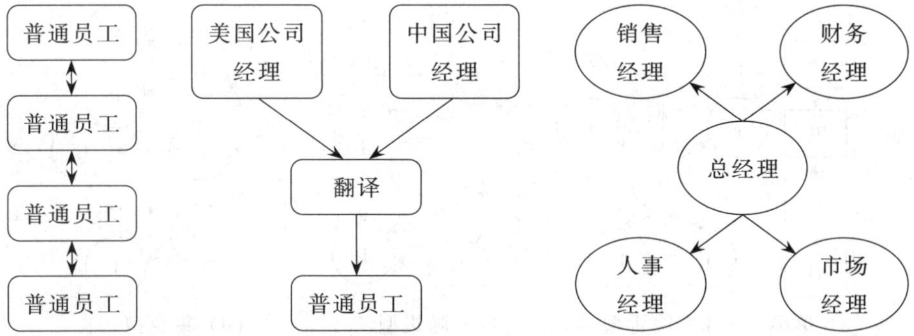

（a）链型 （b）Y型 （c）轮型

图10-1 正式沟通的网络化形式（一）

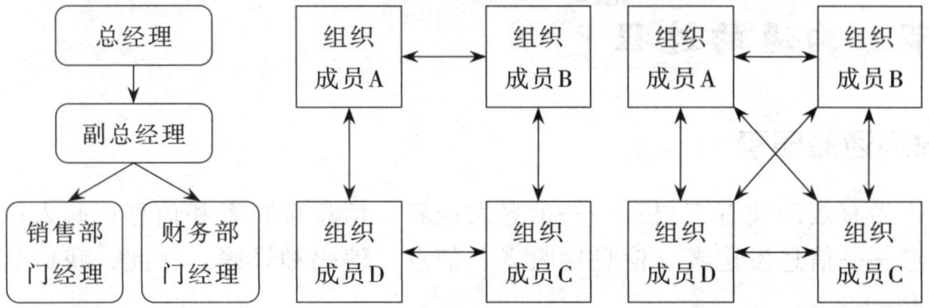

（d）倒Y型 （e）环型 （f）全渠道型

图10-2 正式沟通的网络化形式（二）

链型：在管理层次中，只有上行沟通和下行沟通，这种形式在企事业单位中很常见。

Y型：两个人通过一个人进行沟通，双方一般是等级相等的领导者，中间人一般是下级员工，比如翻译。

轮型：一个人与周围人进行沟通，周围人之间没有沟通，一般常见于领导与下级的单方面沟通，如开会。

倒Y型：一个上级通过另一个“瓶颈人物”与其他人进行沟通。

环型：每个人都与自己身边的人进行沟通，形成了一个圆环。

全渠道型：每个人都可以与其他所有人自由沟通。

2.非正式沟通中的网络

在非正式沟通中沟通网络有以下几种形式，如图10-3所示。

单串型：信息由A传给B，B传给C，C传给D，这样一直传递下去。

饶舌型：又称中心型，是指信息以A一个人为中心传递给B、C、D、E、F五个人。

随机型：A随机地把信息传递给一部分人（图中的B、D、F），这部分人又传递给其他人。

集合型：A将消息传递给特定的人（图中的B、C、D）这些人又传递给其他的人。

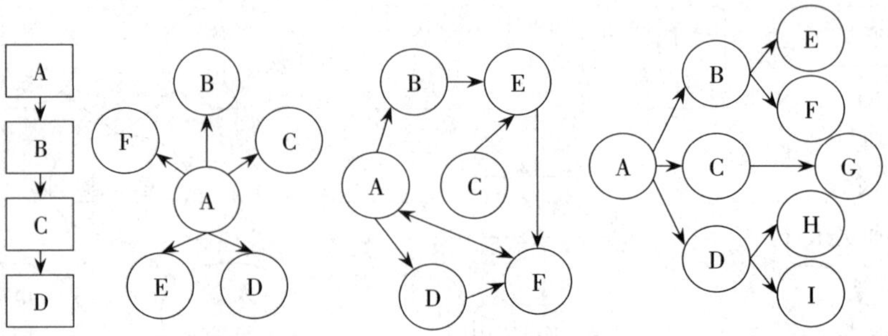

(a) 单串　(b) 饶舌型　(c) 随机型　(d) 集合型

图10-3　非正式沟通的网络化形式

第二节　沟通的过程

一、有效沟通的要素

有人认为有效沟通有三要素——信息发送者、信息接收者和信息；有人认为有效沟通有五要素——信息发送者、信息接收者、信息、编码和译码。在此，我们认为有效沟通有七要素：

1.信息沟通者（也称信息发送者）

信息沟通者，即沟通主体，是有目的、有主动性的信息传播者，是信息进行沟通的源头。

2.信息

信息，即沟通内容，可以是语言、文字、图形、视频、符号等形式，表达信息沟通者的观念、情感、态度等。

3.编码

编码，即信息沟通者将要传递的信息在大脑中组织好，并根据情况选择合适的表达与传递方式。常见的表现形式有语言、文字、图形图像、表情与肢体动作等。

4.传递渠道

传递渠道，即沟通媒介，是信息传递的路径与所采取的方式，比如报纸、书刊、电视、电话、语言文字等。

5.信息接收者

与信息沟通者相对应，信息接收者是信息所要传递的对象。

6.译码

译码是指信息接收者根据自己的理解，将信息翻译成自己可以理解的语言或者方式，是接收者对于信息深层含义的理解。

7.反馈

反馈指的是信息接收者对信息做出反应后并将它传递给发送者的过程。

二、沟通的过程分析

我们可以概括出沟通的一般过程，如图10-4所示。

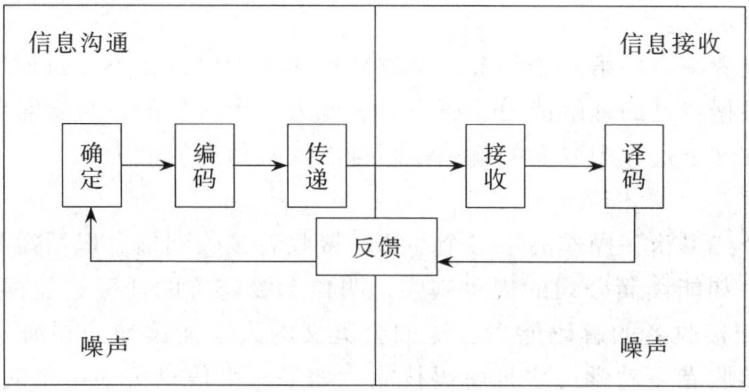

图10-4 沟通的过程

1.确定

确定，即确定概念。对一个有效的沟通过程来讲，确定准确可靠的概念是沟通的第一个环节。确定概念是指，信息沟通者首先要明确传递信息的动机是什么，自己要传达什么信息、表达什么含义给对方。如果沟通者没有确定正确的概念，传达了错误或者模糊的观点，那么整个沟通过程即使顺畅而且无噪声，沟通的结果也是无效的。

2.编码

在沟通的过程中有两个“黑箱”环节，因为这两个环节只能在人的大脑这个“箱子”中完成，并且是看不见、摸不着的，编码是两个“黑箱”操作的第一个环节。信息沟通者要把自己确定好的概念以适当的形式表现出来，因为概念是存在于沟通者大脑中的，概念不同于有形的物质，物质的传递过程中一般不会发生失真与扭曲，而概念要想传达给接收者必须要变成有形的物质，这个过程中就有可能会发生失真。所传达的概念的内容在一定程度上会决定编码的形式，例如公司的部门规章制度常常以书面形式表达；一个人所要传达的信息往往会因为他的表情与肢体动作不同而具有不同的含义。

知识拓展10-1

莫尔斯码在早期无线电领域的地位举足轻重，是每个无线电通信者都必须知道的。它是一种早期的数字化通信形式，但是它不同于现代只使用0和1两种状态的二进制代码，它的代码包括：点、划、点和划之间的停顿、每个字符之间短的停顿、每个词之间中等的停顿以及句子之间长的停顿。它可以将任何一种书面字符用可变长度的信号表示。由于通信技术的进步，各国已于1999年停止使用莫尔斯码，但由于它所占的频宽最少，还具有一种“技术+艺术”的特性，所以在实际生活中仍有广泛的应用。摩斯电码可谓编码界的翘楚。

资料来源 马凌霜. 密码之秘［N］. 广东科技报，2011-06-18（5）.

3.传递

传递是沟通者一方的最后一个环节，沟通者在这一阶段要做的就是把信息准确及时地传递出去，尽可能地减少传递中信息的扭曲与损耗。

4.接收

接收是接收者一方的第一个环节，接收者在这个阶段也并不是机械地接纳传递过来的信息，而是根据自己的理解能力、逻辑分析能力、个人目的、自身需要有选择地进行接收，接收者在这个过程中要做的就是提高自己接收信息的能力。

5.译码

译码是两个“黑箱”操作的第二个环节，接收者接收到信息以后需要转换为方便自己理解的形式，如能读懂公司的规章制度、明白上级布置的任务、能读懂言外之意等，这个环节受制于接收者的解码能力，比如会英文的人才能读懂公司海外发来的英文邮件，这就需要接收者主动学习多种解码技能。如果一个信息传递出来的时候是正确的，但是接收者却错误地理解了它，那怎么办呢？这就需要我们的下一个环节——反馈。

6.反馈

反馈即接收者把自己所理解的信息含义传达给发出者，以查看是否正确理解了信息的含义。获得反馈的方式有很多种，直接向沟通者表达自己理解的信息并进行询问、通过观察沟通者的面部表情以确定是否正确等都属于获得反馈的方式。

7.噪声（障碍）

噪声，即信息在传递过程中的障碍，它存在于传递的每一个过程中，信息沟通者无法准确确定信息概念、编码及译码的失真、信息传递过程中信息的扭曲与损耗、信息接收和反馈过程中的不及时不准确等都是沟通过程中的噪声。噪声只能减小，不能完全避免，因为噪声的存在，导致没有任何一次信息是无误差地从沟通者传递给接收者的。

噪声按来源可分为外部噪声、内部噪声与语义噪声。外部噪声来自环境，比如嘈杂的噪声影响了接收者的倾听；内部噪声来自接收者内部，比如接收者的自身健康状况、精神状态，还有偏见也会形成内部噪声，例如性别或种族歧视；语义噪声一般是指语言歧义，沟通双方对语句的理解不同而阻碍了沟通的有效性。

第三节　有效沟通的障碍与克服

从上面两节我们已经知道，沟通的过程中总会存在一些阻碍因素，这些导致信息扭曲甚至沟通失败的因素就叫作沟通障碍，也就是前面所说的噪声，在本节我们将介绍沟通在不同过程中所面对的障碍，分析障碍产生的原因，并提出相应的解决对策。

一、有效沟通的障碍分析

1.个人因素

（1）沟通技巧的差异

①常见的语言和非语言歧义。沟通者一般要使用语言或者文字将所想的内容表达出

来，有时所使用的语言和文字具有多重含义，使得不同的接收对象会对信息产生不同的理解，从而引起错误。再比如不同国家与民族之间使用的肢体语言也不同，在中国，点头代表同意而摇头代表不同意，同样的动作在印度却代表着相反的含义。

②沟通者的传送形式不恰当。如果一个信息需要用好几种形式传送出去，这些形式彼此之间不协调，就会使人错误理解信息的含义。比如，上司笑容满面，却是在说批评你的话，你就会产生疑惑，因此只有几种传递形式彼此协调才能增强信息的可信度。

③沟通者表达能力不佳。例如，沟通者口齿不清晰，或者字体潦草、模糊，无法辨认；再如，沟通者的逻辑思维能力不清晰，理解了信息的含义却不能很好地将所想的内容完整清晰地表达出来。

④沟通者的个性特点会影响他的表达能力。例如，容易紧张和害羞致使无法完整地进行表达；粗心使其在表达时遗漏了关键信息；缺乏想象力导致描述信息时较为死板，不能使接收者具象化地理解信息。此外，如果沟通者是一个以自我为中心的人，很可能并不关心接收者是否理解了信息并进行反馈。

（2）有选择地接受

有选择地接受也称为选择性知觉，指的是接收者会根据自己的学历、地位、年龄、性别、肤色、动机而选择性地去接收信息，这个过程往往是无意识的，它是由各种客观原因（如信息的特征）和主观原因（如接收者的态度、兴趣、经验）所决定的。比如，领导对某个员工不满意时，就会更多地关注该员工表现不好的信息。再如，对同一份项目报告，生产部的经理更关注生产技术的可行性，而财务部的经理更关注项目的回报率。详细内容见第三章。

（3）社会知觉的偏见

社会知觉的偏见也称为社会知觉偏差，影响沟通的社会知觉偏差主要有首因效应、晕轮效应、刻板印象、投射效应等。首因效应指的是“先入为主”，比如你第一次见到一个人时他衣冠不整，给人感觉邋遢、做事毛躁，当他跟你说他的工作计划时你可能就会半信半疑，认为他不可能做好。晕轮效应又称为“光环效应”，是指人们根据已知的某一部分特征推算整体，人们往往认为高学历者总是品学兼优的，社会上出现了高学历犯罪者时他们往往不相信、不理解。刻板印象是指对一类人或事的固定的看法，比如公司的HR认为女性在工作能力上远远不如男性等。投射效应指的是把自己的某些特征投射到别人身上，认为别人也是如此。详细内容见第三章。

2.人际因素

（1）相互信任

沟通双方的信任程度与沟通的有效性成正比。比如，同样的一句劝诫的话，如果是你的知己好友对你说，或者刚刚认识的一位朋友对你说，你能接受或者说能听得进去的程度肯定是不同的，明显你会更相信你的知己好友所说的话。

（2）信息来源的可靠性

信息来源的可靠性是指信息可以被相信的程度。信息来源的可靠性由以下四个方面决定：能力、诚实、客观、热情。首先是能力，即沟通者是否具有了解信息概念所需要的专业知识，能否正确传递信息。其次是诚实，即沟通者在发送过程中是否会有意操纵信息，以使信息显得对接收者或沟通者更为有利。比如，当信息从下往上传递时，下属经常会选择性告诉上级利好消息，或者把自己所负责的工作大加渲染，而对别人的工作和不利消息一笔带过；信息在从上往下传递时也会遇到这种情况。最后是客观和热情，这是指如果信息发送者能够站在一个更加客观的立场上描述信息，那么他所传递的信息就更具有可靠性，态度热情的信息发送者也往往比冷漠的发送者更容易让人信任。

（3）两者之间的相似程度

沟通双方的相似程度越高，沟通的有效性就越高。沟通双方在成长背景、文化水平、个性爱好、社会经历等方面具有越多的相似性，他们彼此就会越能理解对方所传递信息的含义，而且也会更加信任对方，沟通的过程也更为坦率。

3.结构因素

（1）地位差别

地位差别是指组织内部各成员所处的位置是不同的，地位的高低影响着沟通的方向与频率。首先，地位差距越大，信息越趋向于从地位高的一方向地位低的一方流动，很明显，这对于信息从低处向高处流动是不利的，不利于信息的双向流通。其次，平等地进行沟通往往在同阶层之间更频繁，因为同阶层的人进行沟通时不会有因社会地位不同所带来的压力。地位低的一方在沟通时经常会感觉到压力，影响沟通的效果，地位高的一方可能会对地位低的一方的意见不重视，甚至全盘否定。

（2）信息传递链

在同一条信息传递的过程中，每个人都既可能是信息的沟通者，又是信息的接收者，信息连续地从一个等级的接收者传递到另一个等级的接收者所发生的变化，就叫作信息传递链。一般来说，信息通过的等级越多，它传递到接收者所需要的时间就越长，信息越有可能产生失真与扭曲，这是因为每个人对于信息的理解都有可能产生偏差。当一个组织成员作为信息接收者时，他只能理解到信息的80%，而当他作为信息沟通者再去传递信息时，他能表达的就只有60%。随着信息传递链的不断延伸，越处于传递链下游的组织成员对信息的理解越失真，有研究表明，当一条信息的传递链经过5个等级后，信息的保真率只有原来的20%。

（3）团体规模

团体的规模往往与沟通的效率成反比。你与一个人进行面对面的交谈，你可以很明显地看出他对你的谈话是否感兴趣，如果他不感兴趣你可以转变话题，这就大大提高了沟通的效率；而如果是你给很多人开会，你就会发现很多人在打哈欠或者玩手机，根本没有在听。而且对于信息沟通者来说，因为传递信息的对象非常广泛，你必须要考虑到所有人的文化水平、理解能力，你在沟通时就必须兼顾方方面面，而你在与单个人沟通时只要选取适合他个人的沟通方式与内容就可以了，这也就导致了在面对团体成员时沟通的有效性远远低于在面对单个个体时。

（4）空间约束

企业常常要求员工只能在某一或者某部分特定地点进行工作，那这些员工的沟通也受制于其工作地点。比如一个工厂要求工人不得随意离开自己的工作岗位，那这个工人的日常交流对象基本只限于身旁的工友，打交道的对象一般也仅是自己本部门的员工和有工作联系的部门的员工。

4.技术因素

（1）语言

由于沟通双方具有语言上的差异，因此两个人不能互相理解对方。比如跨国公司不同国家子公司人员之间的互相沟通，哪怕中间有翻译，也可能存在着翻译不到位的情形，因为语言问题导致沟通失败的例子比比皆是。

（2）非语言暗示

因为沟通双方的文化水平、社会经验都不同，信息的接收者可能无法很好地理解沟通者的肢体动作或者画外音，从而导致沟通失败。

（3）媒介的有效性

不同沟通媒介具有不同的效率，选择什么样的沟通媒介，很大程度上也取决于信息的内容与沟通者的目的，也与沟通所处的环境有关。一般来说，越是侧重于语气、表情、肢体语言的媒介所实现的沟通效率就越高。

（4）信息过量

由于现代通信技术的发展，管理人员每天收到的信息越来越多，信息过量的问题变得十分严重，过量的信息使管理者无暇顾及大多数信息，从而产生信息遗漏。

二、克服沟通障碍的对策

为了确保沟通目标得以实现，IBM公司制定了一个“沟通十诫”：一是沟通前先澄清概念；二是探讨沟通的真正目的；三是检讨沟通环境；四是尽量虚心听取别人的意见；五是语调和内容一样重要；六是传递资料尽可能有用；七是应有追踪、检讨；八是兼顾现在和未来；九是言行一致；十是做好听众。

在此，我们将上述克服沟通障碍的主要策略总结为四个方面：

1.恰当运用语言文字

首先要明确语言文字的使用对沟通的重要性，因为语言文字毕竟是信息的载体，任何沟通者脑海中的信息都必须通过转化为语言文字才能传达给对方，如果运用不恰当，就会出现语言歧义或者接收者接受效率低下的问题。

恰当地运用语言文字，要做到以下几点：要尽量使用简洁、含义明确的语言文字，使语言能做到通俗易懂、避免歧义，同时要避免使用偏词怪句；叙述上要形象生动，可合理地运用图表、图形等工具来辅助信息的理解；要具有逻辑性和连贯性，遵从时间顺序、事前事中事后等顺序；风格上要朴素真挚，语言要具有感染力，使对方能够感同身受，不要一味地为了文采而堆砌华而不实的语句。

2.积极倾听

积极倾听，指的是倾听者要主动搜集信息，而不是被动地面对信息和信息传递者。罗宾斯提出，积极倾听有四项基本要求：专注、移情、接受和对完整性负责的意愿。

专注，指的是倾听者要精力集中地接收信息。对倾听者来说，要仔细接收信息，要对沟通者表示尊重，停下手头正在做的事情，暗示对方你想倾听他说的话，激发对方沟通的欲望，而且应抬头将目光平视对方。

移情，指的是要把自己置于说话者所处的环境，即做到“设身处地”，在交谈的时候要面带微笑，表情自然，这样能极大地减轻说话者的紧张情绪，促进其沟通的信心，同时也要注意说话者情感的变化，以增进对信息的理解。

接受，指的是倾听者要客观、耐心地倾听信息的内容，不应该做出急躁、武断的判断，在对方讲话的时候要先让说话者说完，不要随意打断对方，避免让对方感觉你不礼貌；如果感觉确实有疑问，不妨耐心听下去，因为接下来的谈话内容很可能自然而然地就解答了你的疑问，或者等到说话者讲话结束后再进行提问。

对完整性负责的意愿，指的是倾听者要努力从说话者的内容中获取所传递的信息，首先要保证谈话的完整和连贯，讲话结束后可以及时地进行提问与复述，来确保自己接收到了完整的信息。

3.利用反馈

具体包括以下几个方面：第一，反馈要及时。第一时间给出的反馈意见，可以及时激励或者及时纠正。如果对于错误的反馈拖延得比较久，就不能达到及时纠正、及时更改的目的；同时，还可能会使犯错者有秋后算账的错觉，从而产生抵触心理，使团队管理者的反馈意见受阻。第二，对事不对人。描述问题要具体，不要针对人进行反馈，应描述具体的某一行为或者结果，不要责怪员工，要描述问题的细节。第三，持续跟进，促进积极行动。对于对方做得好的事情，给予正面的反馈——表扬、赞美、奖赏，以此促进他下次做得更好；而对于对方做得不足的地方，应该给予建设性的反馈，提出改进的建议，切记尽量不要使用批评、责骂的方式，以避免挫伤对方的积极性。

4.选择适合的沟通渠道

选择合适的沟通渠道，要善于利用渠道的优点，避免其缺点。一般来说，组织内的政策、文件、资料、指令等可靠信息，采用正式沟通的效果较好。不过，在一项新政策推出之前，可以利用非正式沟通传递信息快的特点，让组织成员提前做好思想准备，更利于政策目标的达成；也可以通过非正式沟通传递一些具有敏感性、不适宜通过正式沟通渠道传递的信息，达到收集组织成员意见的目的。在促进组织成员情感交流时，要多运用非正式沟通。

本章小结

同步测试

同步测试答案

一、单项选择题

1.根据沟通时是否出现反馈，可以将沟通分为（　　）。

A.单向沟通与双向沟通　　B.上行沟通与下行沟通

C.横向沟通与斜向沟通　　D.正式沟通与非正式沟通

2.以下（　　）不属于非语言沟通。

A.身体语言　　B.语气语调

C.网络会议　　D.物体的操纵

3.对一个有效的沟通过程来讲，（　　）是沟通的第一个环节。

A.确定概念　　B.编码　　C.译码　　D.噪声

4.在有效沟通的障碍中，（　　）不属于技术因素障碍。

A.语言　　B.信息传递链

C.媒介的有效性　　D.信息过量

5.在沟通过程中信息接受者根据他们的需求、动机、经验、背景和其他个人特征来接受和理解信息，这叫作（　　）。

A.选择性知觉　　B.投射　　C.情感障碍　　D.沟通理解

二、多项选择题

1.下列（　　）是积极倾听的基本要求。

A.专注　　B.移情

C.接受　　D.对完整性负责的意愿

E.恰当运用语言文字

2.有效沟通的障碍主要有（　　）几大类。

A.个人因素　　B.结构因素　　C.人际因素

D.技术因素　　E.地位差别因素

3.利用反馈，克服沟通的障碍、提高沟通有效性的要求有（　　）。

A.运用语言文字　　B.对事不对人　　C.运用非语言文字

D.持续跟进　　E.反馈要及时

三、判断题

1.沟通并不总是有效的，也不是每一次沟通都是具有反馈的。（　　）

2.书面沟通的优点是更加正式，能更好地记录沟通的细节，利于信息的保存。（　　）

3.非正式沟通的缺点是通过层层传递，沟通速度慢，信息在传输的过程中也容易发生失真与扭曲。（　　）

4.在沟通中，沟通双方的相似程度越高，沟通的有效性就越高。（　　）

5.信息通过的等级越多，它传递到接收者所需要的时间就越长，信息越有可能产生失真与扭曲。（　　）

四、思考题

1.什么是沟通？它有哪些重要意义？

2.根据不同的分类标准，可以将沟通分为哪几种形式？它们的优缺点分别是什么？

3.沟通的要素包括哪些？简述沟通的过程。

4.正式沟通与非正式沟通的网络形式都有哪些？请予以说明。

5.在沟通中会遇到哪些障碍？应如何克服？

第十一章

领导与领导艺术

学习目标

知识目标：

1.掌握领导、领导者、领导力的含义。

2.掌握领导力的五种权力及其划分。

3.熟悉有关领导特质理论及其应用。

4.熟悉领导行为理论及其应用。

5.了解各种领导权变理论，并掌握各个理论的内容、特点和适用层面等。

6.熟悉领导艺术的相关内容。

能力目标：

1.提升运用领导理论分析和解决现实问题的能力。

2.提升学生工作过程中的领导艺术。

素养目标：

使学生养成“领导是科学也是艺术”的职业思维。

引导案例

《三国演义》描写了从东汉末年到西晋初年之间近百年的历史风云，在书中作为主角的人物都是领导者，他们的领导行为呈现出千奇百怪的状态，有成功者也有失败者。

吕布知名度颇高，号“飞将军”，悍勇世无其匹，公认的三国第一猛将，“人中吕布，马中赤兔”，他就凭着一身超凡入圣的武艺成了雄霸一方的诸侯。但退守下邳后，只顾饮酒享乐，喜怒无常，毒打下属，最终落得个白门楼殒命。只重视权力却不受下级欢迎的领导者，被领导者只会以最低限度的工作要求来服从性地工作，效率是很低下的。

与之对应的成功者是刘备。刘备在创业早期一直颠沛流离，后与孙权结盟在赤壁之战中击败曹操，趁势夺取荆州，而后进取益州，建立了蜀汉政权。后人评价刘备文不及诸葛、武不及关公，但他有自己独特的“本领”——弘毅宽厚、知人善用，能够让下属为自己前赴后继，最后终于得以开创基业。

《三国演义》中所蕴含的领导艺术，令人叹服。当赵云血战长坂坡从乱军中救出阿斗之后，与刘备相见，刘备接过阿斗，扔到地上恼怒地说：“为汝这孺子，几损我一员大将！”赵云赶忙抱起阿斗，连连泣拜：“云虽肝脑涂地，不能报也。”从安抚赵云的角度来说，后人即使想破头也想不出比刘备更好的举动。

资料来源　崔永涛.《三国演义》中的领导艺术对现代管理的启示 [J]，中外企业家，2018（29）：20.

第一节　领导概述

一、领导与管理

1.领导的含义

可以将“领导”理解为名词，即领导者（详见“领导者的含义”），也可以将“领导”理解为一个动词。一般来说，我们可以将领导定义为：领导是一种行为的过程，是影响和支持其他人为达到目标而富有热情地工作的过程，是创造一个愿景并激励他人实现愿景的过程。

在西方领导理论中，领导者、被领导者（追随者）和组织环境被称为领导的三要素。

2.管理的含义

我们一般将管理定义为：管理是在特定的环境下，对组织所拥有的资源进行有效的计划、组织、领导和控制，以便达成既定的组织目标的过程。

3.领导与管理的关系

通常来说，领导有“带领和引导”的意思，管理有“管辖、治理”的意思。因此，领导更侧重宏观上把控全局，管理主要涉及完成任务中的各种监督和约束。

同时，领导是管理的重要组成部分，但不是全部内容。管理学大师德鲁克（P.F. Drucker）认为管理的职能包括计划、组织、领导和控制等，因此，领导是管理的主要职能之一。

二、领导者与管理者

1.领导者的含义

领导者是领导行为的主体，也就是说，领导者是致力于实现领导过程的人。著名政治学家马基雅维利在《君主论》中说，领袖是权力的使者，是那些能够利用技巧和手段达到自己目标的人。一般来说，领导者是指一个被委派或者推举到领导职位上，行使领导权力与履行领导义务，实现组织目标，进而谋求组织更好发展的人。

领导者必须具备以下三个条件：①必须有部下或追随者；②拥有影响追随者的能力和力量；③领导的目的是通过影响部下的行为来实现共同确定的目标。

2.管理者的含义

管理者是指在组织中通过做出决策、调配资源从而完成组织目标的人；管理者是组织中那些指挥别人活动的人。换句话说，管理者是组织中有下级的那些人。

3.领导者与管理者的关系

首先，二者的建立基础不同，管理者基本都是建立在正式权力的基础上，而领导者既可以建立在正式权力的基础上，也可以建立在非正式权力的基础上。

其次，管理者的位置与领导者的位置并不相同，并非所有领导者都是管理者，也并非所有管理者都是领导者。

一个人可以是领导者但并不是管理者。这在非正式组织中很常见，他没有被上级领导赋予一定的职位，但他却可以领导、指挥、激励组织中的成员。与此相反的是，一个人也可以是管理者但不是领导者，因为领导的过程只有在成员追随与服从领导者的情况下才能实现，但成员是否追随并不一定是由职位或者权力决定的，而是要看管理者是否能实现组织的目标，是否具有个人魅力能让成员团结在他周围，空有职位而无实际权力的管理者不能被称为领导者。

在理想条件下，所有的管理者都应该是领导者。

三、领导权力与影响力——领导者的影响力

权力与影响是一个领导者的角色的核心。领导者的影响力，简称影响力，是指领导者能够影响与改变被领导者心理的能力，这种影响力能够使被领导者遵从领导者的建议、劝告、命令。

领导者的影响力分为两大类：权力性影响力与非权力性影响力，又称职权和威信。权力性影响力是指由社会赋予领导者的个人职务、组织地位所构成的影响力，其特点是具有强制性与法定性；非权力性影响力则与权力性影响力相反，是由领导者的气魄气质、学识才能、个人品德等而对被领导者形成的影响力，其特点是具有自然性，通过感召使被领导者自愿做出改变，并且非权力性影响力的影响范围比权力性影响力大，能起到权力性影响力起不到的作用。

1.职权及其影响因素

职权指的是领导者所拥有的职位权，即领导者所处的职位赋予领导者的权力，也即领导者的“硬权力”。

职权包括合法性权力、奖赏权和惩罚权。合法性权力（支配权）是指组织给予领导者的正式权力，因为组织中存在着规章制度、方针政策、工作程序，下属只能认可并遵从领导者的指令和要求；奖赏权是指领导者给予被领导者加薪、晋升、授予荣誉、表扬

的权力；惩罚权是指领导者给予被领导者降薪、降职、处分、批评的权力。

影响一个人职权大小的因素有：

（1）传统观念。如传统观念认为领导者不同于普通人，他们或者有权，或者有才干，总之是比普通人要强，由此产生了对领导者的服从感。比如在具有“官本位”观念的组织内部，其领导者的职权更强。

（2）职位。职位指的是领导者在组织中具有的职务与地位。领导者通过组织赋予的权力左右被领导者的行为、升迁、奖惩等，领导者的职权随着职位的上升而提高。

（3）领导者资历。资历指的是领导者的资格和经历，在组织成员心目中，会对在位时间长的领导者自然而然地产生尊敬与畏惧。领导者资历越老，下属对其的服从性越强，领导者的职权就越强。

2.威信及其影响因素

威信指的是领导者在被领导者心目中的威望与信誉，所对应的是领导者的非权力性影响力。如果说职权属于领导者的“硬权力”，那么威信就是“软权力”。威信包括专长权与感召权两个方面。

专长权，是指产生于领导者个人自身的专门知识与特殊技能的权力。感召权指的是与领导者个人魅力、品质、实践经历、社会背景等相关的权力。

影响领导者威信高低的主要有个人品德、能力、知识与情感四大因素。

（1）个人品德因素，主要指的是领导者的品行、作风。领导者如果具有高尚的品德与作风，其威信就比较高。

（2）能力因素，指的是领导者个人的能力水平、才干。领导者能力越强、才干越高，越能带领组织达成目标，从而提高领导者的威信。

（3）知识因素，指的是领导者的专业知识、社会经验等。领导者知识水平越高、考虑问题越全面，就越容易使被领导者产生信赖感，从而增强领导者的威信。

（4）情感因素，指的是领导者是否具有真挚、朴实、亲切的情感。领导者的情感越真挚朴实，越能增强被领导者的信任感、责任感，领导者的威信就会越高。

第二节　两种基本的领导理论

在本节中，我们将介绍两种基本的领导理论：领导特质理论与领导行为理论。领导特质理论兴起于20世纪初，这是管理学中最早研究领导活动的理论，是其他领导理论的基础。领导特质理论也被称为领导素质理论，主要研究的是一个合格的领导者应具备哪些素质。领导特质理论曾经风靡一时，但人们逐渐觉得，即便没有领导特质，成功的领导者和不成功的领导者在行为上也应能表现出一定的区别。20世纪50年代，人们开始转向研究领导者的行为。

一、领导特质理论

领导特质理论的起源于第一次世界大战。当时，美国的心理学家采用智力测验、人格测验等手段，对领导者与非领导者进行比较研究，分析什么样的特质是一个成功的领导者应该具有的，从而以此作为军队各级领导的选拔标准。

领导特质理论的出发点是：领导效能的高低主要取决于领导者的个人特质，而成功的领导者总是具有某种共同点，找出这些共同点，就可以确定优秀的领导者应该具有哪些品质。

传统领导特质理论认为成功的领导者所具有的特质是其先天具有的，现代领导特质理论认为成功的领导者的特质并不是与生俱来的，而是可以通过后天的教育、培训培养出来的。本节主要介绍斯托格狄尔（R.M.Stogdill）、鲍莫尔（W.J.Baumol）、鲍尔（M.Bower）的研究结果。

1.斯托格狄尔的六类领导特质论

斯托格狄尔被誉为美国的“领导学之父”，他通过研究找到了一些领导者的共同特征并将其分为6大类：

（1）身体特质，如身高身材、长相、体重等。

（2）社会背景特质，如经济水平、社会地位、学历等。

（3）智力特质，如判断力、知识面、口才等。

（4）个性特质，如适应性、进取性、自信心、情绪稳定性、见解是否独到、作风是否民主等。

（5）与工作有关的特质，如责任感、毅力、耐心、工作积极性等。

（6）社交特质，如善于交际、愿意与人合作等。

斯托格狄尔认为，当把领导者与其他一些人进行比较时，领导者确实具有一些共同的特性：目标明确、偏好风险、自信心强、承压能力强、有充足的个人魅力使别人聚集在他身边等。

2.鲍莫尔的领导特质理论

鲍莫尔的领导特质理论属于现代领导特质理论的范畴，他认为一个领导者具有如下10项特质才是合格的：

（1）合作精神。领导者要具有合作精神，擅长与他人合作，而不是通过压迫的方式使人屈服。

（2）决策能力。领导者对决策要有高瞻远瞩的判断能力。

（3）组织能力。领导者善于识人、用人，善于协调组织内部的人力、财力、物力以完成组织目标。

（4）精于授权。领导者要做到：大权不分散、小权不集中。

（5）善于应变。领导者要做到灵活机动、随机应变，有灵活地应对变化的能力，而不是墨守成规。

（6）敢于求新。领导者要做到敢于、勇于、善于接纳新事物、新观念、新技术。

（7）勇于负责。领导者对上级、下级、组织上下游企业乃至社会抱有高度的责任心。

（8）敢担风险。领导者要做到敢于承担决策失误与环境变化的风险，有信心带领组织创造新局面。

（9）尊重他人。领导者要能够尊重他人的意见并适时采纳，切不可妄自尊大。

（10）品德高尚。领导者要树立良好的个人形象，要做到个人品德为组织内部其他人员所敬仰。

3.鲍尔的领导特质理论

鲍尔认为领导者应当具有以下14项特质：

（1）值得信赖。领导者要具有刚正不阿的特质，尤其是要敢于说真话，这能够赢得被领导者的信任。

（2）公正。领导者如果不能保证公平，以权谋私、厚此薄彼，将不利于领导工作的开展。

（3）举止谦虚。谦虚可以增加领导者的亲切感，举止傲慢、狂妄自大会阻碍领导者的工作。

（4）倾听意见。倾听意见有两方面的含义：第一是要注意倾听；第二是要进行非引导式的提问，通过表达对被领导者理解、重视的态度，来增强被领导者的沟通欲望，进而能够从中获取信息，察觉到其他人注意不到的问题与机会。

（5）心胸宽阔。有时候领导者心胸不够宽阔的原因并非在于领导者自身，而在于组织体制。

（6）对人敏锐。领导者应该具备洞察人心、推测别人行为的能力，这就意味着领导者对人要具有敏锐的判断，及时察觉人内心的想法。

（7）对形势敏锐。这里所说的形势指的是工作中各种各样的情境，领导者要能及时了解形势的变化，并迅速做出反应。

（8）进取心。进取心应该是任何领导都应具备的品质之一，没有进取心，就无法领导组织完成目标、实现愿景。

（9）卓越的判断力。判断力主要指领导者要具有有效解决问题的能力、制定战略的能力、确定重点并理性判断的能力、对合作者与潜在竞争对手进行评估的能力。

（10）宽宏大量。领导者要做到不因小事而随意否定别人，把握被领导者的大方向，原谅其小过错。

（11）灵活性和适应性。这一点是同心胸宽阔、善于倾听相联系的，领导者要能准确地看出组织中存在的不足，并带领组织实现变革。

（12）稳妥而及时的决策能力。领导者要把握好决策的速度和质量。

（13）激励人的能力。领导者要通过奖惩制度、对人公平来激励员工。

（14）紧迫感。领导者要有紧迫感，这样才能使组织内部的效率得到自上而下的提高。

4.领导特质理论的总结与评价

领导特质理论的贡献在于：传统领导特质理论探寻出一些领导者应具有的基本素质，为选拔合适的领导者提供了借鉴标准；现代领导特质理论相比起传统领导特质理论在研究成果和测量分析方面有了很大进步，具有较严密的科学性，各国的管理学家与心理学家在此理论基础上结合本国实际，提出了很多有意义的研究结论，为如何培养领导者提供了参照。

但这种理论也有很大的局限性：首先，它只是领导理论发展过程中的一种早期理论，它在一定程度上夸大了领导者个人特性对领导过程的作用；特别是传统领导特质理论认为成功的领导者所具有的特质是其先天具有的，过于强调领导者天赋的作用，这显然是一种唯心主义的“天赋决定论”观点。其次，领导的过程是由领导者、被领导者、环境三个因素决定的，领导特质理论只看到了领导者的因素，始终忽略了另外两个方面，而把领导者的个人素质与行为单纯地进行格式化。这也就决定了该理论不够科学。

二、领导行为理论

领导行为理论认为预测领导的有效性集中在领导者实际做了些什么以及是怎样做的，因此集中研究的是领导的工作作风、工作方法、行为特质对领导过程的有效性。在此主要介绍三极端理论、领导系统理论、领导行为四分图、管理方格理论。

1.三极端理论

社会心理学家勒温（K.Lewin）根据群体动力学的理念，对群体领袖领导风格类型与群体作业绩效关系进行了深入研究，提出了有关领导风格类型的理论——三极端理论。

三极端理论研究的是领导者的不同工作作风对员工的影响，以此来找到最适合的领导作风。它以权力为基本变量，把领导者的工作作风分为三种极端情况和三种混合情况，如图11-1所示。

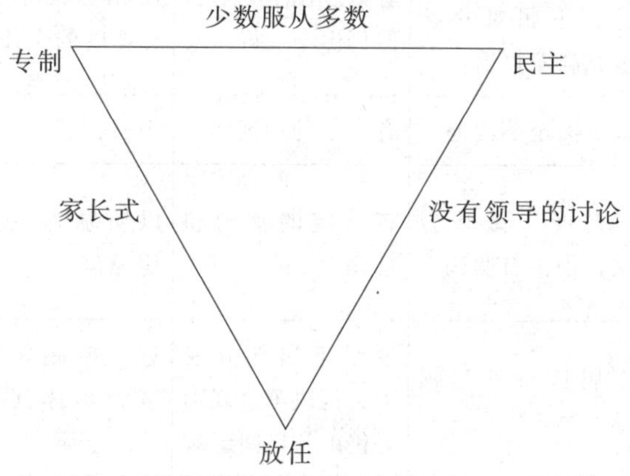

图11-1　三极端理论

（1）专制作风：这种情况下权力在领导者个人手中，领导者大权独揽，被领导者很少甚至完全不参与决策，勒温认为这种管理方式虽然能让组织达到既定目标，但也会增长组织中成员的抵触情绪与消极情绪。

（2）民主作风：权力在组织群体手中，领导者倡议组织成员积极建言献策，在综合双方意见的基础上达成决策意见，在分配工作时也考虑到不同组织成员之间的能力与兴趣，这样能使各组织成员积极地参与领导过程，激发成员的创造性。勒温通过实验证明，民主作风的领导方式工作效率更高，而且组织中的人际关系与情绪更加稳定。

（3）放任作风：权力在每个员工手中，领导者采取放任自流的工作方式，领导者在工作中不布置任务、不检查、不监督，组织中毫无规章制度。勒温的实验证明，放任作风的领导方式效率最为低下，达不到组织的目标，同时组织中的成员之间人际关系较差，常常彼此推诿责任。

这三种工作作风相互之间并不排斥，可以根据不同的情况选择不同的领导方式。在三种工作作风中，勒温认为民主作风的领导方式最佳，但在实际生活中，三种极端情况的领导作风并不常见。勒温认为，更多的情况是极端类型之间的三种混合体——少数服从多数、家长制、没有领导的讨论。

2.领导系统理论

通过对医院、政府和企业的领导行为的研究，李克特（R.Likert）把领导者分为两种基本类型，即以工作为中心和以员工为中心，前者包括专制式独裁、温和式独裁的领导方式，后者包括协商式领导、参与式民主领导两种方式，见表11-1。

表11-1 李克特的领导理论

		专制式独裁	温和式独裁	协商式领导	参与式民主领导
上下级关系	信任程度	领导对下属的信任程度为零	有一定的信任	相当但并不完全的信任	完全的信任
	交往程度	交往极少，即使有，下属对领导也充满着畏惧	有一定的交往，但仍然不友好	在相当的信任下有适度的交往	极为友好的密切交往
	沟通程度	极少甚至不沟通	有一定的沟通	沟通较多	完全的沟通
工作激励	奖惩程度	以恐吓、威胁为主，很少有奖励	有一定的奖励和惩罚	以奖励为主，惩罚为辅	依靠丰厚的奖励来调动员工的积极性、自觉性
	参与程度	下属极少参与领导的决策	授予下属部分权力，但决策、规则等仍由领导制定	重大问题领导决策，具体问题下放给下属	下属完全参与决策

（1）专制式独裁：采用这种方式的领导者非常专制，基本不信任下属，采取以恐吓、威胁为主的手段，偶尔用奖赏来激励下属，采取自上而下的沟通方式，决策权也只限于最高层。

（2）温和式独裁：采用这种方式的领导者对下属怀有一定的信任；采取奖赏和惩罚并用的激励方法；允许一定程度的自下而上的沟通，向下属征求一些想法和意见；授予下级一定的决策权，但牢牢掌握政策性控制。

（3）协商式领导：采取这种方式的领导者对下属抱有相当大的但又不是充分的信任和信心，他常设法采纳下属的想法和意见；以奖赏为主，偶尔采用惩罚；领导者与被领导者之间上下双向沟通信息；在最高层制定主要政策和总体决策的同时，允许底层部门做出具体问题决策，并在某些情况下进行协商。

（4）参与式民主领导：采取这种方式的领导者对下属在一切事务上都抱有充分的信心和信任，总是从下属处获取设想和意见，并且积极地加以采纳；对于确定目标和评价实现目标所取得的进展方面，组织群体参与其事，在此基础上给予物质奖赏；更多采用同事之间的沟通；鼓励各级组织做出决策，领导者作为群体成员同他们的下属一起工作。

李克特认为单纯地依靠奖惩制度与领导个人权威来进行领导的方式应该被淘汰，协商式领导与参与式民主领导能更好地发挥员工的积极性，激发员工的创造潜力，使其为组织目标的实现而努力。

3.领导行为四分图

领导行为四分图是美国俄亥俄州立大学的学者弗莱西曼（E.A.Fleishman）及其同事创立的，他们认为领导行为可以从两个二维构面加以描述：关怀维度和结构维度。

关怀维度指的是领导者对下属的尊重、信任、了解的程度，从高度关怀到低度关怀，中间可以有不同程度的关怀；结构维度则指的是领导者对下级是否订立了规章制度与工作程序，从高度结构到低度结构，中间也可以有不同程度的结构。

通过两个维度在领导者行为上的区别，可将领导行为划分为四种组合，如图11-2所示。

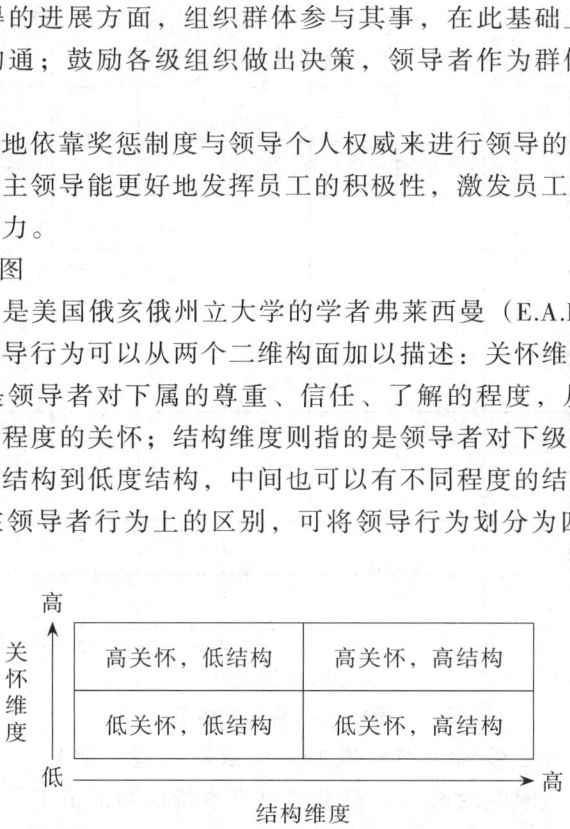

图11-2 领导行为四分图

（1）高关怀，低结构：这种领导者经常关怀下属，与下属进行信息与情感的沟通，但是组织内部规章制度不严，常有秩序混乱的现象。

（2）低关怀，高结构：这种领导行为下的组织内部秩序良好，组织成员都能遵守规章秩序，但是领导者较为严厉，不常与组织成员交流。

（3）低关怀，低结构：这种领导下的组织内部秩序混乱、工作无序，而且领导者与员工的关系也不太融洽，这种领导者是不合格的。

（4）高关怀，高结构：这种领导下的组织内部秩序良好，员工各司其职，能较好地遵守组织规章制度，而且领导者也经常与下属交流、关怀下属，能充分调动下属的积极性，下属心里对领导者是既敬又爱的。

一般来说，低关怀、低结构的领导方式效果最差，而高关怀、高结构的组合要比其他三种组合更为有效。在此基础上，弗莱西曼及其同事提出了“双高”假设：即高结构+高关怀=成功的领导。

4.管理方格理论

在领导行为四分图的基础上，得克萨斯大学的布莱克（R.Blake）与莫顿（J.Mouton）提出了管理方格理论，该理论根据关心人员和关心生产两个维度构建了关于领导行为的管理方格图（如图11-3所示）：两个维度各进行了9等分的刻度，1代表关心程度最小而9代表关心程度最大，这样图形被划分为81个方格，每一个方格代表的都是不同的领导方式，而其中有5种领导方式最为典型。

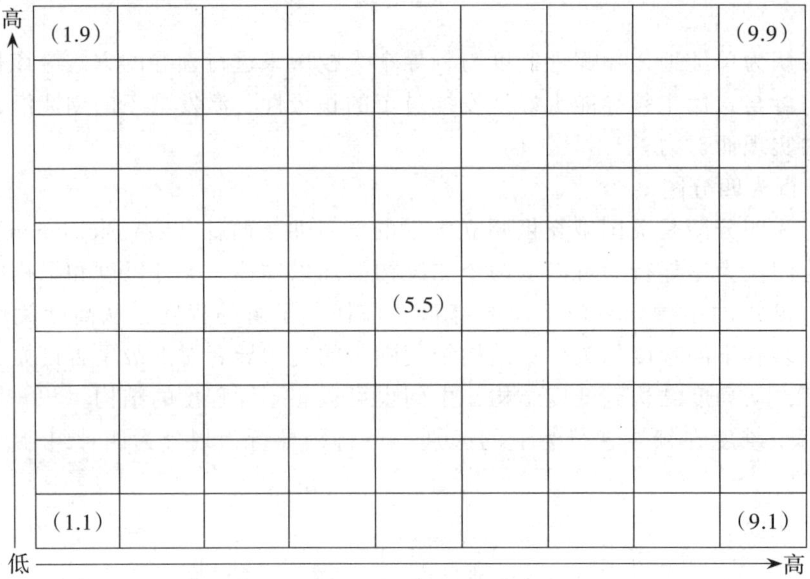

图11-3 管理方格图

（1.1）型：又称贫乏管理，这种类型是无效的管理，领导者对员工和生产都不关心，对工作只付出最低限度的努力，对员工只是维持恰当的员工关系。

（9.1）型：又称任务管理，领导者只注重任务的完成，而轻视员工的需求，很少注重员工的发展。

（1.9）型：又称乡村俱乐部管理。领导者注重满足员工的需求，组织内气氛良好，但轻视生产和任务。

（5.5）型：又称为中庸管理，领导者同时重视员工与生产，追求平衡而不追求卓越。

（9.9）型：又称为团队管理。领导者既重视生产也关心员工，通过对员工的关怀来激发员工对工作的积极性和创造性

布莱克和莫顿根据研究得出结论，认为（9.9）型的管理方式效果最佳。管理方格图与领导行为四分图在本质上没有差别，都是从关怀与工作两个维度来进行划分，但管理方格图更注重实践操作。布莱克和莫顿筛选出决策、应对冲突、信念、性情、涵养与

个人努力6个要素，让领导者通过这6个要素进行自我测验，以检查自己距离最佳的领导方式还有多少距离，从而使领导者进行正确的自我评价，提高管理水平，最终形成自己的团队管理风格。

5.领导行为理论的总结与评价

尽管4种领导行为理论各有各的说法，但其共同点是，有效的领导以关心生产和关心人两种方式来帮助个体与团队实现目标。

（1）关心生产

关心生产，即抓工作组织，是领导者为了确定并完成目标，在自己的责任范围内定义与规定自己与员工的角色的程度。领导者关心生产的领导方式在下列情形效果较好：①领导者需要安排工作进度时；②领导者委派担任工作的下属时；③领导者需要制定绩效考核的标准和流程时；④领导者要求群体成员遵守组织内规章制度时。

（2）关心人

关心人，即领导者通过关心下属、与下属进行双向沟通、信任并关怀下属来激发下属的积极性与责任感，从而促进员工的个人发展。领导者关心人的领导方式在下列情形具有最积极的效果：①领导者需要倾听组织成员意见时；②领导者需要对组织进行改革时；③领导者需要为组织成员谋求福利待遇时。

领导行为理论也具有一定的局限性，与领导特质理论一样，它也忽视了情景因素对领导过程的影响，因此难以解释复杂动态的环境中为何同样的领导行为却具有不同的效果，所以在20世纪50、60年代，领导行为的研究重点转移到了权变理论领域。

第三节 领导权变理论

领导权变理论认为，没有任何一种具体的领导模式能适应任何状况，只能认为某种领导模式在某种特定情况下最有效，这种关系可以用以下公式来表明：

$$E=f(L, F, S)$$

式中：E表示领导的有效性；L表示领导者；F表示被领导者；S表示环境。

也就是说，领导的有效性要受到领导者、被领导者、环境3个方面的影响。

一、费德勒的领导权变理论

心理学家与管理学家费德勒（F.E.Fiedler）提出了领导权变理论，他认为，任何形式的领导模式都可能是有效的，其领导有效性的关键只在于其领导方式与环境能否互相适应。

知识拓展11-1

费德勒LPC测试

回想一下你自己最难共事的一个同事（同学），他（她）可以是现在和你共事的，也可以是过去与你共事的。他（她）不一定是你最不喜欢的人，只不过是你在工作（学习）中相处最为困难的人，用下面16组形容词来描述他（她），在你认为最准确描述他（她）的等级上打钩。不要空下任何一组形容词。

快乐 ——	8	7	6	5	4	3	2	1	——不快乐
友善 ——	8	7	6	5	4	3	2	1	——不友善
拒绝 ——	1	2	3	4	5	6	7	8	——接纳
有益 ——	8	7	6	5	4	3	2	1	——无益
不热情——	1	2	3	4	5	6	7	8	——热情
紧张 ——	1	2	3	4	5	6	7	8	——轻松
疏远 ——	1	2	3	4	5	6	7	8	——亲密
冷漠 ——	1	2	3	4	5	6	7	8	——热心
合作 ——	8	7	6	5	4	3	2	1	——不合作
助人 ——	8	7	6	5	4	3	2	1	——敌意
无聊 ——	1	2	3	4	5	6	7	8	——有趣
好胜 ——	1	2	3	4	5	6	7	8	——融洽
自信 ——	8	7	6	5	4	3	2	1	——犹豫
高效 ——	8	7	6	5	4	3	2	1	——低效
内向 ——	1	2	3	4	5	6	7	8	——开朗
开放 ——	8	7	6	5	4	3	2	1	——防备

算算他（她）得了多少分？

【备注：LPC>64为关系导向型；LPC<57为任务导向型】

1.确定领导风格

费德勒将领导风格分为两种：关系导向和任务导向。关系导向的领导者更关注的是员工，而任务导向的领导者则更关心任务是否能完成。他设计了一份LPC问卷，要求领导者据此找出他最不喜欢的同事（Least Preferred Coworker，LPC）并对其做出评价，得出的分数就能表明领导者的领导风格。如果领导者对最不喜欢的同事给予较高评价，说明领导者是关系导向型的；如果领导者对最不喜欢的同事评价较低，那说明领导者是任务导向型的。

2.确定情境

费德勒划分出了影响领导有效性的3个情境维度，这3个维度分别是领导者-被领导者关系、任务结构和职位权力。

（1）领导者-被领导者关系：指的是领导者与下属之间的关系，其中包括下属对领导者的追随、爱戴、拥护以及两者之间的信任程度。

（2）任务结构：指的是工作任务是否规范、明确、标准化，任务越明确、规章制度越透明、程序化水平越高，工作任务越可以按计划安排，工作的任务结构越高。

（3）职位权力：指的是领导者所拥有的正式职权，也可以说是领导者所拥有的权威，领导者的职位权力越高，越可以按照自己的规则来任命、奖惩下属，使组织按照自己的指挥来运行。

依据这3项情境维度的构成情况，领导者所处的情境从最有利到最不利可以分为8种：情境1、2、3被称为有利的情境；情境4、5、6、7被称为中间情境；情境8被称为不利的情境。

3.领导者与情境的匹配

领导者只有根据不同的情境采用不同的领导行为方式，才能实现好的领导，因此我们要将两种领导风格与8种不同的情境匹配起来以确定最佳的领导方式，二者之间的匹配如图11-4所示。

有利情境←→不利情境

因素/情境	1	2	3	4	5	6	7	8
领导者-被领导者关系	好	好	好	好	差	差	差	差
任务结构	明确	明确	不明确	不明确	明确	明确	不明确	不明确
职位权力	强	弱	强	弱	强	弱	强	弱
适合的领导模式	任务导向型	任务导向型	任务导向型	关系导向型	关系导向型	关系导向型	关系导向型	任务导向型

图11-4　费德勒的模型

费德勒认为，在面对有利的情境（情境1、2、3）和不利的情境（情境8）时，采用任务导向型的领导模式较好，而处于中间情境（情境4、5、6、7）时，采取关系导向型的领导模式较好。

费德勒认为一个人的领导风格是固定不变的，这意味着如果某种情境需要的是任务导向型的领导者，而在此领导岗位上的却是关系导向型领导者时，要想达到最佳效果，要么改变情境，要么更换领导者。费德勒提倡的是根据领导者改变情境，即首先对工作本身做出改造，让工作来适应领导者本身，这种改变包括改善领导者与被领导者的关系、提高下属工作任务的明确度、强化领导的职位权威等。

二、赫塞与布兰查德的领导情境理论

领导情境理论又叫领导生命周期论，由美国管理学家科曼（A.K.Koman）于1966年提出，后由赫塞（P.Hersey）和布兰查德（K.Blanchard）予以发展。它的基本论点是：任何时候都不存在最佳的领导方式与领导者，领导者的领导方式必须同被领导者的成熟度相适应，随着被领导者成熟度的不同，领导者需要采取不同的领导方式。该理论的特点是，注意到时间或者下属的职业生涯发展阶段对领导风格的影响。它的维度与费德勒的模型相同——关系导向和任务导向，但与费德勒的模型不同的是，该理论将维度划分出高低水平，并以此将领导风格划分为四种，并且在这个模型中引入了成熟度的概念。领导生命周期论模型如图11-5所示。

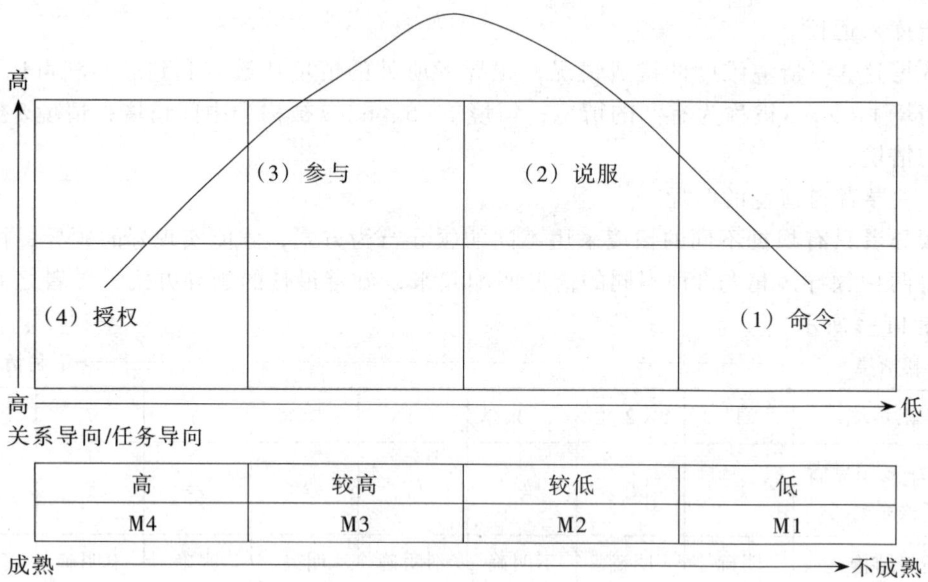

图11-5　领导生命周期论模型

1.四种领导风格

（1）命令型（高任务-低关系）：领导者告诉下属工作的内容、步骤、时间、地点、流程，强调领导者对下属的强制性干预，一般采用单向沟通的方式。

（2）说服型（高任务-高关系）：在命令型的基础上，更多地关心员工的成长，就是说领导者不仅安排好下属的工作，而且还对下属的工作提供支持性行为，与下属探讨工作内容，注重下属的培养，多采用双向沟通的方式。

（3）参与型（低任务-高关系）：领导者主要提供支持性行为，对下属的工作并不过多干预，重视与下属的交流，甚至很多决策都是领导者与下属共同商议制定的。

（4）授权型（低任务-低关系）：领导者较少安排与干预下属的工作，同时提供的支持性行为也不多，主要依靠授权给下属、激励下属的积极性来做好工作。

2.四种成熟度

M1是下属成熟度最低的阶段，在这个阶段下属既不能胜任工作，又不能被领导者信任，在这时，领导者应该选用命令型的领导方式，给予下属明确合理的工作安排，促使其完成组织任务。

M2是下属成熟度较低的阶段，但与M1相比，下属完成工作的意愿得到提升，但工作能力稍显不足，这时应采取说服型的领导方式，领导者不仅安排下属的工作内容、流程，给予工作指导，也给予下属关心，让下属能体会领导者的意图。

M3是下属成熟度较高的阶段，下属有完成工作的能力，但是缺乏完成工作的意愿，这时应采用参与型的领导方式，领导者对下属采用一定的激励方式，运用支持性、非干预性的领导方式来解决问题。

M4是下属成熟度最高的阶段，这时下属既有能力又有意愿去完成工作，领导者不需要关心太多，只需要授权给下属，提高下属积极性即可。

3.成熟度与领导风格的匹配

该理论认为，一个成功的领导者应该是通过不同的下属成熟度来选择不同的领导风格，因为领导者不管要做什么，首先应考虑的就是下属是否能接纳和配合领导者的工作。

该模型的结论是，当下属处于职业生涯的早期阶段（成熟度M1）时，领导者要采取命令型的领导风格，多给予其工作上的帮助与指导；随着下属的工作能力不断提升（M2、M3），纯粹干预和指导型的领导方式已经不适合下属的发展需要，这时领导者要转变风格，采取说服型、参与型的领导方式，更多地运用支持性的方式来帮助下属，同时也不能放松对下属工作的指导，要更多地去关心员工的成长；当下属的事业进入成熟阶段（M4）时，其个人能力达到顶峰，也十分乐意投入工作，这时领导者无须进行过多培养，只需要采取授权型的领导方式，授权给下属即可。

三、豪斯的目标-路径依赖理论

目标-路径依赖理论是由埃文斯（M.G.Evans）在期望理论与四分图的基础上，于20世纪60年代提出的，后又经豪斯（R.J.House）等人加以扩充和发展。

该理论将领导定义为一种激励下属的过程，认为某些领导行为之所以有效，是因为在当时的情境（工作环境特征）中，该领导行为能够帮助被领导者完成组织目标，即情境的特性决定了领导者的行为模式，该理论的特点就是它立足于下属，而不是领导者。

与四分图对领导者行为的划分类似，豪斯认为领导者的领导行为应分为关怀维度（关心员工）与结构维度（关心工作）两个方面，因此他认为，一个领导者要激发下属的积极性应做到以下两方面：

（1）关心生产：明确下属的工作任务、工作目标，对下属进行培训，指导下属完成工作，协助下属克服工作中所遇到的障碍。

（2）关心员工：在下属完成工作以后，给予下属报酬与奖励，并在完成工作的过程中，增加下属满足其他需要的机会，以激发下属的积极性。

期望理论认为，下属的工作态度，取决于他的期望值的大小以及通过自己努力达到这一期望值的概率的高低。期望理论认为领导者的工作是帮助下属达到他们的目标，并提供必要的指导和支持以确保各自的目标与群体或组织的总体目标相一致。

豪斯在四分图与期望理论的基础上总结出目标-路径理论模型，该理论的核心是：领导者先要用抓组织、促生产的办法，对下属阐明工作的要求，帮助下属排除障碍，然后再用关心员工的方法，在下属实现目标的过程之中激发下属的积极性，促进其成长；当面对不同的环境与下属时，领导者要采取不同的领导方式。由此，豪斯认为领导方式应该有四种：指令型、支持型、参与型与成就导向型（如图11-6所示）。

指令型：领导者安排下属的工作内容、计划、流程，建立下属的绩效指标体系，在整个过程中下属不参与决策。

支持型：领导者对下属很友善，平等地对待下属，更多地考虑下属的需求。

参与型：领导者在决策时考虑下属意见，下属参与决策。

成就导向型：领导者为下属制定具有挑战性的目标，相信并且鼓励下属完成这个目标。

领导行为要受到工作环境特征与下属特征的影响，面对不同的环境与下属时，领导者应采取不同的领导行为，以实现有效的领导，并通过员工的工作效率与工作满意度两方面来对领导行为的结果进行评价。

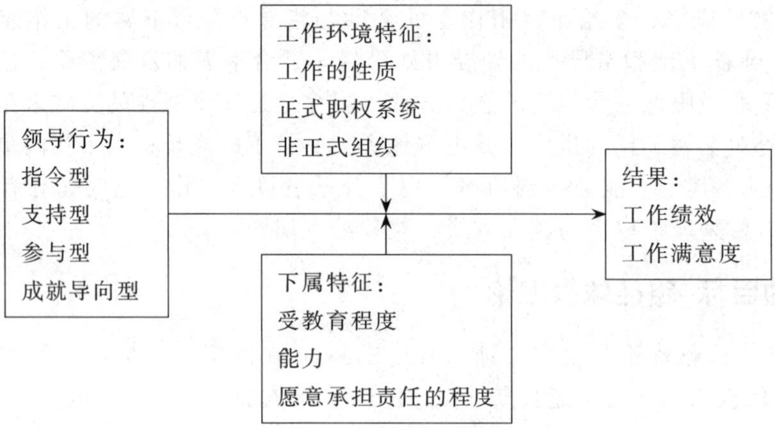

图11-6　目标-路径模型

豪斯认为，当工作任务结构化程度不高、下属的职业技能也不熟练时，领导者适合采用指令型或支持型的领导方式，帮助下属完成工作任务；当下属能明确工作任务且技能熟练时，领导者的指示就显得多余，还会引发下属的反感，此时适于采用参与型或成就导向型的领导方式。

按照豪斯的理论，领导者要从以下六个方面来进行自我改善：①唤起员工对成果的需要和期望；②对完成工作目标的员工增加报酬，兑现承诺；③通过教育、培训、指导，提高员工实现目标的能力；④帮助员工寻找达成目标的路径；⑤排除员工前进路径上的障碍；⑥增加员工获得个人满足感的机会，而这种满足又以工作绩效为基础。

四、格里奥的领导-成员交换理论

该理论是由格里奥（G.Graeo）提出的，又被称为纵向配对关联论，与前面的理论有所不同，之前的理论是建立在领导者对待下属一视同仁的基础上的，但在实际生活中，我们发现往往不是这样。领导-成员交换理论的理论基础是：人们发现组织中领导者对待不同下属的态度是有所区别的。领导者因为其精力限制，只能与组织中的一小部分人建立紧密联系。那些与领导者关系亲密的下属被称为“圈内人”，能得到领导者更多的指示与关照，领导者也更为信任他们；与此同时，他们对领导者也更为服从、支持。而一些下属处于领导者的小圈子之外，被称为“圈外人士”，这部分下属与领导者的关系仅限于工作关系，两者的情感沟通比较少。领导-成员交换理论模型如图11-7所示。3个下属S1、S2、S3是“圈内人”，他们与领导者保持着双向互动的联系，剩余的人则是“圈外人士”。

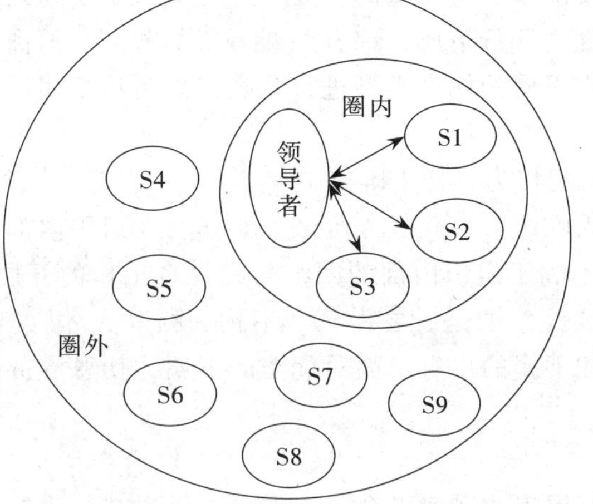

图11-7　领导-成员交换理论

领导-成员交换理论认为，领导者在其领导的初期，就通过某些方式或者标准，将下属分别划分到了圈内和圈外，并且一旦划分完成，这种关系就具有稳定性。划分的依据目前尚不清楚，但有研究揭示了领导者划分圈子时的倾向：性格特点、教育背景、成长经历等与领导者相似，有一定的工作能力，性格较为外向。此理论还预测：圈内人士的流动率更低，工作效率和晋升机会都较高，他们往往事业发展都很快，对工作也有更高的满意度。

领导-成员交换理论意味着，领导者应该尽可能地与下属建立良好的私人关系，尽量减少圈外人士，增加圈内人士，兼听则明，以此来提高下属的工作效率与工作满意度，实现有效的领导。

第四节　领导艺术

领导艺术指的是领导者在一定的知识、经验、才能和气质等因素的基础上逐步形成的，创造性地运用各种领导策略、资源、方法和原则以有效实现组织目标的技能和技巧。领导艺术既来源于领导实践，又高于领导实践，是对领导实践的总结、提炼、丰富与提升。根据领导的职责，我们将领导艺术分为以下三大类：用人艺术、时间管理艺术和授权艺术。

一、用人艺术

领导者的用人艺术，指的是领导者能采取的，充分发挥被领导者智商、情商、个人背景、发展潜力、身体素质，为组织获取更高经济效益的一种管理技艺，这不是刻板地对被领导者进行约束，而是主动、积极、科学地对被领导者进行引导与提高。

具体来讲，在领导者的用人过程中，要注意以下几点：

1.要做到知人善任

知人善任，就是要能够了解下属的长处，并且最大限度地发挥其长处。首先要用公平、公正、客观的态度去评价下属，综合判断下属的智商、情商、身体素质、学历、家庭背景、性格特点，将下属的能力类型进行分类，然后将下属以“适材适所”的原则安排到合适的岗位上去。

2.避免在用人时滥用权力、任人唯亲

领导者要切忌任人唯亲，一旦任人唯亲，必然会在组织内部产生“圈内人”与“圈外人”的组织派系，不利于组织内部的团结与领导者工作的开展。在选人用人过程中，要任人唯贤，这里需要注意的是，要做到“不拘一格降人才”，选拔下属应该遵从其能力、素质，而不是关注下属的出身。面对优秀的下属，切忌嫉贤妒能，要以宽阔的胸怀领导下属为组织服务。

3.做好育人工作

首先，要为下属开展工作搭建平台，为下属提供提升、成长的机会，在工作中给予下属一定的自主权，让下属自己做判断，以培养下属的责任感，调动其工作积极性。其次，在下属工作的过程中，要不断激励下属，增强下属的自信心，鼓励下属向着更高的目标前进；当下属工作遇到挫折时，要及时地给予开解、引导与支持，领导者要包容下属的小失误。最后，打造下属的“专长力”，努力把下属培养成具有专业才能、既定方向的特定人才。

二、时间管理的艺术

时间对于领导者来说尤其宝贵，因此在日常生活中领导者必须学会高效率地利用时间。从确定任务目标开始，对于组织中的每一项任务，领导者都应该在脑海中有时间轴和规划图，根据轻重缓急安排工作，不断提高时间规划能力和任务统筹能力，只有如此领导者才能成为一个高效的时间管理者。

1.设立目标

目标可以理解为企业所期待的方向、速度、成果、规模等等，组织内部的目标有大有小，不同层级的领导者要制定好自己职责范围内的部分组织目标，并且要做到和整体组织目标、其他组织目标相协调。比如一个公司里，总经理负责制定公司的发展战略，各部门经理负责制订各自部门的本年度计划，各级员工负责执行并完成自己所分配到的任务。

2.树立正确的时间观念

第一，要管理好自己的时间，而不是被时间所主宰。领导者要分清楚自己所用的时间哪些是有效的，哪些是无效的，从而合理地进行改进；要注意顾全大局，将时间尽量分配到组织的战略、愿景建设上来，不要陷入具体的事务处理中去。

第二，开会和谈话。领导者开会时要控制好会议时间，把事情说清楚、讲明白即可，不要拖泥带水。领导者离不开与人交谈，不要迟到，尽量提前一些时间，提前10~15分钟比较合适；谈话的过程中也要注意时间的安排。

3.有效地控制时间

领导者要根据工作的轻重缓急安排工作次序，设定好工作的长期、中期、短期目标。其中，长期目标往往代表着公司的发展方向，但在眼下却不是必须解决的问题；短期目标往往是目前公司遇到的问题或者马上就能实现的任务，亟待解决；而中期目标则介于两者之间，要根据工作的重要性和紧急程度对其进行合理安排。

4.提高工作效率

对于紧急且非常重要的事情，领导者要第一时间去解决；对于紧急但不重要的事情，通过把自己的一部分权力分散给下级，让下级去完成；对于重要但不紧急的事情，要有耐心去投入，花心思去做；对于既不重要也不紧急的事情，能不做就不去做。通过这样的原则，保证精力主要集中在重要的事情上面，领导者才能提高工作效率。

三、授权的艺术

所谓授权，就是指领导者将自己的一部分权力授予下级，下级在一定的监督下行使权力，这样能节省领导者的一部分精力，也使组织内的下级成员具有一定的自主权。对于领导者来说，企业的日常管理琐事不需要事必躬亲，领导者要做到既能集中精力办大事，又能增强下属责任感，发挥下属的积极性与创造性。领导者在授权中应把握好“度”，这就是领导者授权的艺术。

多数技术出身的IT企业领导者通常只专注于某一种或某一类技术，而一旦企业把摊子铺开，进入一些新的领域，除了精力上的不足之外，领导者还要面对专业能力的薄弱。他们不得不做出选择，要么学习、要么授权。通常明智的领导者会选择授权，因为仅靠个人英雄主义已经无法实现企业更高层次的管理了。只有借助于下属的知识、经验和技术，企业才能获得更大的发展。授权不是件容易的事。授权是一种高超的领导艺术。领导者除了要相信下属以外，还要明确界定授权所包含的任务、权力和责任三个要素的界限；并且权力授出以后，能对授权的对象进行控制和督导，一旦发现明显的偏差可以随时进行纠正。

具体地讲，在授权时，领导者要注意以下几点：

1.明确是否要授权

虽然有效的授权有很多好处，但授权并不能盲目进行，如果将权力授予不恰当的人反而会阻碍组织目标的实现，领导者首先要做的就是明确是否授权。具体来说，首先要明确以下几方面：

授权是否有利于领导者集中精力办大事。只有能将领导者从事务性工作中摆脱出来，以集中精力解决全局性的重大问题，授权才是有利的。

授权是否有利于提高组织内的工作效率。只有通过授权能达到既给领导者“减负”，又增加被授权者工作积极性的时候，授权才是有必要的。

授权是否能有利于发挥下属的专长，以弥补领导者某些方面的不足。

授权是否有利于培养和选拔接班人，授权只有做到为下属提供更好的锻炼和平台的时候，授权对组织才是有利的。

2.选择被授权者

领导者应根据工作任务与组织岗位的特点，得出合适的授权者应该具有哪些特质，然后根据人岗匹配的原则，选择合适的授权者。首先，要对被授权者有充分的了解与考察，确认被授权者是适合这个岗位的。其次，要做到逐级授权，授权要遵守组织内的规章制度，不能越级，领导者只能选择自己的直系下属进行授权。最后，在选定被授权者后要做到充分信任被授权者，做到“疑人不用，用人不疑”。

3.确定授权事项

在确定授权事项时要遵循适当原则，也就是在能够达成目标的一定程序、一定限度内进行授权。领导者要与被授权者展开细致的讨论，说明其工作任务有什么质、量、速度或者成本方面的要求；明确岗位的职责与权力，什么是被授权者该做的，什么是不该做的，确保被授权者明确职责边界，做到不逾矩；在这个过程中一定要不厌其烦，确保被授权者理解到位。

4.检查被授权者的工作进展，促使工作正常运行

要对下属的工作任务进行考核，并就下属的用权情况进行客观评价，对于表现出色的被授权者，应予以赞扬与奖励；对于尚存不足的被授权者，应委婉地指出并给予建议，切记不要求全责备，给被授权者一定的试错空间。

本章小结

同步测试

一、单项选择题

同步测试答案

1.在三极端理论中，有三种极端情况的领导作风，其中将权力定位于组织群体的领导作风是（　　）。

A.民主型　　B.专制型

C.放任型　　D.协商型

2.布莱克与莫顿的管理方格图中，对人高度关心，但却很少关心工作的领导类型是（　　）。

A.任务型　　B.贫乏型　　C.中庸型　　D.乡村俱乐部型

3.“任何时候都不存在最佳的领导方式与领导者，领导者的领导方式必须同被领导者的成熟度相适应。”（　　）支持这种观点。

A.情境领导模型　　B.费德勒的模型

C.管理方格论　　D.四分图

4.以下不属于费德勒权变领导模型中权变因素的是（　　）。

A.职位权力　　B.任务结构

C.领导-被领导者关系　　D.下属能力

5.以下属于领导权变理论的是（　　）。

A.领导特质理论　　B.领导-成员交换理论

C.管理方格理论　　D.领导风格理论

二、多项选择题

1.在西方的领导理论中，（　　）被称为领导的三要素。

A.领导者　B.管理者　C.组织环境

D.被领导者　E.职权与威信

2.豪斯认为，当下属明确工作任务、技能熟练时，适合采用（　　）的领导方式。

A.指令型　B.参与型　C.支持型

D.成就导向型　E.授权型

3.领导权变理论认为，领导的有效性主要取决于以下（　　）因素。

A.领导者　B.管理者　C.环境

D.下属成熟度　E.被领导者

三、判断题

1.勒温认为，在专制式、民主式、放任式三种领导方式中，放任式的领导因为关注每一个人，所以是最佳的领导方式。（　　）

2.俄亥俄州立大学提出了领导特质理论的“双高”假设：高结构+高关怀=成功的领导。（　　）

3.费德勒认为，当组织处于八种情境之间的中间状态时，采取任务导向型的领导模式较好。（　　）

4.领导者的影响力分为权力性影响力与非权力性影响力，权力性影响力的作用范围要比非权力性影响力大。（　　）

5.领导者在工作中要仔细认真、事必躬亲，这样才能少犯错误。（　　）

四、思考题

1.简述领导与管理、领导者与管理者的含义及其关系。

2.什么是领导力？领导力包含哪些？影响因素分别是什么？

3.简述几种有代表性的领导特质理论及其内容。通过学习领导特质理论，你认为一个成功的领导者应该具有哪些特质？

4.简述勒温的三极端理论、领导系统理论、领导行为四分图、管理方格理论的主要内容。

5.简述赫赛和布兰查德的领导生命周期论、费德勒的领导权变理论的主要内容。

6.运用所学理论，结合实际中的某一或某些成功的案例，谈谈领导艺术。

第四部分

组织心理与行为

第十二章

组织结构与组织设计

学习目标

知识目标：

1. 熟悉组织、组织结构的概念。
2. 了解组织理论的发展。
3. 熟悉组织结构设计的原则、程序。
4. 掌握几种常见组织结构的特点。
5. 掌握职权的类型。
6. 熟悉集权与分权。

能力目标：

1. 提升不同组织结构的分析能力。
2. 提升解决组织结构设计、集权和分权等问题的能力。

素养目标：

培养学生从组织行为层面思考问题的职业思维。

引导案例　　小米公司的扁平化组织结构

小米公司成立于2010年4月，是一家专注于智能产品自主研发的移动互联网公司。“为发烧而生”是小米的产品理念。小米公司凭借在国内手机互联网行业中的迅猛发展，在互联网企业中成为了佼佼者。小米公司成功的方法同样值得我们关注和学习，其扁平化的组织结构管理方式也成为我们探究的重点。其基本组织结构非常简单，就是“创始人—团队Leader—员工”三层。创始人一共8人。而小米的每一个小团队一般而言不超过10人，团队Leader就是每个项目的负责人，除了要带领团队进行研发，开展日常管理事务之外，还要和其他部门协调沟通。

扁平化组织结构要达到这样卓越的效果，离不开组织内部所有人员的主观能动性达到非常高的水平，员工们不用把目光放在职位上面，完全靠小米员工的敬业精神，每个人都用实力说话。他们在薪酬结构方面采用宽带型薪酬结构，一方面支持了扁平型组织结构的发展，另一方面他们把精力都放在了自主研发上面，使员工更注重个人能力和技术水平的提升，不用考虑其他外在因素。如果员工的主观能动性不达标，那么我们也很难见识到“小米速度”了。

资料来源 汪籽伶．小米公司的组织结构管理模式以及用人之道［J］，知识经济，2017（6）：106-107.

第一节 组织概述

一、组织的概念和类型

1.组织的含义

对于什么是组织，较为普遍的定义是从静态结构和动态运行两个不同的视角加以分析。

静态的组织是指按照一定的宗旨和目标建立起来的群体，或者说组织是按照一定的目的、任务和形式组成的社会集团。例如，学校、医院、政府单位及各种形式的政治团体都可以称为组织。静态的组织包括组织的目标、分工与合作、不同层次的权利与责任三个方面①。

动态的组织是指某项管理活动的过程，即在一定的环境中，为了更好地实现组织的目标与任务，确定组织成员与组织活动之间的关系，对组织中的资源进行合理分配的过程。主要包括组织结构设计、职权分配和人力资源管理三个方面。

2.组织的类型

（1）按照组织性质的不同可以分为企业组织、政府组织、学术组织和社团组织。

企业组织是指从事生产、流通、服务等经济活动，以生产或服务满足社会需要，实行自主经营、独立核算、依法设立、具有经济法人资格的一种营利性的经济组织。如个人独资企业、合伙企业、公司制企业等。

政府组织是指对社会公共事务进行组织和管理，向全体国民提供服务并行使国家权力的组织。如市场监督管理部门、商品检验部门、技术监督部门、税务部门等。

学术组织是指以从事科学研究、推动科学技术发展与进步为目的的组织。如学术研究机构、学术团体、学术协会和学会等。

社团组织是指按照特定的利益或价值取向集合在一起，有组织地参与、影响政治事务和政府决策的社会组织或团体，如宗教社团、文学社团等。

（2）按组织的社会职能不同分为经济性组织、文化性组织和政治性组织。

经济性组织是指一种专门追求经济利益和物质财富的社会营利性组织，存在于社会

① 高树军．组织行为学［M］．北京：中国人民大学出版社，2016：158.

的生产、分配、交换及消费等不同领域，例如银行、保险公司、工商企业等营利性组织。

文化性组织是指组织中的成员为传递知识和文化、交流思想和联络感情而成立的社会组织，例如学校、艺术馆、博物馆、艺术团体等都属于文化性组织，文化性组织是一种不以经济利益为目的的非营利性组织。

政治性组织是一种为政治利益服务的社会组织，主要包括国家立法机关、司法机关、行政机关等。

（3）按组织中权力运用的程度不同可分为强制性组织、功利性组织、规范性组织和混合性组织。

强制性组织是通过强制性的手段，甚至是暴力手段控制组织成员行为的组织，如监狱、戒毒所等。

功利性组织是通过给予一定的利益来控制组织成员行为的组织，如公司、金融机构等。

规范性组织是依靠个人的观念、信仰等思想上的规范性权力来控制组织成员行为的组织，如宗教团体等。

混合型组织是指组织中的个人权威和个人志愿相结合的组织，如工会等[①]。

（4）按组织的形成方式不同可分为正式组织和非正式组织。

正式组织是一种在法律、道义上合理存在，通过法定程序正式成立的组织。如正式注册登记的公司等。正式组织有明确的工作目标，组织中的成员有明确的关系，有各自职务与相应的权力，是为了实现组织目标，相互协作的一种群体机构。正式组织的特点有：①目标明确；②有组织、有纪律；③有严格的工作程序；④注重效率和利益；⑤成员分担角色任务；⑥建立权威，贯彻命令；⑦部门之间相互协调。

非正式组织是社会中组织成员为了满足各自情感归属的需要，自发形成的一种不定型组织。非正式组织的特点有：①以感情为基础，满足成员的情感归属需要；②目标与正式组织的目标可能不一致；③产生于正式组织建立之后，其范围可能在正式组织之外；④自发的，不定型的组织。

二、组织理论的发展

1.古典组织理论

20世纪初，美国的泰罗（F.W.Taylor）、法国的法约尔（H.Fayol）、德国的韦伯（M.Weber）和美国的梅奥（G.E.Mayo）分别根据不同的研究对象、基于各自的国家背景对“组织”进行了相关研究。

（1）泰罗的组织理论

在20世纪初期，企业资源浪费问题在美国变得格外严重，为提高企业效率，减少资源浪费，泰罗着重在企业的操作层面探求提高工人劳动生产率和管理效率的方法，并

① 高树军．组织行为学［M］．北京：中国人民大学出版社，2016：161.

于1911年出版了《科学管理原理》一书，创立了科学管理理论和组织理论，被誉为“科学管理之父”。

泰罗认为在一切管理问题上都需要应用科学的管理方法，科学的管理基于四项原则。第一，针对每个员工在组织中的具体工作提出科学的方法。第二，科学地挑选、培训工人。第三，在工人和管理者之间培养合作精神，以保证工人按科学的方法完成任务。第四，在工人和管理者之间进行明确、适当的分工，以保证管理任务的顺利完成。

（2）法约尔的组织理论

法约尔在近30年的管理工作实践中，建立了一整套的组织理论，较为著名的是1908年提出的十四条管理的“一般原则”和1916年提出的五大“管理要素”。十四条管理原则包括：劳动分工、权利与责任、纪律、统一领导、统一指挥、人员的报酬、集权制、个人利益服从整体利益、等级制度、秩序、人员的稳定、公平、首创精神、人员的团结。其中，专业化分工、权责对等、统一指挥、统一领导、集权制以及等级制度等属于组织原则，初步勾画出等级制的组织轮廓，在企业中被广泛采用。管理的五大要素即计划、组织、指挥、协调和控制，这五个要素构成了一个系统且完整的管理过程。

（3）韦伯的行政组织理论

德国社会学家韦伯提出的行政组织理论对组织理论的发展有着卓越的贡献，被管理学界誉为“组织理论之父”。

韦伯从结构化的角度看管理和组织活动，将组织活动描述为建立在职权关系基础上的活动。其认为理想的行政组织体系的结构分为三层，即最高领导、行政官员和一般工作人员，最高领导的主要职能是决策，行政官员的主要职能是贯彻上级的决策，一般工作人员的职能是做好实际工作。

行政组织的特点：①有明确的职权制度；②专业化强，分工明确；③规章制度明确；④不受个人情感因素的影响；⑤职工的选择和提拔主要依据技术能力。

（4）梅奥的行为组织理论

梅奥在1933年出版了《工业文明中人的问题》一书，他认为组织中的工人不是“经济人”，而是社会人。组织中的工人有情感归属、社会尊重等方面的需要，而不是像一个“经济人”一样，一味地追求金钱。区别于以往古典理论的研究，梅奥认为组织中存在着非正式组织，并且非正式组织中存在着组织成员共同的价值观念、行为准则和彼此认同的道德规范，组织中的成员有着自己的核心人物。梅奥认为工人的满意度是提高劳动生产率的关键，诸如生产条件、工资报酬等因素都不及工人的满意度对劳动生产率的影响大。

2.系统组织理论

（1）巴纳德组织理论

以巴纳德（C.I.Barnard）为代表的社会系统学派，对组织和管理理论的一些基本问题都提出了与传统组织和管理理论完全不同的观点，他在1938年出版的《经理的职能》

一书中，创造性地发展了古典组织理论。

他认为组织是一个复杂的人与人相互合作的社会系统，应从社会学的角度来分析和研究管理的问题。因此，巴纳德将组织定义为“将两个或多于两个员工的力量加以有意识协调的系统”，突破了古典组织理论单纯将组织视为一个权责结构的传统观念，第一次把人类行为特性纳入了组织理论研究的范围。巴纳德还指出，任何组织都由三项要素构成：协作的意愿、共同的目标以及信息的交流。

（2）系统管理理论

第二次世界大战之后，企业组织规模日益扩大，企业内部的组织结构也更加复杂，即如何从企业整体的要求出发，处理好企业内部各个单位或部门之间的相互关系，保证组织整体的有效运转，成为了当前企业所面临的一个重要课题。为了解决组织整体的效率问题，系统管理理论学派将企业作为一个有机整体，把各项管理业务看成相互联系的网络，应用系统管理理论的范畴原理，建立起系统模型，全面分析、研究企业和其他组织的管理活动与管理过程。

系统管理理论认为组织是社会大系统的一部分，为保持与社会环境的平衡，组织必须根据社会环境的变化而进行适当的调整。组织与社会环境相互依存，相互影响，它从社会环境中接受各种输入，在内部加以转化后，再向社会输出。组织本身也是一个系统，由若干子系统组成，组织不仅要适应社会环境，而且同组织内部的各部分也要保持协调。因而组织不是封闭静态的系统，而是一个开放动态的系统。

3.权变组织理论

组织在瞬息万变的环境中不存在一种普遍适用的管理模式，特别是在20世纪70年代的美国，企业的外部环境非常不确定的情况下，人们不再相信一种普遍适用的管理理论，而是应根据环境的变化，快速应对企业中出现的问题，这种管理取决于环境状况的理论，称为权变组织理论。其主要观点是不存在一成不变、普遍适用的管理原则和方法，组织的一切管理活动都应该根据外部环境的变化而变化。

第二节　组织结构设计

组织结构是组织中全体员工为实现组织目标，在管理中分工协作，在职务范围、责任、权力方面所形成的结构体系。组织结构的主要内容包括职能结构、层次结构、部门结构和职权结构。职能结构是指完成企业目标所需要的各项业务工作关系。层次结构是指各管理层次的构成，也称组织的纵向结构。部门结构是指各管理部门的构成，也称组织的横向结构。职权结构，是指各层次、各部门在权力和责任方面的分工以及相互之间的关系。

一、组织结构设计的步骤

1.岗位设计：工作的专业化

工作专业化是指组织结构中对工作分配的专业化程度，如果专业化的程度高，每个员工只需从事组织工作的某一具体流程或工作任务中的某一方面工作。如果专业化程度低，员工从事工作的范围较广，可能会一岗多职。实行工作专业化，让组织中的员工长期重复性地从事某一项劳动，掌握专门的技能，会使员工的技能变得更加熟练，从而会提高劳动生产率，也降低了培训成本。

2.部门设计

所谓部门，是指组织中的管理人员为完成某一特定的任务而有权管辖的特定领域，可以按照职能、产品、地区、顾客以及综合标准进行部门划分。

（1）按职能划分部门

将具有相同专业和技能的人联系在一起，从事同类工作或履行同类的职能，这是传统的、最普遍的分类方法。如图12-1所示，某企业建立的职能导向组织结构，其中职能部门的分类包括市场、设计、制造、采购、人力资源等。

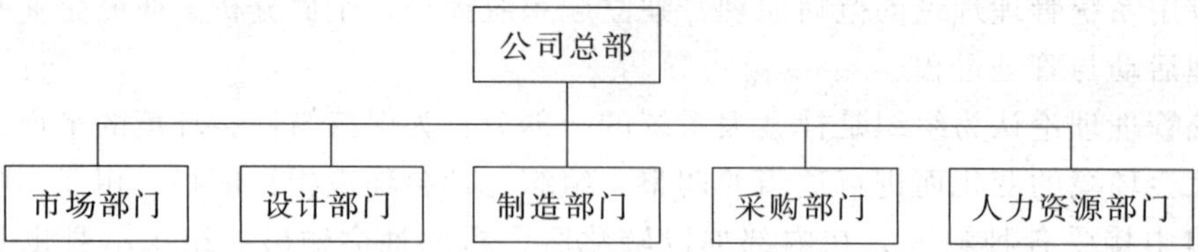

图12-1　职能导向的组织结构

（2）按产品划分部门

根据企业不同的产品种类来划分部门，这是由于企业生产的产品越来越多样化、系列化所造成的部门划分结果。例如，某制造业企业建立了产品导向的组织结构，其中包括的产品部门有路由器事业部、交换机事业部、数据传输事业部，如图12-2所示。

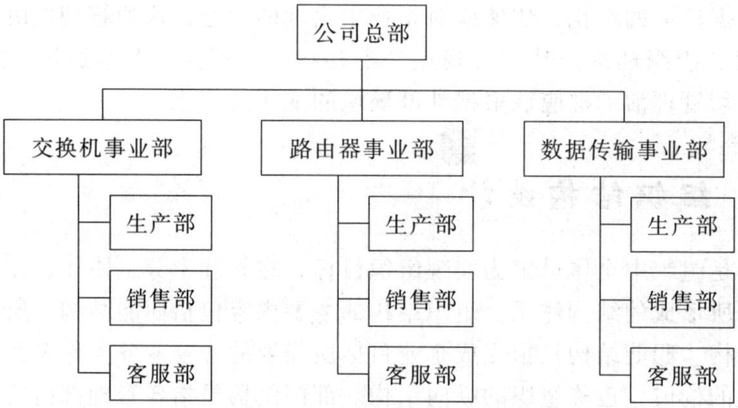

图12-2　产品导向的组织结构

（3）按地区划分部门

把各个地区生产经营活动比较分散的任务统一集中起来，按照地域的不同，建立各个地区的事业部，并指派一名事业部经理对该地区的生产经营活动全权负责。地区导向的组织结构如图12-3所示。

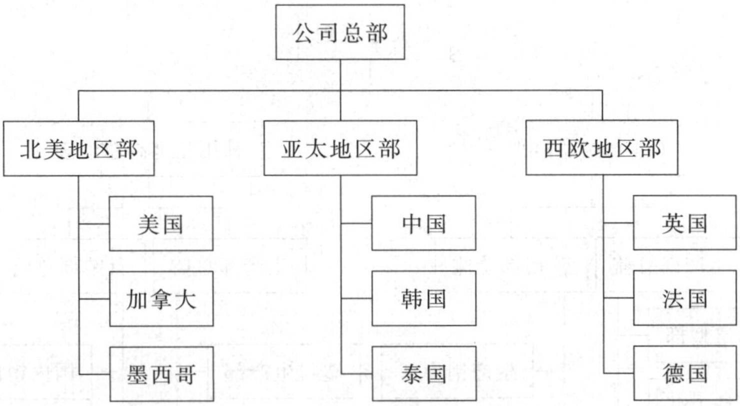

图12-3　地区导向的组织结构

（4）按顾客划分部门

按顾客划分部门，即根据顾客的需要设立相应的部门。如图12-4所示，某生产通信设备的公司以客户需求为导向的组织结构，其顾客部门包括中国电信客户部、中国移动客户部、中国联通客户部。

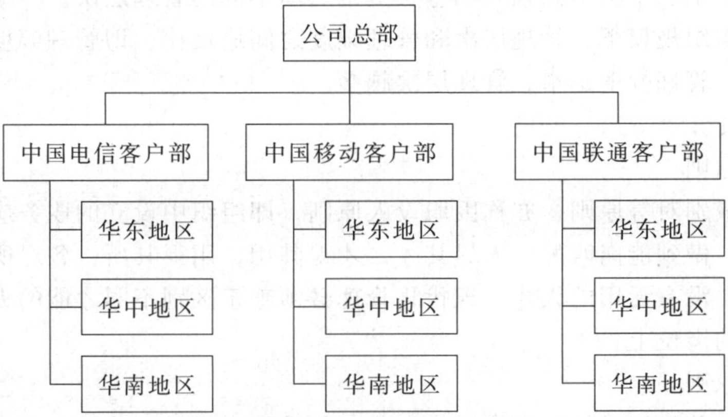

图12-4　顾客导向的组织结构

（5）按综合标准划分部门

绝大多数的组织都不可能按单纯的职能、地域、顾客、产品来划分部门，实践中往往需要将几种划分方法结合在一起。例如大型跨国公司往往采用混合型组织结构，以减少只用一种组织结构带来的不利影响。混合型组织结构如图12-5所示。

3.确定管理幅度与管理层次

管理幅度是指一个领导者直接指挥下级的数目。由于受个人精力、知识、经验、素质、职务的性质，职能机构健全与否等条件的影响，一位管理者能够有效管理下级的人数是有一定限度的。管理幅度要求在组织设计时应控制在一定水平，以保证管理工作的有效性。

管理层次是指从组织最高一级管理者到组织基层员工之间的等级数。在组织中，由于受最高领导层时间、精力等诸多因素的影响，其不可能对组织中的所有员工进行管

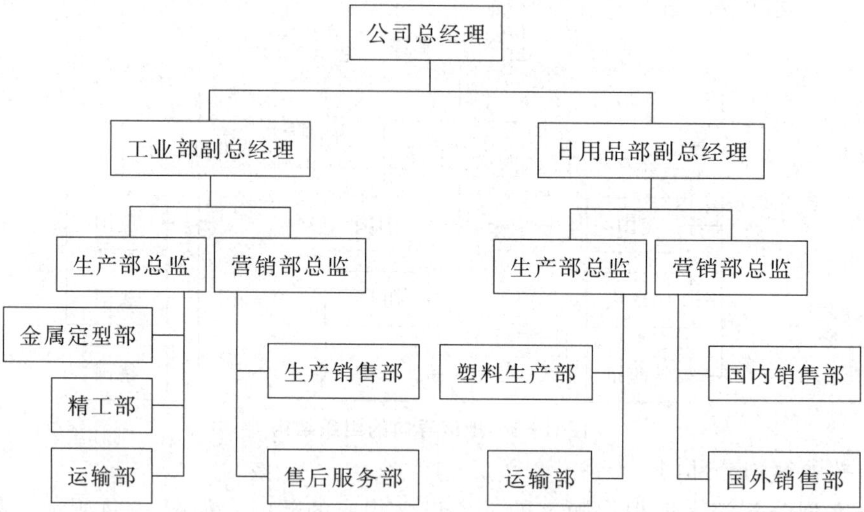

图12-5 混合型组织结构图

理，通常会直接领导数量有限的管理人员，该管理人员需要管理各自的几个下属，以此类推，就形成了组织中由最高领导到基层员工之间不同的管理层次。

在一定的组织规模下，管理层次和管理幅度之间成反比，即管理幅度越宽，管理层次越少；反之，管理幅度越窄，管理层次越多。

4.配备人员

（1）能级原则

即能力与级别对等原则，亦称因职设人原则，即组织中设立的职务应安排有相应能力的人去担任，做到能岗匹配，人尽其才，才得其用，用得其所，各尽所能。组织中只有混乱的管理，没有无用的人才，现代化管理必须善于区别不同才能的人，并根据其能力安排在适当的岗位上。

（2）互补原则

合理搭配各种组织成员，在素质、专业、年龄等方面做到成员间的相互补充，发挥各自的长处，做到团队之间的优势互补。在现代企业中，许多任务不是一个人或一种人能够完成的，而是需要许多掌握不同知识、技能的人协作完成。事实证明，如果各种人员搭配得好，就会产生最佳效能，形成新的力量。

二、组织结构设计的原则

1.关键职能原则

关键职能部门是在组织中具有较大职责和权限的部门，在组织结构中处于中心地位。不同类型的组织其核心业务和关键职能不同，需要在结构设计上有所反映，以突出关键职能的地位和作用。以制造业为主的企业关键职能是生产质量管理，IT企业的关键职能是研发，以销售为主的组织关键职能是市场影响和供应链。明确组织的关键职能，在组织结构设计时有意识地加强该职能，使其与组织的任务保持一致。

2.专业化原则

工作专业化是指组织结构的专业化程度，即让员工从事专门、简单、单一的工作，以提高工作效率。把复杂的工作分解成许多简单的、重复的操作单元，降低对员工工作全面性的要求。工作单一有利于降低培训成本，可减少因员工工作的变动对整个组织运行效率的影响。专业化对员工的基本素质要求低，可以找到更廉价的劳动力，有利于组织节省开支。

3.统一指挥原则

统一指挥原则最早是由法国著名管理学家法约尔（H.Fayol）提出来的，他认为，无论什么工作，一个下级只能接受一个上级的指挥，如果两个或两个以上领导人同时对一个下级或一件工作行使权利，就会出现管理混乱的局面。统一指挥原则的实质就是在管理工作中实行统一领导，建立起严格的责任制，避免出现多头领导或无人负责的现象，保证全部工作的有效领导和正常进行。

4.权责对等原则

管理的基本原则是管理者要对自己管理的工作完全负责。在进行组织结构设计时，既要明确规定每一管理层次和各个部门的职责范围，又要赋予其履行职责所必需的管理权限。职责是指各种组织职位所承担的责任，职权是指一定职位在其职责范围内为完成其职责必须具有的权力。在设置职务时，应使职责与权限相当，并享有相应的利益，只有职责，没有职权或权限太小，其承担职责的积极性、主动性就会受到束缚，也不可能承担起应有的责任。相反，只有职权而无任何责任或责任程度小于职权，就会导致滥用权力和“瞎指挥”，出现官僚主义等问题。

5.集权与分权适度原则

集权意味着权力集中到较高的管理层次。如果组织的高层管理者在做决策时，不考虑或很少考虑基层人员的意见，说明组织的集权化程度较高，集权能够统筹全局，有利于集中力量，攻克难关，但缺乏弹性与灵活性。分权则表示职权分散到整个组织中，如果基层人员参与决策或自主决策的程度较高，则组织的分权化程度就会变高。分权能发挥下级管理者的主观能动性，但也难以坚持政令统一、标准一致。集权和分权是相辅相成的，是矛盾的统一，没有绝对的集权，也没有绝对的分权。

三、影响组织结构设计的因素

1.外部环境因素

环境是决定组织结构的重要因素，因此管理人员应根据外部环境的变化调整组织结构。当组织处在比较动荡的环境中，组织结构应更具有灵活性，随时根据环境的变化进行调整；当组织处在相对稳定、可预测的环境中，采用“机械式组织结构”，组织的效率会有更大的提高。

2.组织战略因素

组织结构是为实现组织的目标而设计的，组织目标来源于组织的总体战略，因此，组织结构会受到组织战略的影响，组织结构的设计和调整应根据组织战略的变化而变化，组织结构应服从于组织战略。当组织战略做出重大调整时，组织结构应及时根据组织战略的变化做出调整，以支持组织战略。

3.技术因素

20世纪60年代初，美国著名的管理学家琼·伍德沃德（Joan Woodward）提出组织结构因技术而变化。他在对英国100家小型制造业企业进行走访调查后，将企业按照“工艺技术连续性”分为单件生产、大量生产、连续生产三种企业类型，并提出了与企业生产类型相适应的组织结构：

（1）单件生产。产品的生产方式为小批量生产，与之相对应的组织结构相对简单。组织的复杂性、规范性相对较低，管理层级较少。

（2）大量生产。产品的生产方式是大批量生产，与之相对应的组织分工较细，产品的标准化程度较高，组织的集权化程度、复杂化程度都比较高。组织中有健全的规章制度，有严格的等级制度。

（3）连续生产。它是企业技术中最为复杂的一种，企业工艺技术复杂，因此组织结构中管理层级之间差异小，管理人员和技术人员占比高，组织中的规范化和集权化程度非常高。

4.组织规模

组织规模直接影响着组织结构的复杂化、规范化和集权化程度。如随着组织规模的扩大，组织的专业化程度提高，在组织中履行监督、协调和控制等职能难度变大，整个组织结构变得复杂。组织规模变大，使得管理者的工作任务增加，为保证任务的顺利完成，管理者通过授权下级分担相应的任务，因此，组织的集权化程度变低。

5.组织的生命周期

1983年美国的奎因（Robert E.Quinn）和卡梅隆（Kim Cameron）在《组织的生命周期与效益标准》一书中提出了组织生命周期的四阶段，即创业阶段、集合阶段、规范阶段、精细阶段，不同的生命周期阶段组织结构不同。创业阶段企业还没有正式、稳定的组织结构；集合阶段组织建立按职能划分的组织结构，人员有较明确的职责和分工；规范化阶段组织结构强调专业化、制度化、标准化，规章制度得到进一步健全及严格的执行，组织实行分权制的组织结构，日常的生产经营权下放到较低的管理层级来行使；精细阶段组织通常采用矩阵的组织结构，组织开始通过小组的群体活动来解决组织中的各种问题，小组由职能部门来集合。

第三节　常见的组织结构形式

一、直线型组织结构

直线型组织结构是工业发展初期的一种简单的组织结构形式，适用于小型组织或现场作业。其特点是组织中的一切管理工作均由领导者直接指挥和管理，不设专门的职能机构。在这种组织中，上下级的权责关系呈直线型，上级在其职权范围内可以直接指挥和决策，下属必须服从，如图12-6所示。

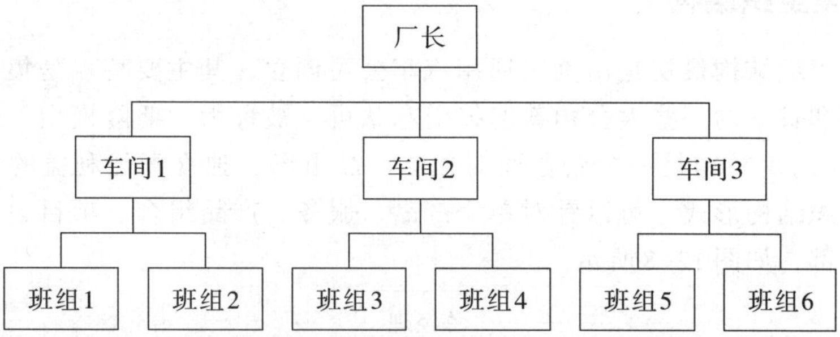

图12-6　直线型组织结构

直线型组织结构的优点：结构比较简单，权力集中，责任分明，命令统一，沟通便捷。直线型组织结构的缺点：所有权集中于一个领导，当组织规模扩大时，往往由于个人知识、能力的有限而感到难以应对；每个部门只关心本部门的工作，部门间的协调性比较差。

直线型组织结构只适用于规模较小、生产技术比较简单的企业，对生产技术和经营管理比较复杂的企业并不适用。

二、直线职能型组织结构

直线职能型组织结构的主要特点是以直线为基础，在各级生产行政领导者之下设置相应的职能部门，分别从事专业管理，作为该级领导者的参谋部。职能部门对下级领导者和下属职能部门无权直接下达命令或进行指挥，只起业务指导作用（如图12-7所示）。直线职能型组织结构的优点：保证了组织的统一指挥，发挥了专业人员的作用；直线职能型组织结构的缺点：各职能部门自成体系，易产生矛盾，会对组织绩效产生不利影响；对职能部门授权过大，易干扰直线指挥；职能部门缺乏弹性，对环境变化反应迟钝。

现在的企业多采用直线职能型组织结构，不适于多品种生产和规模庞大的企业。

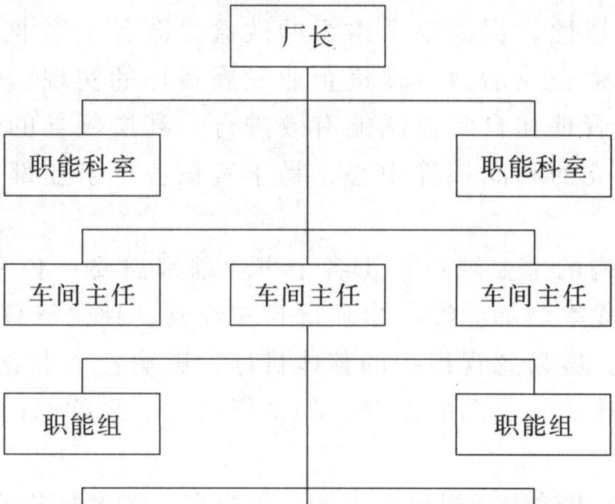

图12-7　直线职能型组织结构

三、事业部型组织结构

事业部型组织结构最初是由美国通用汽车公司创立，其主要特点是集中决策、分散经营，被美国和日本的一些大公司普遍接受和认可，被称为“斯隆模型”或“联邦分权制”。事业部型组织结构是一个企业面对独立产品市场、独立责任利益的部门实行分权管理的一种组织结构形式，可以针对单个产品、服务、产品组合、项目、地域、商务中心来组织事业部，如图12-8所示。

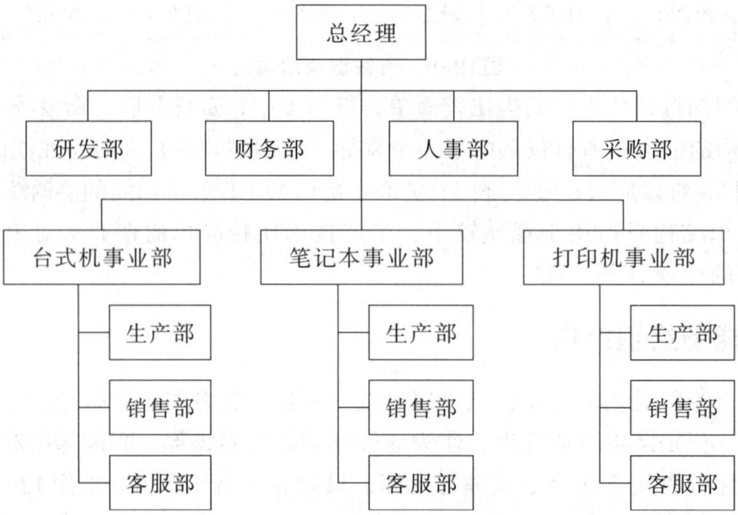

图12-8　事业部型组织结构

事业部型组织结构的主要优点：①每个事业部都有自己独立的产品和市场，既能够规划未来发展，也能灵活处理市场出现的新情况，并迅速做出反应。②有利于最高层领导摆脱日常行政事务，成为坚强有力的决策机构，同时又能使各事业部发挥各自的主动性和创造性，提高整个组织的效益。③各个事业部之间可以有适当的比较和竞争，从而增强企业活力，促进企业发展目标的实现。④各个事业部自主经营、独立核算，目标管理和自我控制能有效进行，高层领导的管理幅度可以有效扩大。⑤事业部作为独立的利润核算中心，易于考核各个事业部的业绩，用以指导组织的战略决策。

事业部型组织结构的主要缺点：①各个事业部都需要一套完整的职能机构体系，用人较多，导致管理成本增加。②各事业部自主经营，独立核算，从各事业部自身利益角度考虑问题较多，容易忽视组织的整体目标，影响各个事业部之间的合作。③各事业部之间相互独立造成了资源的浪费，如销售部门、采购部门等机构设置重叠，导致管理成本的增加。

事业部型组织结构更适用于规模庞大、品种繁多、技术复杂的大型企业，是国外巨头公司广泛采用的一种组织结构，近几年我国一些大型企业集团和公司也逐渐引进了这种组织结构。

四、矩阵型组织结构

矩阵型组织结构通常是为了完成某一项目，从各职能部门中抽调完成该项目所需要的各类专业人员组成项目组。这些被抽调来的人员，在行政关系上仍属于原来的职能部门，但在工作过程中要同时接受项目经理的指挥，因此项组的员工拥有两个上级。项目组任务完成以后，便宣告解散，组织中的员工回到原属部门等待分配新的任务（如图12-9所示）。

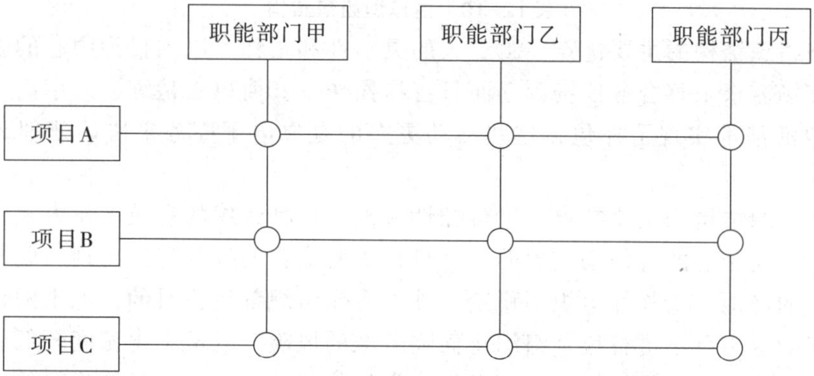

图12-9　矩阵型组织结构

矩阵型组织结构的主要优点：①有利于加强各职能部门的横向业务联系，便于集中各种掌握专门的知识和技能的人员，加速完成某一特定项目，从而提高管理组织的机动性和灵活性；②有利于提高管理人员和职工的责任心和积极性，在矩阵型组织结构中，每个员工都可以在决策活动中发挥自己的作用；③有利于个人能力的提高和发展，在矩阵型组织结构内，每个人都有更多的机会学习新的技术和各种技能。

矩阵型组织结构的主要缺点：①由于这种结构实行纵横向双重领导，当双方领导意见不一致时，组织中横向项目员工很难遵从纵向领导的命令；②工作发生差错时，容易导致责任分不清；③由于有专门的委员会和小组进行集体决策，决策时间长，甚至会出现个别管理者操纵小组决策的现象。

矩阵型组织结构多应用于建筑公司、飞机制造公司等。特别适用于单件、小批量、高单价的制造业企业，以及以项目为单位的服务业和创新性较强的科研机构。

五、虚拟型组织结构

虚拟型组织结构也称网络型组织结构，是通过利用现代的信息技术建立起来的一种新型组织结构。虚拟型组织结构保留着自己的核心管理团体，同时建立了各种关系网，通过把公司的一些基本职能移交给比自己运作更专业、成本更低的外部组织，以保持公司的灵活性。公司的核心管理团体直接督查公司内部的经营，协调外部组织为本公司进行生产、分配及协调其他重要职能活动的各种组织关系。组织中的管理者同外部组织通常是契约关系，通过计算机网络联系的方式，把时间更多地用在了协调和控制外部的关系上（如图12-10所示）。

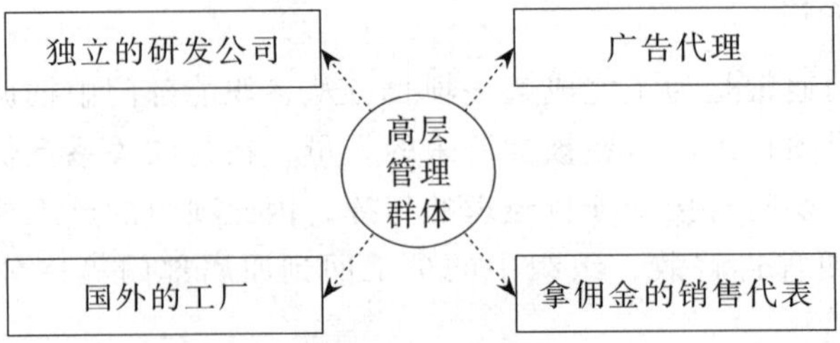

图12-10 虚拟型组织结构

虚拟型组织结构的主要优点：①更大的灵活性和柔性。以项目为中心的合作可以更好地结合市场需求来整合各项资源，而且容易操作。②简单、精练、效率高。由于组织中的大多数活动都实现了外包，这些活动更多的是靠电子商务来协调处理，效率变得更高。

虚拟型组织结构的主要缺点：①可控性太差。这种组织的有效工作方式是靠与独立的供应商广泛而密切的合作来实现的，一旦组织所依存的外部资源出现问题，组织将陷入非常被动的境地。②外部组织不稳定。外部合作组织都是临时的，如果网络中的某一合作单位因故退出且不可替代，组织将面临解散的风险。③员工忠诚度较低。虚拟型组织结构还要求建立较高的组织文化以保持一定的凝聚力，由于项目是临时的，员工随时都有可能被解雇，因而员工的组织忠诚度也比较低。

知识拓展12-1

耐克公司在1972年创建时规模很小，与当时已经具有百年历史的阿迪达斯、彪马、锐步等品牌相比，耐克的竞争力微不足道。后来，耐克公司凭借虚拟经营策略，一举成为体育用品的世界名牌，缔造了商界飞速发展的神话。

耐克公司将更多的注意力放在了产品设计上，在1980年成立了研发实验室，在实验室里到处可见生理学研究专家，这些专家的任务就是设计出令人满意的、有利于人体健康的鞋子。在生产经营上耐克公司采用虚拟型组织结构的经营方式，在美国俄勒冈州的比佛顿市，销售渠道遍及世界各个角落的耐克公司总部只有四层楼，而且在这里看不见一双耐克鞋，公司将所有资源都投入到产品的设计和市场营销中，专注于公司的研发设计和市场营销策略。将市场信息及时地反映到产品设计上，再由世界各地的工厂负责产品的生产，满足各地市场的需求。不需要购买大量的原材料，不需要庞大的运输队，没有一间厂房，没有一条生产线，也没有一个制造工人，耐克公司缔造了一个产品遍布全世界的体育商品王国。凭借着在全球的网络营销，耐克公司能从售出的每双鞋中获得几十美元乃至上百美元的收入。

由于耐克公司在生产经营上采用了虚拟结构模式，因此耐克公司的人事部门相当精简且员工充满活力，使耐克公司免去处理许多的不必要的问题，将主要精力放在产品研发和市场营销等问题上，强化了公司的核心竞争力。

资料来源 龙立荣. 组织行为学［M］. 4版. 大连：东北财经大学出版社，2019：326.

第四节 组织中的职权配置

一、职权的类型及其关系

1.职权的类型

职权是根据组织中的职位设定的，该职位具有的一定职务范围内的权力，如做出决策、下达命令和对下属进行奖惩等权力，主要包括直线职权、参谋职权和职能职权三种职权。

（1）直线职权

直线职权是指组织内直线管理系统中的管理人员所拥有的指挥权，包括发布命令、执行决策等权力。

（2）参谋职权

参谋职权是指某职位或某部门的管理者拥有某种特定的建议权或审核权，可以评价直线职权中的活动情况，进而提出建议或提供咨询。

（3）职能职权

部门的主管人员所拥有的原属直线主管的那部分权力，包括对某些特定的程序、业务、政策等进行控制的权力。

2.直线职权、参谋职权、职能职权之间的关系

（1）直线职权与参谋职权的关系："主导—从属"关系，即直线职权具有一定的职能权力，对直线人员可以直接下达命令，不对参谋人员起作用，但直线主管可以赋予参谋人员一定的职能职权；参谋职权是建议而不是指挥，只是为直线主管提供信息、出谋划策，配合直线工作人员工作的。

（2）直线职权、参谋职权与职能职权的关系：直线职权中具有决策权和命令权等职能职权；参谋职权中没有职能职权，拥有的只是建议和咨询等辅助功能；但直线主管可以赋予参谋人员一定的职能职权，让参谋职权具有代替职能主管行使职能的权力，如决策权、命令权、奖罚权等，可以代替直线主管对直线人员直接进行管理。

二、集权与分权

如上所述，集权是将组织中的权力集中到较高的管理层次，分权是将组织中的权力分散到整个组织中。集权和分权是相辅相成的，是矛盾的统一，没有绝对的集权，也没有绝对的分权。而权力绝对的集中则意味着没有下层主管人员，组织中的全部权力集中在一个主管手中，没有任何的中间管理层，主管直接面对所有的执行者，这在现代社会的组织中是不存在的。职权绝对分散意味着没有上层主管人员，全部权力分散在各个管理部门，甚至分散在各个执行者、操作者手中，组织中没有任何权利的集中，因此主管的职位显然是多余的，组织完全不是一个统一的组织，这种情况也是不存在的。

1.集权与分权的优缺点

（1）集权的优点与缺点

集权的优点：能够统筹全局，政令统一，标准一致；有利于集中力量，攻克难关。

集权的缺点：弹性与灵活性差，不能因时、因地、因人制宜；不能充分调动下级领导者的积极性与创造性，有时甚至会造成官僚主义与独断专行等弊端；不利于发展个性成员，也不太容易顾及一些特殊情况。

（2）分权的优点与缺点

分权的优点：能够集思广益，充分发挥下级管理者的主观能动性；根据自己的管理情况，具体问题具体分析，从而因时、因地制定符合自身特色的方针与政策。

分权的缺点：难以坚持政令和标准统一，容易造成各自为政的局面；难以协调各个层级之间的矛盾与冲突；容易形成分散主义、地方主义与本位主义，不利于维护组织的整体利益。

2.影响集权与分权的主要因素

（1）决策的代价

一般来说，决策失误的代价越高，风险越大，越不适宜分权。

（2）政策的一致性

如果高层管理者希望保持政策的一致性，则趋向于集权化；如果高层管理者对政策一致性要求不是很高，则会放松对职权的控制，组织趋向于分权化。

（3）组织的规模

组织规模较小时，组织的集权化程度比较高，当组织规模扩大后，组织的管理幅度变大，组织为了更好地管理，会相应地增加组织的管理层级。因此，为了加快决策速度、减少失误，高层管理者就要考虑适当的分权。

（4）管理理念

由于高层管理者个人的性格和管理理念的不同，有的管理者喜欢处理复杂的组织任务，多采用高度集权制。有的管理者更喜欢把任务分解给下层领导者，自己只保留对重要事务的决策权，推行高度分权制。

（5）管理人员的数量与素质

组织中管理人员稀缺或素质不高可能会限制组织实行分权。即使高层管理者有意分权，因为下层领导者能力和专业受限，管理者难以分权；相反，如果管理人员数量充足、经验丰富、训练有素、管理能力强，则可较多地分权。

（6）对下属的控制力

分权不可失去有效的控制。高层管理者在对下属进行授权时，要考虑能否对下属的工作和绩效进行有效的控制，当组织中管理者对下属的工作和绩效控制能力强，可较多地选择分权。

（7）职能领域

组织的分权程度也因职能领域而有所差异，有些职能领域需要更大的分权程度，有些则相反。

本章小结

同步测试

同步测试答案

一、单项选择题

1.被称为“组织理论之父”的是（　　）。

A.泰罗　　B.法约尔　　C.韦伯　　D.欧文

2.（　　）是企业较多采用的形式，但不适于多品种生产和规模庞大的企业。

A.矩阵型组织结构　　B.事业部型组织结构

C.虚拟型组织结构　　D.直线职能型组织结构

3.关于事业部型组织结构的优点叙述错误的是（　　）。

A.有利于最高层领导摆脱日常行政事务

B.各个事业部之间可以有适当的比较和竞争

C.使各事业部发挥各自的主动性和创造性，提高整个组织的效益

D.各个事业部之间能够有效地合作，有利于组织整体决策的实施以及整体目标的实现

4.弹性与灵活性差，不能因时、因地、因人制宜，这是（　　）的缺点。

A.集权　　B.分权　　C.授权　　D.决策权

5.（　　）是指某部门的主管人员所拥有的原属直线主管的那部分权力。

A.直线职权　　B.参谋职权　　C.职能职权　　D.职权

二、多项选择题

1.集权的优点主要有（　　）。

A.能够统筹全局　　B.政令统一，标准一致

C.有利于集中力量，攻克难关　　D.具有一定的灵活性和弹性

E.充分调动下级领导者的积极性与创造性

2.影响组织结构设计的因素包括（　　）。

A.外部环境因素　　B.组织战略因素

C.技术因素　　D.组织规模

E.组织的生命周期

3.以下（　　）属于古典组织理论。

A.巴纳德的组织理论　　B.泰罗的组织理论

C.法约尔的组织理论　　D.系统权变组织理论

E.韦伯的行政组织理论

三、判断题

1.参谋人员可以直接对直线人员下达命令和进行指挥。（　　）

2.虚拟型组织结构的优势在于灵活性和柔性。（　　）

3.被称为“科学管理之父”的是法约尔。（　　）

4. 管理幅度是指管理人员直接有效指挥和管理下属的数量。 （ ）

5. 系统管理理论认为组织是由若干个子系统构成的静态的封闭系统。 （ ）

四、思考题

1. 什么是组织？什么是组织结构？

2. 影响组织结构设计的因素有哪些？如何进行组织结构设计？

3. 如何理解管理幅度和管理层次，两者之间有何联系？

4. 简述常见的几种组织结构类型及其优缺点。

5. 职权的类型有哪些？它们之间有何联系？

6. 如何理解集权与分权？各自的优缺点是什么？影响集权与分权的因素有哪些？

第十三章

组织变革

学习目标

知识目标：

1.了解组织变革的意义。

2.掌握组织变革的概念和分类。

3.熟悉组织变革的不同模式（模型）。

4.掌握组织变革的动力和阻力。

5.熟悉克服组织变革阻力的对策。

能力目标：

1.提升根据变革规律开展创新的能力。

2.提升面对阻力科学思考和行动的能力。

素养目标：

培养学生变革、创新的职业思维。

引导案例　　中国乒乓球队的变革

中国乒乓球队是世界乒乓球队中最好的队伍，常年保持顶尖绩效的团队放在世界范围内也是极其罕见的。而且，球队内部也一直非常团结，凝聚力之强有口皆碑。然而，2017年7月，朋友圈被“总教练刘国梁调离中国乒乓球队，男队退赛抗议”的话题刷屏。从公开信息来看，这次事件的起因是国家体育总局对中国乒乓球队进行的组织变革。变革前的中国乒乓球队教练团队结构有3个管理层级，即总教练、男队主教练和女队主教练、教练员。变革后只有1个管理层级，乒乓球队领导直接面对下面的男子教练组和女子教练组。这也是体育总局目前在体育运动队中大力推广的新组织管理模式——“扁平化管理”。

成功的组织变革取决于变革领导者和组织成员的沟通。从舆论的报道中，我们有理由相信这次变革并没有让组织中的所有成员感受到变革的必要性。在组织的重大变革中，往往需要一个强有力的领导或领导团队。反观国乒的这次改革，第一个被调离出团队的就是深受队员们拥戴的总教练刘国梁。而事后球队部分核心队员在微博上公开力挺刘国梁，也充分说明了他在队内精神领袖的地位。从后来事件的发展来看，很显然，这次变革的操盘者并没有把这些关键信息在组织内部畅通地传达下去，导致了队员们对变革产生不信任感。

变革尚未开始，先自损军中主帅，得不到组织内部成员的支持，这样的变革能成功吗？

资料来源　作者根据相关资料整理.

第一节　组织变革概述

一、组织变革的意义

1.提高组织的环境适应能力

组织所处的环境总是不断变化的，为更好地适应国内外政治环境、经济环境、文化环境和法律环境的变化，求得生存并得以不断发展壮大，就必须根据环境的变化，顺势变革自己的任务目标、组织结构、决策程序、人员结构、管理幅度等。只有这样，组织才能更好地把握机会，识别并应对各种环境所带来的风险，保证组织能够有效运营。

2.提高管理者的适应能力

在组织变革中，管理者是组织中决策的制定者和资源的分配者，要能够清醒地认识到自己是否具备足够的组织和领导能力来应对未来的挑战。因此，管理者要不断地调整自己的管理方式，增加自己对外部环境的分析和预测能力，使自己的决策更具灵活性和柔性，同时还要根据环境的变化，重新协调组织的层级之间、工作团队中的人际关系，使组织变革的实施更具包容性和可操作性。

3.有效地激励员工

组织变革的成功关键在于组织成员行为的变革，重视组织成员角色、责任心、工作关系等个体与群体行为的改变，是有计划地组织变革的重要工作之一。组织根据员工的年龄结构、文化层次，针对员工的需求、动机等进行变革，能够更好地满足员工的心理需求，提高员工的工作效率，对员工有着一定的激励作用。

二、组织变革的概念和类型

1.组织变革的含义

组织变革（Organization Change）是指组织根据内外部环境的变化，对组织系统进行分析、诊断，及时调整和完善组织自身的结构和功能，改变员工的态度、行为和人际关系，以保持和促进组织效率，不断实现组织目标的过程。

2.组织变革的类型

（1）按照领导者控制的程度分为主动的变革与被动的变革

主动的变革是指组织中的管理者根据组织外部环境的变化，对未来组织可能面对的挑战与机遇做出分析，主动地对组织变革做好规划。被动的变革是指当组织的外部环境发生变化，且影响到组织的发展时，组织中的管理者必须采取行动对组织进行变革。成功的变革一般都是主动、有计划的变革。

（2）按照变革的影响范围分为渐进的变革和剧烈的变革

渐进的变革一般是指发生在已经建立的组织结构和管理流程中，是对组织进行一系列、持续的改进，这种改进只是影响到组织的一部分，使组织基本保持着原有的平衡。例如，组织中新技术的引进、办公系统的升级等。剧烈的变革是指整个组织发生变革，即打破原有的组织框架，在较短的时间内实现组织职能到结构的重大改变，并且产生了新的平衡。这种变革能够迅速解决组织留存下来的历史问题，快速实现变革目标。如果组织变革的阻力重重，变革的思想准备不足，也容易导致组织内冲突不断，整个变革将归于失败。

（3）按照变革的内容分为以组织结构、技术、组织成员和组织文化为中心的变革

第一，以组织结构为中心的变革是对组织现有的结构按照一定的理念重新进行组织，以改善组织的职能，提高整个组织效率的变革。组织结构变革可以分为横向变革和纵向变革两种类型，横向变革主要包括部门的重新划分、建立新的组织结构、重新规划部门的责任等；纵向变革主要有管理层次的压缩、管理幅度的变化、权力的分配等。

第二，以技术为中心的变革主要包括设备的更新、工艺程序的改变、操作系统的优化、信息沟通系统的改革、自动化等。

第三，以人员为中心的变革是指通过沟通、决策和问题解决过程来改变组织成员的态度、行为、动机、技术文化素养、职业道德水准、组织成员的价值观念，以及人与人之间的关系等。这种方法主要是对组织成员之间的权力和利益等资源方面的再分配，通过鼓励下级人员独立决策和开辟沟通意见的渠道来实现。

第四，以组织文化为中心的变革。组织文化是组织成员共有的信仰、价值观和行为准则，它是由相对稳定的因素构成的。文化的异化和僵化，往往逐步形成体系，成为组织内大多数人的思考习惯和行为习惯，但受环境和时代变化的影响，过去的组织文化固守在历史中，失去求变创新的活力，使组织难以适应新环境的要求，因此，对组织文化的理解和认识也需要发生变化，需要新的价值观念和行为规范来约束员工的行为。组织文化的变革往往难度极大，因为这将会在观念和操作上对员工产生冲击，涉及范围会涵盖经营管理的各个环节，属于根本性的变革。

第二节 组织变革的模型

在组织内外环境的作用和影响下，组织变革成为必然。研究组织变革的过程，认识其中的规律，才能确保组织变革沿着正确的轨道进行。因此，许多学者对组织变革的模

式进行了大量的研究，提出了不同的见解。

一、勒温的组织变革模型

著名心理学家、应用行为学家勒温（Kurt Lewin）将组织变革过程概括为由“解冻—变革—再冻结”三个阶段所组成的阶段性变革模式，如图13-1所示。

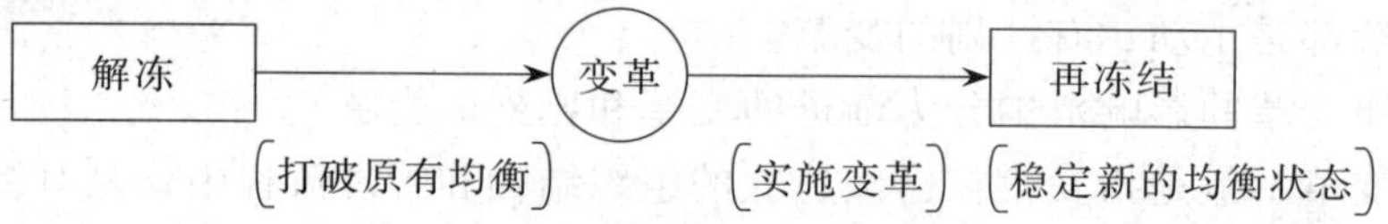

图13-1 勒温模式变革程序图

勒温认为，成功的组织变革应当首先对组织现状予以解冻，然后对组织实施变革，进入到新的组织状态，最后应当对变革后的组织状态予以再冻结，使之长久保持。具体过程如下：

阶段I：解冻——启动变革，打破原有平衡状态，创造变革的动力。这个阶段主要是打破旧的平衡状态和行为模式，克服个体阻力和群体的从众压力，减少使组织行为维持现状的力量，因此必须先行“解冻”。

解冻的主要方式有：①增强推动力，即增强使行为脱离现状的力量；②减弱制约力，即减弱妨碍行为脱离现有平衡状态的力量；③以上两种方式的结合。如果变革阻力很大，则既要增强推动力，又要减弱制约力，才能确保解冻成功。解冻还需要收集令人不满的现状资料，引进新的信息，与其他组织作比较，对比理想与现实行为间的差异等，力图使个人接受新的信息和观念，或者能以新的观念和方法重新认识现状。

阶段II：变革——实施变革，把组织行为规范至新水平，组织平衡达到新状态。这一阶段是推行组织变革本身，需要通过组织结构、任务、技术、行为的变革来完成，涉及发展组织成员新的观念、态度和行为，要特别重视为组织成员指明改革方向。提供变革的情报资料和变革问题咨询，鼓励员工参与变革，共商变革的计划、措施和问题的解决办法。

阶段III：再冻结——巩固变革，把组织稳定在变革后新的均衡状态。这一阶段旨在采取各种方式和手段不断强化变革所形成的新的行为规范和行为方式，使组织刚刚形成的新的均衡状态趋于稳定，并持久化。一项组织变革的真正成功不仅需要“解冻”和“变革”环节去打破旧的均衡创造新的均衡状态，而且需要“再冻结”环节，去长时间维持“新的均衡”。否则，员工会因为惯性等多种原因试图重回以前的平衡状态，从而导致变革的失败。再冻结阶段应注意建立变革的控制体系，加强对诸如组织文化、规章制度、政策和结构等新均衡状态的支持机制建设，系统地收集和传播变革成功的客观证据。奖励、支持并参与变革的行为，让组织成员能够享受到变革带来的益处。经过一定时间的强化之后，组织成员和工作群体自身的规范都会改变，以适应和维持新的组织平衡。这时，管理者就可以依赖正式的机制进行运作了。

二、卡斯特系统变革模型

卡斯特（Fremont Kast）等学者在系统理论学派的基础上，提出了系统变革模型。他认为组织既是一个人造的开放系统，也是由各个子系统有机联系而组成的一个整体。该模型在开放系统模型的基础上，加入了对组织变革因素的分析，进一步细化了系统变革模型。

系统变革模型是在更大的组织范围内解释组织变革过程中各种变量之间的相互联系和相互影响，包括输入、变革元素和输出三部分。如图13-2所示。

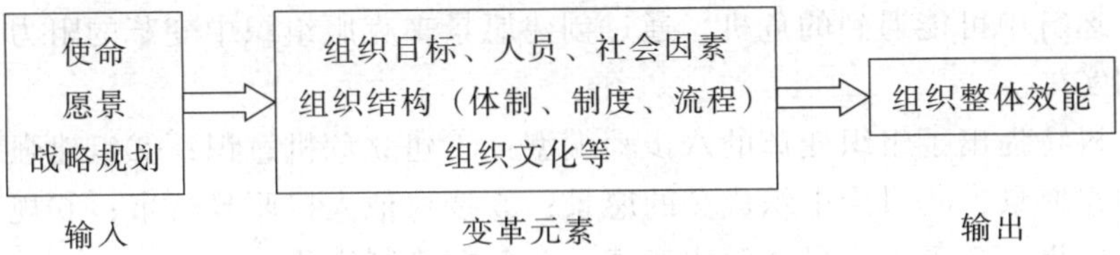

图13-2　系统变革模型

1.输入

输入部分包括内部的优势和弱点、外部的机会和威胁。其基本架构则是组织的使命、愿景和相应的战略规划。企业组织用使命表示其存在的理由；愿景是描述组织所追求的长远目标；战略规划则是为实现长远目标而制订的有计划变革的行动方案。

2.变革元素

变革元素包括组织目标、人员、社会因素、组织结构和组织文化等元素，并且这些元素相互制约和影响。组织需要根据战略规划，组合相应的变革元素，实现变革的目标。

3.输出

输出部分是指变革的结果。根据组织战略规划，从组织、部门群体、个体三个层面，增强组织整体效能。

针对系统变革模型，卡斯特提出了组织变革的六个步骤，如图13-3所示。

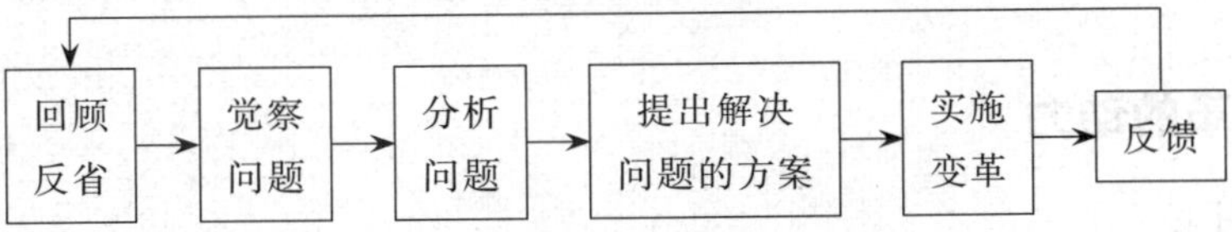

图13-3　卡斯特系统变革程序图

第一环节，回顾和反省。组织根据其内外部环境的变化，对自身进行回顾、反省和批评。

第二环节，觉察问题。通过调查研究组织中存在的问题，探索出影响组织效率和活力的因素，并认识到组织变革的必要性。

第三环节，分析问题。通过分析找出组织中存在的问题，分析组织的现状与将来变革后的状态之间的差距。

第四环节，提出解决问题的方案。对可供组织变革的方案进行评估，寻求最佳变革方案。

第五环节，实行变革。根据评估后的变革方案，按计划实施。

第六环节，反馈变革效果。把变革后的效果反馈给组织，由组织对这次变革的实施进行评价，找出不足，再次回顾与反省，根据上述步骤再次循环。

三、科特变革模型

科特（John P.Kotter）从领导力的角度出发，提出有效的变革在于领导者的领导能力，领导者不能只关注组织的有效运营，更要对组织所处的环境有着清晰的认识，及时洞察到组织运行中可能遇到的危机，通过创建愿景来克服组织中变革的阻力，保证组织变革的顺利实施。

为此，科特提出了组织变革的八步骤模型：①建立危机意识；②组建强有力的领导团队；③创建愿景；④讨论组织成员的愿景；⑤授权他人按愿景行事；⑥规划短期目标并取得短期成果；⑦巩固成果并深化变革；⑧新方法制度化。

领导者在组织变革中应通过制定愿景作为组织变革蓝图，有效增强组织成员对变革的接受度和认同感，从而提高变革的成功率。事实上，这八个步骤分为三个阶段：①②步是解冻的过程，③~⑥步是变革的具体实施过程，⑦⑧步是再冻结的过程，因此该模型可以看作是勒温组织变革三步骤的具体化和延伸。

新思想与变革13-1

要勇于创新，做创新发展的探索者、组织者、引领者，勇于推动生产组织创新、技术创新、市场创新，重视技术研发和人力资本投入，有效调动员工创造力，努力把企业打造成为强大的创新主体。

——摘自2020年7月21日习近平总书记在企业家座谈会上的讲话

第三节　组织变革的动力和阻力

一、组织变革的动力

1.外部动因

（1）科技的变化

科学技术进步不断改变着组织的产品结构、生产技术、生产方式和公众的消费偏好。特别是计算机的普及化、人工智能的崛起以空前的广度和深度影响和改变着社会生产和人类生活的各个方面，给组织的结构、管理层次和管理幅度、组织运营等要素带来了巨大的变化。信息技术的发展、使得组织结构日趋扁平化，组织中的中间管理层大大减少，部门之间、上层和下层之间沟通更为迅速、便捷，沟通方式也发生极大改变。一些产品的技术含量越来越高，产品创新速度越来越快，商品从研发到投入市场的周期越来越短，使得一些商品面临着很容易被淘汰的厄运。

（2）市场的变化

市场的变化对一个组织而言是指其顾客的需求、偏好、价值观念发生变化，竞争者在产品、价格、促销方式和渠道上发生改变，影响到顾客对产品的黏性。任何组织都是一个投入-产出系统，其产出的产品价值取决于服务对象——“顾客”——的青睐和接受程度，因此市场是组织存在的“生命线”，市场的变化是组织变革的“指南针”。只有不断适应市场的变化，对自己的技术、组织结构、产品等进行优化，才能够在激烈的竞争中生存下来，才是富有生命力和发展潜力的组织。

（3）竞争环境的变化

随着经济全球化和全球一体化的趋势加快，组织间联合兼并现象频发，跨国组织增多，综合性、大规模的组织活动范围在扩大，因此，组织必须改变以往单一的组织模式，建立新的组织系统，打造新的管理队伍，以提高其全球化的竞争力和跨文化的管理能力。

2.内部动因

组织内部动因是指在组织内部起作用，并在组织管理者控制范围之内推动组织变革的力量。主要包括员工组织目标的变动、组织结构的不合理设计、组织中的矛盾与冲突、组织中员工的满意度低。

（1）组织目标的变动

随着组织的发展，组织的目标需要与组织的环境相适应，及时根据组织的环境变化调整组织的目标。当组织的目标已经实现或即将实现，需要寻求新的目标以满足组织的发展时，需要进行组织变革；组织的目标无法实现，或实现的成本大，风险高时，寻求新的组织目标时需要变革；组织在发展中发现组织的目标与组织所处的环境不适应，无法继续发展时需要变革。

（2）组织结构设计不合理

组织中现有的组织结构不能提高组织的运营效率；机构设置重叠，成本增加；部门之间协调困难；目前的组织结构不能够适应环境变化等，需要及时对组织结构进行变革，以适应新的环境，提高组织的运营效率。

（3）组织中矛盾与冲突不断

组织中部门多、人际关系复杂、各部门的目标不一致，很容易导致组织内部矛盾加剧，群体冲突不断，对组织的凝聚力和向心力产生破坏作用，严重影响了组织的运营效率，因此需要组织通过变革及时调整组织中的人际关系，缓解矛盾，以保证组织正常且高效地运营。

（4）员工的工作满意度低

组织没有为员工提供具有挑战性的工作；员工在组织中受到了不公平的对待；没有满足员工在组织中被尊重、信任等情感需求等导致了员工的工作满意度降低，进而出现高流动率和离职率，导致了组织中人力资本的升高，生产率的下降，因此组织必须通过变革来满足员工的需求，留住人才、降低人力成本。

二、组织变革的阻力

1.个体阻力

（1）个人习惯

组织中的员工往往习惯于采用固定模式的行为方式，习惯于组织中原有的管理制度、作业方式和行为规范。他们安于现状，在变革中保持着自己原有的惯性和惰性，变革会让他们感到不自然、不舒服、不习惯，会打破他们原有的工作节奏和状态。组织中的员工更倾向于保持原有的工作状态，反对组织变革，即使知道变革对自身长远利益有好处，但要在短期内改变习惯就会感到不适。例如，一个员工每天以同样的方式去做一项工作比较容易，如果这项工作经过了长时间的训练，熟练掌握了工作的技能，变革有可能使员工去接受新的工作方式或学习新的工作技能，员工会感到不习惯，甚至产生逃避的心理，因此会极力地反对变革。

（2）个人利益的损失

对已经建立的工作惯例或工作职责进行变革可能会影响到其工作绩效和经济利益，这种担忧会成为变革的阻力。比如，担心技术变革后自己不适应新的工作，成为多余的员工而被解雇，担心变革后工作时间的减少会使自己收入减少，担心职务和工作的改变会使自己的薪水降低，担心生产效率提高后工作变得紧张、辛苦，闲暇时间减少等，如果员工担心自己不能适应新工作或新的工作规范，尤其是当报酬和生产率息息相关时，会引起员工的焦虑。

（3）对未知的恐惧

组织变革中会有很多不确定因素，对任何一次组织变革的结果都是难以精确和科学预测的。变革中短期内实现组织目标难以做到，甚至存在一定的风险。考虑到变革后自己不知道会面对什么样的同事、领导或下属，不知道自己以后要从事什么工作，会付出多大的努力，做出多大贡献等问题，员工会对组织变革所带来的不确定性产生恐惧，因此他们会极力地反对变革。

2.组织阻力

（1）结构惯性

当组织面临变革时，组织一般都有固定的结构来保证组织运转的连续性和稳定性，这种结构惯性就会充当反作用力，会表现出变革中的组织价值观念和行为规范与原有的组织“水土不服”，导致组织难以维持原有的稳定状态，从而使得组织的变革陷入困境甚至导致变革失败。

（2）群体惯性

组织中的群体为维持自己的生存和发展都形成了群体固化的行为规范和价值观念，以此来维持群体成员的一致性。当某个成员可能乐于接受组织的变革要求，但与其关系密切的群体成员向其施加压力时，他可能做出抵制变革的行为。特别是在组织内部形成的很多利益群体，或者是非正式群体，他们对其成员有强大的控制力，这个群体就可能通过群体规范的方式，向那些愿意接受变革的人施加压力，导致整个群体对变革的抵制。

（3）群体利益受损

变革会危及到组织中一些利益群体的优势和地位，当导致某一群体中多数人的收益降低、权力缩减和责任加重时，他们会联合其他群体共同争取利益最大化，甚至直接拒绝变革。例如，变革对研发人员利益群体的专业技术用途和价值造成影响，威胁到研发人员利益群体在组织中的地位和权威；对权力的重新分配使得组织中原有权力关系中的强势群体的地位和利益受到威胁；对已有资源的重新整合，使得组织中控制一定资源的群体的利益受损等。这些都会导致群体对变革的抵制。

（4）人际关系的威胁

变革意味着打破旧的人际关系，重新调整组织成员之间的关系。在旧的关系仍在起作用，新的关系尚未建立时，组织成员之间的关系会变得紧张，担心变革后自己的才能不被重视，不被其他人接受等，进而会导致员工对变革的抵制。

（5）资源重组的威胁

任何一个组织在提出变革之后，必然会带来资源重新配置的问题。变革需要资本、时间和技术人员，从组织自身的条件看，由于资源总是有限的，变革会因为资源的缺乏被推迟或放弃；组织中可控制的资源有限，或对资源的控制力下降，往往会阻碍变革前进的步伐，甚至导致变革最终半途而废。

三、克服组织变革阻力的对策

1.教育与沟通

通过教育和沟通可以消除组织变革中对如“个人利益受损”“对未知的恐惧”“群体利益受损”等阻力。通过适当的教育，帮助员工理解变革的原因和性质，减少或消除员工对变革的恐惧；提供充足的信息，以帮助员工对变革做好心理准备，消除他们对变革后的恐惧。除了思想教育和宣传工作，还需要与员工进行充分的沟通，帮助他们了解变革的目的、内容和过程以及变革的方式、变革给员工带来的好处等，并澄清他们对变革的一些错误认识，保证维护好群体的利益等，让员工消除变革后会造成薪资下降和地位降低的顾虑。

2.参与和投入

通过参与和投入可以消除组织变革中如“个人习惯”“群体惯性”“结构惯性”“人际关系威胁”等阻力。在变革之前，应把与变革有关的员工吸纳到组织中有关变革的决策过程中来，让他们了解组织变革后的目标，参与变革的实施过程，给予反对变革的员工一定的变革决策权。通过参与和投入，员工对变革有了深刻的理解，他们不再为变革后的工作方式和行为规范而担忧。员工很难抵制由自己参与做出的变革决定，参与变革的群体不再对其他员工施加压力，参与变革的员工对组织中人际关系的变化也都可以接受，调动了员工对组织变革的积极性，同时也提高了变革的决策质量。

3.促进和支持

通过促进和支持可以消除组织变革中如“个人习惯”“对未知的恐惧”“资源重组的威胁”“结构惯性”等阻力。在多数情况下，组织的变革在心理、技能上对员工提出了更高的要求，为此，应该在变革的各个阶段，因人而异地对员工进行心理上的支持或技能上的训练，改变以往的个人工作方式，帮助他们适应变革后的要求。合理整合和分配组织的资源，赋予员工在新环境下开展工作所需要的资源，支持员工共同制定变革后的工作目标，交流变革中的问题，提供学习新知识和新技能的机会，增强员工对变革后组织中新的行为规范和价值观念的理解，从而使员工更快地适应新的变革环境，有效推动组织的变革与发展。

4.“操纵”和“收买”

通过“操纵”和“收买”可以消除组织变革中如“个人利益的损失”“群体惯性”等阻力。组织必须通过变革来改变目前的经营状况，必须对员工的薪资和岗位进行调整，组织可以通过操纵的方式，让员工必须接受降薪、降职等条件。对于在群体中具有一定的影响力、承担重要角色的管理者，组织可以通过收买的方式，让反对组织变革的管理者在变革后继续承担重要角色；征求其对组织变革决策一致的意见，为共同变革做出决策；消除其他员工因群体规范而反对变革的阻力。例如，管理层可能会邀请工会领袖作为某一执行委员会的成员，或者让某一团体中的重要成员加入公司董事会。一旦员工成为变革的一分子，群体中反对变革的成员就会主动配合组织变革。

5.协商

通过协商消除组织变革中如“群体利益受损”“个人利益受损”“对未知的恐惧”等阻力。组织可以通过与反对变革者进行协商，给予反对变革者一些资源或与其交换一些有价值的东西来减少他们对变革的抵制。协商一个报酬方案来满足反对变革者的需要，如通过提高奖金、薪水、额外津贴，对工作进行重新分配来吸引反对变革者，保证反对群体的利益不受损失；消除员工对变革后自己的地位和收入会降低的顾虑；消除员工对变革后组织不确定性的恐惧，以此来保证组织变革的顺利实施。

6.强制

通过强制手段消除组织变革中的如“群体惯性”“结构惯性”等阻力。强制是管理者需要用正当权力克服对变革的抵制，即直接对抵制变革者施加压力或进行威胁。当组织中的员工因为群体规范的影响，不敢接受变革，或对于变革后的组织行为规范和价值观念感到不能适应而反对组织变革时，组织可以通过强制的手段进行强行变革。强制手段包括解雇、降职、不予提拔、分派不好的工作、消极的绩效评估、提供不友善的推荐信等，以此对员工进行威胁或施加压力，以改变他们对组织变革的态度和想法。例如，当员工因对变革后的工作方式不适应或不能接受，组织必须通过改变员工的工作方式来提高组织的经营效率时，组织可以强制员工接受变革，否则将被解雇或降薪。

本章小结

同步测试

同步测试答案

一、单项选择题

1.设备的更新、工艺程序的改变、操作系统的改变、信息沟通系统的改革、自动化等属于（　　）变革。

A.以人员为中心的变革　　B.以结构为中心的变革

C.以技术为中心的变革　　D.以组织文化为中心的变革

2.（　　）不属于组织变革阻力中的个人阻力。

A.人际关系的威胁　　B.个人惯性

C.对未知的恐惧　　D.担心个人的权利和利益受到影响

3.采取各种方式和手段不断强化变革所形成的新的行为规范和行为方式，使组织刚刚形成的新的均衡状态趋于稳定，并持久化，这属于变革的（　　）。

A.解冻期间　　B.变革阶段　　C.再冻结阶段　　D.反馈期间

4.按照（　　）不同可将组织变革分为主动的变革与被动的变革。

A.变革的影响范围　　B.领导者控制的程度

C.变革的内容　　D.以上都不是

5.以下（　　）不属于组织变革的模型。

A.勒温变革模型　　B.卡斯特变革模型

C.科特变革模型　　D.泰罗变革模型

二、多项选择题

1.（　　）属于组织变革的外部动力。

A.科技的变化　　B.组织结构的变化

C.市场的变化　　D.竞争环境的变化　　E.组织目标的变化

2.克服组织变革阻力的对策有（　　）。

A.教育和沟通　　B.促进和支持　　C.协商

D.强制　　E.参与和投入

3.勒温将组织变革概括为“解冻—变革—再冻结”三个阶段，其中解冻的主要方式有（　　）。

A.协商　　B.强制　　C.增强推动力

D.减弱制约力　　E.以上两种方式的结合

三、判断题

1.组织变革的阻力是消极的，应予以杜绝。（　　）

2.早期的心理学家勒温认为成功的组织变革需要经过解冻、变革、再冻结三个步骤。（　　）

3.影响组织变革的阻力都是来自组织的，跟个人没有关系。（　　）

4.科特从领导力的角度出发，提出有效的变革在于领导者的领导能力。（　　）

5.渐进性变革是指在短暂的时间内实现了组织从职能到结构的重大改变，并且产生

了新的平衡。 （ ）

四、思考题

1.什么是组织变革？为什么要进行组织变革？

2.组织变革有哪些类型？简述各种类型的特点？

3.简述勒温模式变革程序的三步骤及其内容。

4.简述卡斯特变革系统模型的主要内容。

5.简述科特变革模式的主要内容。

6.组织变革的动力和阻力有哪些？如何克服组织变革的阻力？

第十四章

组织文化

学习目标

知识目标：

1.了解组织文化的概念和作用。

2.掌握组织文化的内容（结构）。

3.熟悉组织文化的不同理论。

4.掌握组织文化的建设。

能力目标：

1.提升对组织文化的认识和认知能力。

2.提升构建组织（企业）文化的能力。

素养目标：

培养学生从组织文化的视角关注组织行为的职业精神思维。

引导案例　　不拘形式重实效的“班前会”

“自我提升，良性竞争；相互欣赏，相互支持！”“留意多一点，问题少一点！”“拒绝违规操作，保护生命安全！”……

响亮的口号、洁净的工装、整齐的队列、快乐的分享……在每个工作日宁静而又祥和的清晨，当时针转到7点50分时，这样的场景都会在山东核电设备制造有限公司（以下简称“国核设备”）的每个生产车间里一幕幕上演。而对生产班组班前会形式、内容的创新只是国核设备在探索加强班组建设和提升企业管理能力过程中的一个缩影。

国核设备作为装备制造类企业，视生产班组为企业发展的基石，并围绕公司经营目标，始终把班组建设各项工作落到实处，力争打造一流的生产班组。几年来，国核设备对生产班组班前会还在进行着不断的内容探索和经验积累，希望能以之为切入点，以点带面，通过对示范典型的树立和推广，鼓励不拘形式、重实效的班前会良好实践。

通过制度创新，强化班组科学管理；通过文化建设，提升班组团队合力；通过方法改进，打造班组品牌形象。全公司20个生产班组，结合自身工作特点，以6S精益生产管理等科学理论为抓手，几年如一日，坚持实行各具特色的生产班组班前会制度，并陆续涌现出一些善于创新、具有特点的典范。

“安全质量是企业的生命，我们完成的每一毫米焊缝，都是至关重要的，基础打不牢，一切都为零，我们要做的就是对不合格焊接工作的零容忍！”这是平时看起来为人有些粗线条、不拘小节的国核设备焊工三班班长何光宇，在生产班组班前会上常说的一句话。

然而，对工作的关注，不允许粗线条，更马虎不得。在焊工三班的班前会上，何班长每天都会手拿一本工作日志，分条别类地向大家讲解一天的工作要点和注意事项，小到焊机移动过程中电源线的保护，大到核级管道焊接的操作要领……，并且会根据每位班组成员当天焊接工作的内容和焊接工位的特点，有针对性地进行提问、探讨和分析，强化焊接具体要求，防止草率盲目操作。

但说起最特别的，还要算矗立在他身旁的那个特殊教具——一个挂满各类焊接试验件的展板。每天在班前会的互动环节上，都会有班组成员到台前，根据展板上各类试验件的焊接特点，分享自己的经验和教训，直观而又形象。但无论分享者分享的是成功还是不足，大家没有丝毫的嫉妒与不屑，有的只是求知的提问和勉励的掌声。

车间冬冷夏热，工作环境复杂。特别是对于焊接工作人员来说，冬天穿厚了影响操作；夏天穿少了HSE要求不达标，过冷过热都会影响精神状态。并且车间噪声大、粉尘多，即使戴上耳塞和口罩，忙了一天下来，也常会有耳朵不舒服、口鼻进粉尘的情况。所以，调动起大家饱满的精神状态、做好安全健康防护提示，便是班前会上必要的一项内容。

“作为员工，我们要对公司、对工作负责，而作为我们自己、作为一个丈夫、父亲、儿子，我们更要对自己、对亲人、对家庭负责。不正确佩戴防护用具、违规操作是一切安全问题的根源，请大家一定要绷紧安全这根弦，增强安全意识，不给自己留遗憾！”每天班前会的安全提示结束前，何班长的这段话，语气总是最严肃、最响亮、也最走心。

经过几年的积累，焊工三班在班组建设过程中，始终抓细节、重实效、不拘于形式、不流于过程，做到生产进度保节点、安全事故零发生，并实现了团队建设和个人成长的双丰收。2014年，这个班组获得了“国核设备安全生产标准化标杆班组”，并参与了“全国安全管理标准化示范班组”的评选活动，得到了全国总工会兼职副主席、全国劳动模范许振超的现场指导和高度评价。班组建设经验陆续被《工人日报》《班组天地》等全国性刊物予以了报道。

全班组30人，共获得了HAF、AWS、ASME等400余项国内国际焊接资格认证；其中，班组核级管道焊接一次成功率更是达到了99.5%。在2014年海阳市“方圆杯”职工技能操作大赛上，焊工三班包揽了焊接组前三名，获奖员工代表海阳市、烟台市参加了全国职工技能大赛山东省选拔赛，并均取得优异成绩。

而与焊工班组基本都是男员工不同的是，在起重班组，女同志占了2/3，16个人中，女同志就有10人，而且都是20多岁的女孩子。

细腻和爱美是女人的天性，在起重班的班前会上，用于取代激昂口号的，经常是一首首流行而又不乏励志精神的歌曲——《最初的梦想》《我相信》《隐形的翅膀》……班组的更衣间里有一面大大的落地镜，每天班前会结束后的几分钟里，女孩子们都会对着镜子整理妆容，用青春所赋予的活力去开启新一天的工作。

起重工作需要地面与高空作业人员之间要有良好的协作。每天的班前会上，班长杨进聪都会对人员进行重新组队和分工，希望通过工作中的交流和合作，增加大家相互间的理解与信任。几年来，大家相处融洽、互帮互助，亲如一家。

吊钩一落一起，一下一上，仿若是在谱写一个个动人的音符。通过在工作中培养的默契，仅仅十几个人的起重班，保持安全生产零事故，每一个月的起吊次数均已超过5 000次。并且班组先后获得公司“优秀青年突击队”称号和“‘祖国万岁、核电腾飞’合唱比赛”一等奖，真正唱出了青春、唱出了理想、唱出了专属于国核设备自己的一曲和谐向上之歌。

在国核设备生产班组班前会上，少有形式官僚的说教，多的是幽默风趣的表达；少有空洞机械的口号，多的是经验教训的反馈；少有的是苛责与否定，多的是鼓励和认可。同时，在班前会良好的实践基础之上，每个生产车间、班组还组织简短、高效的班后会、经验反馈会等，对每天工作做好总结，不留工作死角。

以塑造生产班组安全理念为先，国核设备成为核电行业首家一级安全生产标准化达标企业；AP1000一体化顶盖组件生产车间被中国能源化学工会命名表彰为全国能源化学系统“工人先锋号”光荣称号；在被国家安监总局和中国安全生产协会共同认定为2013年重点工作之一的“全国企业安全管理标准化示范班组创建活动”中，公司的两个班组获得“示范班组”称号，一人获得“优秀班组长”称号……

上述“班组文化”体现了浓浓的国核设备“和”的企业文化，正是在“和文化”的理念体系指导下，国核设备作为全球首家AP1000三代核电装备的专业制造公司，在核电发展的新的历史时期，在公司二次创业和企业转型的征途中，必将肩负着更加艰巨的任务和更加崇高的使命。

资料来源 笔者根据相关资料编写.

第一节　组织文化概述

一、组织文化的概念和结构

正如每个人有其独特的个性一样，一个组织也具有自己的个性，这种个性称为“组织人格”“组织气氛”或“组织文化”。

一般而言，组织文化就是指组织在长期的生存和发展中所形成的，为本组织所特有的，且为组织多数成员共同遵循的最高目标、价值标准、基本信念和行为规范等的总和及其在组织活动中的反映。具体地讲，组织文化包括以下内容和结构：精神层（精神文化）、制度层（制度文化）、物质层（物质文化）。

1.精神层

组织的精神文化，是组织在不断发展的过程中，在一定的社会环境、文化背景、意识形态下形成的群体性意识和价值观念。精神层，是组织文化的核心和灵魂，组织文化中有没有精神层是衡量是否形成组织文化的主要标志。

组织文化的精神层包括：组织经营哲学、组织精神、组织风气、组织目标、组织道德。其中，组织经营哲学也称组织价值观，是组织领导者对组织长远发展目标、发展思路、发展战略和策略的哲学思考，是处理组织发展过程中遇到的一切问题的基本思维模式和方法。组织精神是组织有意识地提倡、培养的员工群体的精神风貌，是对组织现有的观念意识、传统习惯、行为方式中的积极因素进行总结、提炼及倡导的结果，是优秀的价值观和良好的精神风貌。组织风气是组织约定俗成的行为规范，是组织核心价值观在员工的思想作风、传统习惯、工作方式、生活方式等方面的综合反映。组织目标是组织经营发展战略的核心。组织道德，是调整组织内部人与人、单位与单位、个人与集体之间关系的准则与规范。

2.制度层

制度层，是组织文化的中间层次，主要指对组织员工和组织行为产生规范性、约束性的部分。制度层包括工作制度、责任制度、特殊制度等。工作制度，例如董事会制度、监事会制度、经理层制度，以及生产管理制度、劳动人事管理制度、财务管理制度等。责任制度，例如岗位责任制、“一岗双责”责任制等。特殊制度与工作制度、责任制度相比，更能反映一个组织的管理理念、管理特点和文化特色，如国核设备的《核事故应急管理规定》。

3.物质层

物质层也叫表层，是指以物质为形态的企业文化，是可以看得到、听得到的文化形式，是形成制度层和精神层的条件。物质层包括企业面貌、产品的外观和包装、技术工艺设备特性。企业面貌是指企业标志、企业视觉识别系统、企业的办公环境、企业的工装和工牌、企业文化的传播载体；产品的外观和包装是指产品的特色、样式、品质、品牌、包装、维修和售后服务等；技术工艺设备特性是指设备名称、设备结构特点、基本参数、工作原理等。

二、组织文化的特性

1.无形性

组织文化是一种无形的、被组织员工认可或接受并自觉付诸实践的行为准则。组织文化不是简单的文体活动，不是外化的标语、口号，它是组织中群体共同认同的理念。

2.软约束性

组织中成文或者不成文的法规和行为准则，引导和塑造员工的态度和行为，会对员工的思想、性格、情趣产生潜移默化的影响。

3.相对稳定性和连贯性

组织文化是组织在长期发展过程中形成，与组织的发展历史紧密相连，一旦形成又很难消失，同时又是一个不断适应环境、挑战未来的历史继承和创新的过程。

4.个性

组织文化有鲜明的个性，不同的组织具有不同的文化，组织文化总是在特定的环境中成长，在特定的范围发生作用。

三、组织文化的作用

1.组织文化的积极作用

组织文化的积极作用主要表现在以下几个方面：

（1）目标导向作用。目标导向作用即把组织成员的行为动机引导到组织目标上来。组织文化的整体优势使得组织中的个体目标与组织的整体目标相一致，成为个体目标发展的导向。组织目标就是引导组织成员统一行动的旗帜，一种集结众人才智的精神动力，使广大成员了解组织追求的崇高目标，也就使其深刻地认识到自身工作的伟大意义，从而愿意为此不懈努力。

（2）凝聚团结作用。组织文化培养组织成员对组织的集体认同感，它是组织成员的黏合剂，也是组织对成员的吸引力和成员对组织的向心力。它把组织成员都团结在组织目标的旗帜下，指导人们的行为，使个人的思想感情和命运与组织的命运紧密联系起来，在价值理念层次上保持高度的一致。

（3）规范教育作用。组织中成文的规章制度构成对组织成员的硬约束，而不成文的诸如组织道德、组织风气等则构成对组织成员的软约束。无论成文的还是不成文的法规和价值准则，都以群众价值观作为基础，并引导和塑造员工的态度和行为，对员工的思想、性格、情趣产生潜移默化的影响，这种影响的作用比权威的命令效力更大。

（4）激励振奋作用。组织文化确立了组织的精神目标和精神支柱，可以激励全体成员自强自信，团结进取，形成组织成员的统一意志。崇高的群体价值观带来的满足感、成就感和使命感，良好的组织氛围带来的归属感、尊重感和荣誉感，使组织成员的精神需要得到满足，从而产生深刻而持久的激励作用。

（5）辐射适应作用。人们通过组织的标志、广告、建筑物、产品，以及组织领导人、员工的行为，就会了解到组织的特色，以及其深层次的价值观。对社会公众来说，这是对组织的识别过程。对组织来讲，这就是文化的辐射过程，持续辐射的结果，就是组织品牌和形象的塑造。组织文化像一只无形的手，引导组织发挥出巨大的潜在能量，内聚人心，外塑形象。

2.组织文化的消极作用

组织文化的消极作用主要表现在：

（1）变革的障碍。组织处于动态变化的情况下，组织文化往往成为组织的束缚。根深蒂固的组织文化容易束缚组织的发展与创新，使组织难以应对变幻莫测的环境，对那些不符合组织的价值观念总是不管不顾。

（2）削弱个体的创造性。组织文化强调统一的价值观、生活方式，强调新成员服务组织文化，这不利于组织成员个性化和创新能力的发展。

（3）对组织兼并、收购的影响。组织文化一旦形成，便具有相对的稳定性和个性特色，这种特色使得两种不同的组织在兼并、联合、收购后面临文化融合、文化沟通的难题，使得新的组织文化同原有的组织文化之间出现摩擦和矛盾，有可能导致收购和兼并的失败。

四、组织文化理论

1.麦肯锡7S模型理论

麦肯锡7S模型是彼得斯（Tom J.Peters）和沃特曼（Robert H.Waterman）两位麦肯锡管理顾问公司的学者，通过对美国62家著名企业深入调查并研究，最终以企业组织的七要素为框架，总结出一些企业成功的共同特点，并出版了《追求卓越——美国企业成功的秘诀》一书。7S模型指出了企业在发展过程中必须全面地考虑各方面的情况，包括结构（Structure）、系统（System）、风格（Style）、员工（Staff）、技能（Skill）、战略（Strategy）、共同的价值观（Shared Values）。在这七个要素中，战略、结构和系统是比较关键的管理因素，其余的四个要素是软管理因素。其中，共同的价值观处于中心位置，具有联系其他要素的作用，成为了决定企业成败的关键因素。

2.迪尔和肯尼迪的组织文化因素理论

企业文化五因素论是美国的迪尔（T.Deal）和肯尼迪（A.Kennedy）在《企业文化——现代企业的精神支柱》一书中提出的，即企业文化是由企业环境、价值（观）、英雄、习俗和仪式、文化网络五个因素所组成的，这五个因素各自的作用是不同的。

迪尔和肯尼迪所说的“企业环境”，并不是指企业的内部环境，而是指企业所处的外部环境，包括市场、顾客、竞争者、政府、技术等。企业环境是形成企业文化最大的影响因素，而企业文化则是企业在这种环境中为了获得成功所必须采取的全部策略的体现。

企业价值观指的是企业在经营过程中推崇的基本信念和奉行的目标，是企业绝大多数成员共有的对企业意义的终极判断，是企业文化的核心和基石。

企业英雄，是企业价值观的人格化体现，为企业员工树立了榜样。他们虽然不同于常人，但是他们就在大家的身边。企业通过英雄人物形象的塑造，对企业内部员工以英雄人物的模范行为树立标准，激励企业员工；对企业外部，则可以宣传企业独特的理念、追求和信仰。

习俗与仪式，是在企业各种日常活动中经常出现、人人知晓而又没有明文规定的东西，它们是被有形地表现出来而又程序化，并显示内聚力程度的文化因素。

文化网络，是企业价值观的载体，在企业内部以故事的形式流传、交流探讨的形式学习，在一定程度上可以认为是企业的非正式沟通网络，弥补了正式沟通的不足。它是由某种非正式的组织和人去传递信息，所传递的信息有时候不够确切，但是往往能够反映出员工的愿望和真实心态。

3.威廉·大内的Z理论

威廉·大内（William Ouchi）经多年研究出版了著名的《Z理论》。他将美国的管理模型称为A（America）型，将日本的管理模型叫J（Japan）型，并从雇佣制度、决策制度、责任制、控制机制、考评与晋升制度、员工职业发展和对员工的关怀这七个维度对美日管理的主要差异进行比较和剖析。除了这七个维度的差异以外，大内还对引起日、美两国文化差异的原因进行了分析，设计出一种美、日混合妥协型的中间模式，称之为Z理论，并推荐给美国企业界。Z理论主张日本和美国的成功经验应该互相融合。

Z理论认为，企业的成功离不开信任、敏感与亲密，因此主张以坦白、开放、沟通作为基本原则来实行“民主管理”。Z理论与A型管理模式不同，而与J型管理模式相似。

Z理论的基本特征包括：

（1）雇佣期。提倡把美国企业的短期雇佣制转化为长期雇佣制。

（2）评价与晋级。主张确定一种缓慢的评价和提升制度，目的是培育员工的长期观点与协作态度。

（3）职业发展途径。主张拓宽职业发展道路，有计划地实行横向职务轮换。理由是：这种轮换可提高工作的热情、效率和满意度，可以使设计、制造和销售合作得更好。

（4）控制方式。既有明确的控制方法，也有含蓄的控制方法。明确的方法用于对控制情况的了解和沟通，含蓄的方法用于对重要的决策加以控制。

（5）决策过程。决策是一个多人参加并取得统一意见的过程。

（6）责任制。Z理论提倡强化共同目标，使每个人都能自觉对集体做出的决定负责，从而避免紧张状态。在Z型公司中，决策可能是集体做出的，但是最终要由一个人负责。

（7）企业关系。上级对下属、员工对同事的关心是广泛的。Z理论主张使整体关系得到发展，在这种局面下，非人性化是行不通的，独裁是不可能的，而公开的思想交流、信任及负责却是常态。

可以说，大内的Z理论在组织行为学研究中有重要的地位，他开辟了比较文化管理研究的先河，拓展了组织行为学的研究领域，提供了跨文化比较研究的方法和观点，揭示了文化对管理模式的影响。

新思想与组织文化14-1

文化关乎国本、国运，文化兴则国家兴，文化强则民族强。习近平总书记指出，文化是一个国家、一个民族的灵魂。坚定中国特色社会主义道路自信、理论自信、制度自信，说到底是要坚定文化自信。

中邮证券有限责任公司党委认真学习贯彻习近平文化思想，将企业文化建设与践行中国邮政“求是求实、自强不息”的企业文化和行业协会“合规、诚信、专业、稳健”的文化理念相贯通，树立“文化强企”的坚定自信，为推动中邮证券有限责任公司高质量发展提供价值引领、精神支撑和奋进动力。

——摘自《中国邮政报》，2024年4月23日

第二节　组织文化的建设及其应用

根据引导案例和上述组织文化相关理论，现以“国核设备”为例，具体分析如何建设组织文化。

山东核电设备制造有限公司是由国家核电技术公司控股组建的国内首家AP1000核电钢制安全壳、结构模块、机械模块、一体化顶盖组件等设备的专业制造公司。根据国家电力投资集团公司的要求，国家电投全体成员及合作伙伴必须统一采用国家电投视觉识别系统，所以以下内容涉及视觉识别系统的相关内容均采用国家电投的统一标识。

一、组织理念的塑造

组织理念塑造包括企业目标、企业哲学、经营宗旨、企业精神、企业道德等的创建。

从引导案例扩展开来，我们分析“国核设备”企业文化的理念塑造。

如图14-1所示，“和文化”价值体系：“和”，代表了中华民族对人生审美境界的最高追求，是传统文化的精髓，是公司文化的本源，是国家电投的核心理念。“和文化”之“和”，源于人与自然天人“合”一的文化传承，源于企业重组的价值整“合”，源于公司以“核”电为特色、以综“合”能源为特征的企业属性，源于公司注重“合”作、追求“和”谐的精神特质。“国核设备”基于这一价值体系，凝聚了其企业文化的以下内容：

图14-1　“和文化”[①]

① 资料来源：山东核电设备制造有限公司网站，http：//www.snpemc.com。本章其他地方引用该企业资料相同，不再一一标注。

（1）企业使命：

引领核电发展，奉献绿色能源。①通过三代核电技术引进、消化、吸收、再创新，打造中国核电自主化品牌，成为中国乃至世界核电发展的领军者。②以先进能源技术创新为驱动，以清洁能源开发为主导，致力于成为可持续的绿色能源供应者。

（2）企业愿景：

建设核心竞争力突出的创新型国际化综合能源集团和现代国有企业。①始终致力于打造核心竞争力，坚定不移地提升以核电技术为主的技术优势和以清洁能源为主的产业优势，不断提高在世界能源领域的话语权和影响力，成为核心竞争力突出的企业。②始终视创新为生命，倡导全员创新、全面创新，着力于探索常规电与核电相结合基础上综合性清洁能源技术的跨越与提升，以创新激发成长活力，以创新保持领先优势，成为创新型企业。③始终坚持全球化视角，对标国际同行业最先进的理念思维、发展模式以及管理、技术标准，坚持"走出去"战略，融入世界发展大格局，成为国际化企业。

（3）企业核心价值观：

创新创造，持续奋斗，和谐共生。①创新创造是我们的特质。国家电投倡导全面创新创造，将创新融入技术、产品、制度、组织、文化、观念等方方面面；倡导全员创新创造，使创新创造成为国家电投人的品格。②持续奋斗是我们的灵魂。奋斗的实质是一种"精气神"，是锐意进取、奋发有为的精神状态，是忠诚敬业、甘于奉献的炽热情怀，是集体奋斗、团队成功的合作观念，是不怕困难、敢于攻坚的坚强意志，是勇于追梦、勇于担当的使命感和责任感。③和谐共生是我们的追求。国家电投努力与相关各方保持和谐，以和为贵、共生共存；我们懂得求同存异，注重和而不同，讲求团队合作；我们追求和合共赢、达人达己，走共同成功之路，成就他人的同时也成就自己。

（4）管理理念：依法治企，科学治企，从严治企。

（5）经营理念：诚信为本，效益为先，全员为要。

（6）工作理念：策划、程序、修正、卓越。

（7）人才理念：以奋斗者为本。

（8）安全理念：任何风险都可以控制，任何违章都可以预防，任何事故都可以避免。

（9）廉洁理念：清白做人，干净做事。

（10）职业操守：忠诚于国家，忠诚于事业，忠诚于企业。

二、组织制度的塑造

组织制度的塑造，具体到国家电投就是行为识别：对内有组织管理、人员培训、企业礼仪和风尚、工作环境与气氛等；对外有市场调查、产品推广、服务态度和技巧、公共关系活动等。

1.开展企业文化专题培训

以集团总部主任（含）以上、二级单位党组织主要负责人为对象，组织举办领导干部企业文化培训班。以二级单位党组织主要负责人、企业文化工作分管领导、企业文化建设部门负责人为对象，组织举办企业文化骨干培训班。

2.加强企业文化传播推广

改版发行《和》杂志，开发员工文化交流平台手机APP，推广企业文化微信订阅号，创设集团总部文化讲堂，通过多种载体平台建设，形成企业文化传播的广泛渠道和浓厚氛围。通过组织公司司歌征集活动，动员组织广大员工参与企业文化建设。

充分运用色彩、绘画、雕塑、书法、摄影、故事、传统文化等元素，把企业文化打造成一项文化审美活动。

3.闭环化管理

企业文化管理注重用数字说话，用事实说话，用结果说话，并用考核手段推进文化落地。将企业文化建设工作考核纳入系统单位年度党建工作考核，将价值观考核纳入员工年度绩效考核。

4.仪式化承载

创造一系列仪式感十足的文化主题活动，将企业文化核心价值理念作为灵魂，对员工进行春风化雨式的文化浸润。

三、组织形象的塑造

组织形象包括企业名称标识、标准字、标准色、精神标语、手册等；它的应用部分涉及产品及其包装、招牌与旗帜、办公用品、衣着制服、建筑风格、厂容厂貌、纪念物、广告等。

2015年年初，开始启动企业标识的设计工作，希望用最能表达企业文化和战略定位的品牌符号来传播企业使命、理念以及核心价值观。2015年6月11日，在提交的76个设计方案中，集团公司优选出10个设计方案并组织专家团队对方案进行全方位的评选、排序，“绿动未来”“绿色之光”“蓝色之星”三个方案脱颖而出。最终，经过集团公司内部评选，“绿动未来”终于浮出水面，得票率最高。标识色彩几易其稿，先后经历了39次调色。直到上会前才确定将“红色”放在下旋，“绿色”调至上旋，红色象征国家使命，绿色则寓意清洁环保，红色属阳，绿色属阴，阴阳相交，相和相生。字体与“绿动未来”图形相得益彰，最终形成国家电投独一无二的企业标识。如图14-2所示。

图14-2　企业标识

构建企业视觉识别系统。确定集团公司企业标识，编制企业视觉识别系统，印发《国家电投视觉识别系统》手册，推进公司视觉识别系统的规范应用，塑造国家电投统一的企业形象。如图14-3、图14-4、图14-5所示。

图14-3 企业安全帽规范

图14-4 企业VI手册

图14-5 企业大门标识规范

本章小结

同步测试

同步测试答案

一、单项选择题

1.组织文化的结构，不包括（　　）。

A.精神层　　B.制度层　　C.物质层　　D.价值观

2.组织文化的积极作用不包括（　　）。

A.目标导向作用　　B.规范教育作用

C.组织兼并、收购的影响　　D.能力整合作用

3.组织中成文或者不成文的法规和行为准则，引导和塑造员工的态度和行为，会对员工的思想、性格、情趣产生潜移默化的影响。这描述的是组织文化（　　）特性。

A.无形性　　B.软约束性　　C.相对稳定性　　D.连贯性

4.（　　）经多年研究出版了著名的《Z理论》。他对引起日、美两国文化差异的原因进行了分析，设计出一种美、日混合妥协型的中间模式，称为Z理论。

A.威廉・大内　　B.迪尔　　C.肯尼迪　　D.沃特曼

5.结合本教材企业文化建设的具体案例和素材，关于企业文化的创建以下（　　）没有论述。

A.组织理念的塑造　　B.组织创新的塑造

C.组织制度的塑造　　D.组织形象的塑造

二、多项选择题

1.组织文化的特性有（　　）。

A.无形性　　B.软约束性　　C.相对稳定性

D.连贯性　　E.个性

2.迪尔和肯尼迪的组织文化因素理论包括（　　）等因素。

A.企业环境　　B.价值观　　C.企业英雄

D.风俗和礼仪　　E.文化网络

3.下列属于组织文化精神层面的有（　　）。

A.组织经营哲学　　B.组织精神　　C.组织风气

D.道德规范　　E.责任制度

三、判断题

1.组织文化包括精神文化、制度文化和物质文化。（　　）

2.Z理论主张以坦白、开放、沟通作为基本原则来实行“民主管理”。Z理论与J模式不同，而与A模式相似。（　　）

3.组织文化对组织的作用只有积极作用没有消极作用。（　　）

4.组织文化有鲜明的个性，不同的组织具有不同的文化。（　　）

5.“引领核电发展，奉献绿色能源”作为国核设备的企业使命是理念塑造文化的重要组成部分。（　　）

四、思考题

1.什么是组织文化？组织文化的三个层次是什么？

2.简述几种有代表性的组织文化理论及其内容。

3.结合“国核设备”案例的素材，谈谈企业如何构建企业文化。

主要参考文献

[1] 曹日昌. 普通心理学 [M]. 3 版 . 北京：人民教育出版社，1980.

[2] 陈春花，杨忠，曹洲涛，等. 组织行为学 [M]. 3 版 . 北京：机械工业出版社，2019.

[3] 陈国海. 组织行为学 [M]. 5 版 . 北京：清华大学出版社，2018.

[4] 陈国权. 组织行为学 [M]. 北京：清华大学出版社，2006.

[5] 陈力华，邱羚. 组织行为学 [M]. 北京：清华大学出版社，2005.

[6] 崔霞. 组织行为学 [M]. 北京：经济科学出版社，2020.

[7] 丁敏. 组织行为学 [M]. 北京：人民邮电出版社，2012.

[8] 高树军. 组织行为学 [M]. 北京：中国人民大学出版社，2016.

[9] 龚平帮. 组织行为管理 [M]. 台北：三民书局，1972.

[10] 顾琴轩. 组织行为学 [M]. 4 版 . 上海：上海人民出版社，2015.

[11] 关培兰. 组织行为学 [M]. 4 版 . 北京：中国人民大学出版社，2015.

[12] 郭志文. 组织行为学 [M]. 上海：上海财经大学出版社，2010.

[13] 胡君辰. 组织行为学 [M]. 2 版 . 北京：中国人民大学出版社，2014.

[14] 胡君辰. 组织行为学 [M]. 北京：中国人民大学出版社，2010.

[15] 蒋巍巍. 高效率团队的五个构成要素 [J]. 人才资源开发. 2016（5）.

[16] 李永瑞. 组织行为学 [M]. 3 版 . 北京：高等教育出版社，2017.

[17] 李长贵. 组织行为学 [M]. 台北：台湾中华书局，1984.

[18] 龙立荣. 组织行为学 [M]. 4 版 . 大连：东北财经大学出版社，2019.

[19] 马新建. 组织行为学 [M]. 北京：北京大学出版社，2015.

[20] 任浩. 组织行为学 [M]. 北京：清华大学出版社，2011.

[21] 史本林，解东辉. 组织行为学 [M]. 北京：煤炭工业出版社，2001.

[22] 麦克沙恩等. 组织行为学 [M]. 吴培冠，张璐斐，译. 5 版 . 北京：机械工业出版社，2012.

[23] 罗宾斯. 组织行为学 [M]. 孙建敏，李原，等译. 7 版. 北京：中国人民大学出版社，1997.

[24] 罗宾斯，贾奇. 组织行为学 [M]. 孙建敏，王震，李原，译. 16 版. 北京：中国人民大学出版社，2016.

[25] 罗宾斯，贾奇. 组织行为学 [M]. 孙健敏、朱曦济，李原. 译. 18 版. 北京：中国人民大学出版社，2021.

[26] 孙彤. 组织行为学教程 [M]. 北京：高等教育出版社，1990.

[27] 孙喜林. 组织行为学 [M]. 大连：东北财经大学出版社，2008.

［28］王怀明．组织行为学：理论与应用［M］．北京：清华大学出版社，2014.
［29］王玉莲．组织行为学［M］．北京：机械工业出版社，2003.
［30］王重鸣．管理心理学（精要版）［M］．上海：华东师范大学出版社，2023.
［31］吴会东，张彦云，张国华．心理学概论［M］．北京：北京师范大学出版社，2017.
［32］谢开勇．组织行为学［M］．北京：清华大学出版社，2011.
［33］俞文钊，管理心理学［M］．大连：东北财经大学出版社，2000.
［34］郁阳刚．组织行为学：理论·实务·案例［M］．2 版．北京：清华大学出版社，2014.
［35］张德，陈国权．组织行为学［M］．2 版．北京：清华大学出版社，2011.
［36］张德．组织行为学［M］．6 版．北京：高等教育出版社，2019.
［37］张芳．打造高效团队的三大抓手［J］．企业改革与管理．2017（07）：86.